云南财经大学
中国会计学会 编

会计史专题
——制度演进、会计发展与国家治理

立信会计出版社

图书在版编目(CIP)数据

会计史专题：制度演进、会计发展与国家治理 / 云南财经大学，中国会计学会编. —上海：立信会计出版社，2024.2

ISBN 978-7-5429-7569-0

Ⅰ. ①会… Ⅱ. ①云… ②中… Ⅲ. ①会计史－中国－学术会议－文集 Ⅳ. ①F23-092

中国国家版本馆 CIP 数据核字(2024)第 039380 号

责任编辑　彭秋龙　胡　越
美术编辑　吴博闻

会计史专题——制度演进、会计发展与国家治理
KUAIJISHI ZHUANTI ZHIDU YANJIN KUAIJIFAZHAN YU GUOJIAZHILI

出版发行	立信会计出版社		
地　　址	上海市中山西路 2230 号	邮政编码	200235
电　　话	(021)64411389	传　　真	(021)64411325
网　　址	www.lixinaph.com	电子邮箱	lixinaph2019@126.com
网上书店	http://lixin.jd.com		http://lxkjcbs.tmall.com
经　　销	各地新华书店		
印　　刷	上海华业装潢印刷有限公司		
开　　本	710 毫米×1000 毫米	1/16	
印　　张	13.5	插　　页	1
字　　数	250 千字		
版　　次	2024 年 2 月第 1 版		
印　　次	2024 年 2 月第 1 次		
书　　号	ISBN 978-7-5429-7569-0/F		
定　　价	88.00 元		

如有印订差错，请与本社联系调换

《会计史专题》编委会

主 任
付 磊　余怒涛

副主任
韩传模　张敦力　陈冬华　曾 军

委 员
陈 红　宋小明　陈 敏　杨智杰
余根亚　陈永飞　李小军　曾 蕾

前言

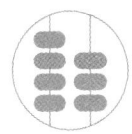

为深入贯彻落实党的十九届四中、五中全会关于推进国家治理体系和治理能力现代化总体目标的相关精神,促进对"国家治理体系与治理能力现代化"的讨论,以"国家治理体系中的会计发展"为主题,由中国会计学会(ASC)会计史专业委员会主办,云南财经大学会计学院、中国少数民族财会博物馆承办的"中国会计学会会计史专业委员会第十一届年会暨会计史学术研讨会"于2021年10月30—31日在云南省昆明市举行,研讨会采用线上线下相结合的形式,开展了会计发展和会计思想的学术研究与交流。该次研讨会是在中国共产党成立100周年的重要历史时刻召开的,与会专家、学者以史为鉴,总结经验、传播成果,就中国共产党领导全国各族人民开展革命、建设和改革过程中所建立的会计治理体系与取得的发展成就进行了有益探讨,对古今中外会计制度演进和方法应用展开了详尽的史料论证与经验总结,取得了良好的交流与研讨效果。

会议结束后,为进一步提升会计史学术研讨会的影响力和传播力,经中国会计学会会计史专业委员会与云南财经大学商定,成立《会计史专题》编委会,负责本次会议优秀成果出版的相关工作。经过与立信会计出版社沟通协调,编委会改变往届研讨会以论文集出版成果的形式,从该次研讨会参会学者投稿论文中选出15篇高质量的论文,涵盖制度演进、会计发展与国家治理三个主题方向,并对选定的论文进行逻辑设计和主题衔接,形成现今所呈现的学术专著体系。

全书共分为三篇,具体包括会计制度与方法演进、会计体系与行业发展、会计变革与国家治理。每一篇既有对中国古代会计方法史料的考证,又有对中外会计方法的比较研究;既有对中国会计业务体系的史证探讨和发展总结,又有对中外会计行业发展的独特分析与溯源探究;既有对中国百年来会计变革的实践提炼和理论演绎,又有对国家治理与人类命运共同体构建中会计作用的思想认识与前景展望,实现了对研讨会主题的深化和创新,具有较强的学术性和可阅读性。

在本书即将出版之际,我们衷心感谢在会计史领域辛勤耕耘、刻苦钻研的全体专家、学者,同时感谢财政部会计司、中国会计学会对会计史专业委员会工作的大力支持。在本书出版过程中,中国会计学会会计史专业委员会付磊、韩传模、张敦力、陈冬华、陈敏、宋小明、杨智杰,云南财经大学余怒涛、曾军、余根亚、陈永飞等编委会成员做了大量的工作,特此致谢!由于编者水平有限,本书如有缺点和不足,恳请读者批评指正。

纵观历史,瞩目今朝,会计界斗转星移。在党的二十大精神指引下,深入推进国家治理体系和治理能力现代化,完善社会主义市场经济体制,形成更高水平开放格局是未来的主要目标任务之一,而会计的建设性作用和基础性支撑是保障国家治理体系和治理能力现代化的核心手段。会计理论界和实务界必将共同努力,一起续写中国会计发展的新篇章。

云南财经大学
中国会计学会
2024年1月

目 录

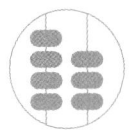

第一篇　会计制度与方法演进

第一章　走马楼三国吴简税账所见孙吴政权税制与小农经济的关系　003
　　一、引言　003
　　二、屯田制下孙吴田税的类型及税率　005
　　三、"男耕女织"的生产方式与孙吴税米调布的征收　010
　　四、家庭人口经济在孙吴税制中的重要性　015

第二章　近代家庭企业的资本观念与会计制度
　　　　——以赣州义和祥账簿为中心　018
　　一、问题、资料与方法　018
　　二、货物买卖的记账　020
　　三、经营成本的记账　024
　　四、结账方法与适用范围　027
　　五、结语　030

第三章　晋商簿记报告编制方法的选择与演变　033
　　一、簿记报告的发展脉络　033
　　二、簿记报告的行业属性　034
　　三、簿记报告的经营规模属性　036
　　四、研究结论　039

第四章　近代中韩传统簿记之异同比较　042
　　一、引言　042

二、关于中韩传统簿记的研究 　　　　　　　　　　043
三、中韩现存账簿史料 　　　　　　　　　　　　　045
四、中韩传统簿记之异同 　　　　　　　　　　　　046
五、结论 　　　　　　　　　　　　　　　　　　　052

第五章 全民抗战的史料奇珍：涉县甘泉账本述要 　　055
一、红色涉县——华北抗战的腹心要地 　　　　　　055
二、甘泉账本——全面抗战初期军民同心抗战的珍贵史料 　056
三、账簿中保留了血与火的记忆 　　　　　　　　　061

第二篇　会计体系与行业发展

第六章 西夏出纳专职考 　　　　　　　　　　　　073
一、问题缘起 　　　　　　　　　　　　　　　　　073
二、出纳的起源及出纳专职的出现 　　　　　　　　074
三、西夏出纳专职的设置分布与职官级别 　　　　　076
四、西夏出纳专职的工作职责 　　　　　　　　　　079
五、西夏出纳专职的磨勘迁转 　　　　　　　　　　081
六、总结与启示 　　　　　　　　　　　　　　　　083

第七章 南海泡沫与审计理论的斯奈尔神话
　　　——兼论独立审计概念的失当性 　　　　　　086
一、南海公司与《泡沫法案》 　　　　　　　　　　086
二、牛顿对股市预期的评价及其启示 　　　　　　　089
三、斯奈尔的会计服务 　　　　　　　　　　　　　090
四、解读关于斯奈尔独立审计神话的相关事实 　　　091
五、工业革命的兴起与《泡沫法案》的废除 　　　　093
六、公共会计师行业的形成及其角色定位 　　　　　094
七、结论与政策建议 　　　　　　　　　　　　　　097

第八章 中国注册会计师行业百年历史考察 　　　　099
一、中国注册会计师行业百年发展回顾 　　　　　　099
二、中国注册会计师行业百年发展经验总结 　　　　100

三、中国注册会计师行业未来发展与诚信建议　　103

第九章　中国近代企业会计报告体系演进
　　——以轮船招商局为例　　106
　　一、引言　　106
　　二、轮船招商局旧式会计报告体系演进　　107
　　三、轮船招商局新式会计报告改革演进　　109
　　四、轮船招商局会计报告演进特征分析　　112
　　五、研究结论和史证讨论　　114

第十章　中国本土文化情境下的企业内部控制思想及制度溯源探究
　　——以明清时期为例　　117
　　一、引言　　117
　　二、明清时期的商业环境　　118
　　三、我国本土文化情境下产生的内部控制思想及制度　　119
　　四、"中西结合"产生的内部控制思想及制度　　124
　　五、明清时期内部控制思想与制度特点　　128
　　六、结语　　131

第三篇　会计变革与国家治理

第十一章　中国近现代会计的变革与展望　　137
　　一、中国近现代会计的三次变革　　137
　　二、对中国近现代会计三次变革的认识　　140
　　三、对中国会计发展的展望　　144

第十二章　国家治理现代化视域下会计的演化逻辑与定位　　146
　　一、缘起　　146
　　二、国家治理模式与会计架构的协调性：历史分析与理论概括　　149
　　三、面向国家治理体系和治理能力现代化的会计定位　　156
　　四、面向国家治理体系和治理能力现代化的会计演化　　160

第十三章　我国会计改革的理论与实践逻辑：历史的观点　　169
    一、引言　　169
    二、中国会计改革的理论逻辑　　170
    三、中国会计改革的理论方案　　173
    四、中国会计改革的实践逻辑　　176
    五、对中国会计改革的评判与展望　　180

第十四章　不同国家治理体系下会计发展的比较：起源、规则与教育　　184
    一、引言　　184
    二、国家治理体系与差异　　185
    三、不同国家治理体系下的会计起源与发展　　186
    四、不同国家治理体系下的政府与会计规则变革　　187
    五、不同国家治理体系下的会计职业与教育　　191
    六、结论与启示　　194

第十五章　会计准则趋同与人类命运共同体建设：历史与启示　　197
    一、引论：作为人类命运共同体通用"语言"的会计准则　　197
    二、溯源：从会稽到东亚　　198
    三、转折：从佛罗伦萨到威斯特伐利亚　　201
    四、对峙：从圣彼得堡到华沙　　203
    五、启示：和而不同　　204
    六、结论与展望　　205

第一篇

会计制度
与
方法演进

第一章

走马楼三国吴简税账所见孙吴政权税制与小农经济的关系*

一、引言

由于传世文献缺乏明确的记载,孙吴政权(以下简称"孙吴")的赋役制度一直是六朝史研究中的薄弱环节。有学者认为,孙吴的赋役制度仍然沿袭汉代,而不像曹魏那样采用租调制。但这一观点显然具有很大的推测成分,因为并没有充分的史料支持。近年来相继公布的长沙走马楼三国吴简(以下简称"走马楼三国吴简"),为解决这个问题提供了契机。小农经济,是以家庭或家族为组成单位在小土地分散式经营中,通过男耕女织的生产方式,形成的一种自给自足的经济形态。三国时期,孙吴地区采用典型的封建小农经济形式,男耕女织,自给自足,土地是主要的生产资料。

有关走马楼三国吴简的研究,代表学者包括胡平生、王素、高敏、蒋福亚、于振波、黎虎等。宋少华、胡平生率先发表了多篇论著探讨吴简;高敏作为魏晋南北朝简牍和经济史研究方面的专家,先后发表了许多关于吴简的论文,为相关方面研究做出了巨大贡献;由青年学者罗新等发起成立的吴简研讨会也发表了多篇研讨文献。另外,日本成立了长沙吴简研究会,学者包括关尾史郎、阿布辛信、伊藤敏雄等。

走马楼三国吴简按形制可分为木楬、木简和竹简,保存较为完整,其中《长沙走马楼三国吴简·嘉禾吏民田家莂》(以下简称《田家莂》)于1999年出版;之后《长沙走马楼三国吴简·竹简(壹~玖)》也陆续整理出版。自走马楼三国吴简出土以来,

---

* 本章系国家社科基金后期资助项目"出土简牍会计账簿史料研究(22FJYB056)"、用友基金会"商的长城"重点资助项目"出土简牍账簿史料收集、整理与研究(2018Z05)"、湖南省社会科学成果评审委员会资助项目"湖南出土简牍税账整理研究(XSP22YBZ092)"的阶段性研究成果。

学者对其进行了广泛讨论,涵盖了经济史、政治史、社会史、简帛学、医学、法学、书法等各个方面,研究方向主要集中在经济史上的赋税、田租、农业、商业,政治史上的吏民、户籍,社会史上的人口、家庭、职业等方面的问题。

相关经济史研究主要集中在孙吴赋税制度方面的研究。关于秦汉时期的税制,田人隆(2003)指出,秦汉时期的财政收入种类颇多,用现代财政学的术语来说,国家税收包括收益税、人头税、消费税和财产税。其中,收益税指田租、市租、牲畜税(马口钱)等;人头税如算赋、口赋和更赋;消费税则指盐税、铁税等;财产税又可分为一般财产税和特殊财产税(如对商贾的征税、算缗等)。

孙吴的赋税类型大致可分为收益税、人头税、财产税三类。其中,收益税又包括田税、米税、布税、钱税等。佃田租税的主要缴纳形式包括米、布、钱。米又包括税米、租米、限米、折咸米、准米、盐米、杂米、息米等,目前讨论较多的有租米、税米含义异同之争。高敏(2000)认为,租米由常限田而来,税米由租田而来;蒋福亚(2008)认为税米、租米分别与税田、租田密切相关。关于布税,何立民(2009)指出,有税布、贺布、段布、(新)调布、冬赐布、田亩布、八会布、织作布等多种布税。所缴纳的钱税品种繁多,如财用(算货)钱、口算钱、具钱、行钱、调钱、酒租钱、何黑钱、(市)租钱、(地)僦钱等。朱德贵(2008)认为,吴简中的"僦钱"并不等同于商业性质的"租赁费",而是转运税,为政府定期征收的财政税目;"地僦钱"账簿就是记录临湘侯封地征收转运税的总账簿。关于具钱、行钱,高敏(2000)指出,具钱是具有完整性和合法性的优质钱币,而行钱则是不太完整且质量参差不齐的劣质钱币。人头税主要在于口钱、算赋与户调之争。高敏(2000)认为,"东吴无户调之制,仍实行汉代的口钱、算赋之制",其区别主要为口钱、算赋按人口数量和年龄征收钱币,户调按户征收绢、绵等实物。但王素(2001)认为,吴国承袭汉制,亦实行户调与口钱、算赋三者并行之制。财产税,如户訾,于振波(2008)认为,"訾"即"赀",表示财产的意思,是指根据家产的多寡征收的赋税,属于财产税。但关于吴简中"訾"的解释还有颇多疑难问题尚未解决。

于振波(2004)认为,税米、租米等租税由普通民户缴纳,而屯田者如卫士、私学、还民等则缴纳限米,且所缴纳的限米数量较多。李明龙(2006)认为,孙吴的税赋种类多且税赋繁重。蒋福亚(2008)认为,税田和税米是租佃制度的核心内容,有不变的亩租额,而"租米"的亩租额由高及低在发生变化,这是税收制度完善的过程。于振波(2008)依据走马楼三国吴简中的收支记录发现,其中大部分为米账出入簿,从而得出不同的税收有着不同的征管方式的结论。随成伟(2009)对三国东吴赋税制度进行了系统的研究,分析了东吴税赋的种类、征收、减免政策,东吴赋税制度特点、成因及影响等方面的内容。陈荣杰(2012)在其文章中分析了各类税赋中包含米类的税收。何立民(2013)在对吴简复音词研究中,对税米、租米、禀斛米等的纳税主体、课税对象、计税依据、税源、税率、纳税期限等进行了详细分析。苏俊林(2016)通过对走马楼三国吴简的研究,提出三国时期的田租以定额为主,吴简反映出当时根据不同的田地类型确定不同的田租额的情况。曾心昊(2021)在《走马楼吴简土地问题研究回顾与展望》一文中就近年学界对三国时期孙吴田租赋税研究成果进行归纳,大体包括租税种类、性质和数量、征收、折算方式等方面的研究。阿部幸信、付晨晨(2016)在对走马楼"市布"简的研究中分析了当时的调税制度。

吴简涉及税收的记录数量很大,近年来的研究在许多问题上并没有完全形成一致的看法,但关于孙吴税制的基本形式和流程已有了一个大致的轮廓。孙吴税制是较为复杂的,吴简中提供的主要资料有两个部分:一是《田家莂》,记录了吏民佃田税赋征收的详细数据;二是竹简,其中涉及大量米、布、钱、皮等赋税收支记录。

二、 屯田制下孙吴田税的类型及税率

土地作为小农经济重要的支持形式,历代封建统治者都采取了不同的方式对土地进行控制和管理,从先秦时期的井田制到秦代商鞅变法强化土地私有制,汉代及三国时期推行屯田制,再到后来的均田制,封建统治者采取不同的方式,对土地经济进行管理和控制,把农民及其劳动力限制在土地上,获取农耕经济利益。

孙吴的屯田制来自陆逊的意见。黄武五年(226)春,"是时,陆逊以所在少谷,表令诸将增广农亩。权报曰:甚善",并且也于诸郡县间置农官,如华永先"始为上虞尉、典农都尉",从"赤乌中诸郡出部伍,新都都尉陈表、吴郡都尉顾承各率所领人会佃毗陵,男女各数万口"。"青龙三年(235)春,权遣兵数千家佃于江北",广为屯田。

如表1-1所示,从吴简可见,孙吴时期,普通民户可拥有自己的私田或佃种官田并承担正常的赋税徭役;非普通民户卫士、邮卒、传卒等常备兵种,没有土地或只有很少土地的金民、殺士等手工业者,在外地求学的贫苦书生,以及因流亡而丧失原有田宅后又重新附籍的还民,都被官府组织起来从事军屯或民屯并缴纳米、钱、布税。

表1-1 吴简中孙吴田租额一览表

田地类型	田租额(米斛/亩)	田地类型	田租额(米斛/亩)
佃卒田	2	士田(常限熟田)	不交
邮卒田	2	复民田(常限熟田)	0.586
卫士田	2	州吏租田	0.586
屯田民田	1.6	州吏税田	1.2

(续表)

田地类型	田租额（米斛/亩）	田地类型	田租额（米斛/亩）
粢田	0.8	常限熟田	1.2
其他	0.7	余力熟田	0.456

《田家莂》记录了孙吴田税征收的详细情况，其中记录的孙吴田亩税的分类均以田的性质为依据。吏民租佃的田被称为佃田，如"佃田十三町，凡卅三亩"。"町"有时也用"处"来表示，在传统表述中，"处"的含义多为土块。町与亩没有明显的对应关系，通过计算，多数佃户平均每町的土地面积为2～5亩，对当时的粗放耕作方式来说，平均每町的面积是比较小的，这或许可以反映出临湘郡吏民租佃的国有土地大多为零星分布的小块土地。《田家莂》中出现的表示田的名称颇多，佃田按照不同的分类方式可分为三类：按土地肥沃程度可分为旱田、熟田；按土地优惠程度可分为二年常限田、余力田、火种田和余力火种田；按土地缴税类型可分为租田和税田。这些田地名称之间有一定关联性，且呈现出较强的层级性，如图1-1所示。

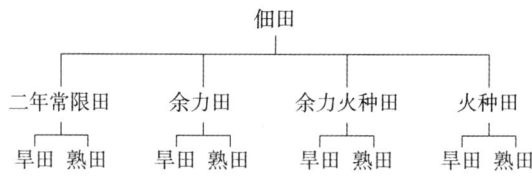

图1-1 吴简佃田分类

考察《田家莂》竹简，几乎每条简牍记录都会将佃户租佃土地分为旱田和熟田，兹摘录两条简文如下：

□丘州吏张柀，田卅町，凡一顷五十八亩，其一顷八亩，皆二年常限。旱败不收，亩收布六寸六分。其五十亩余力田。其卅亩，旱败不收，亩收布六寸六分。定收十亩，亩收米四斗五升六合，为米四斛五斗六升。(4·575)

三州丘男子谢奴，佃田十三町，凡卅三亩，皆二年常限。其廿三亩一百廿步旱不收布。定收十九亩一百廿步，为米廿三斛四斗，亩收布二尺。(5·9)

州吏张柀，共有田1顷58亩，其中1顷8亩为二年常限田，40亩为余力旱田，10亩为余力熟田。男子谢奴，共有田43亩，其中23亩120步（1亩＝240步）为二年常限旱田，19亩120步为二年常限熟田。有关旱田和熟田的具体含义，学界颇有争论，尚无统一看法，但可以确定的是，熟田的税率普遍高于旱田，旱田和熟田的划分标准是土地的肥沃程度。政府对旱田和熟田征收不同的税额,以此来平衡佃户租种土地肥瘠不均的问题。旱田应为亩产量较低的田,或缺乏灌溉水源或未经开垦而导致肥力低下的田;熟田在《田家莂》中也被称作定收田,应为亩产量较高且收成较为稳定的佃田。

统计嘉禾四年(235)与嘉禾五年(236)的旱、熟田数量,可以发现,嘉禾四年(235)佃田总计大致为26 058亩,其中旱田19 150亩,熟田6 908亩,占佃田比重分别为73.49%、26.51%;嘉禾五年(236)佃田总计31 898亩,其中旱田13 536亩,熟田18 362亩,占佃田比重分别为42.44%、57.56%,如图1-2所示。

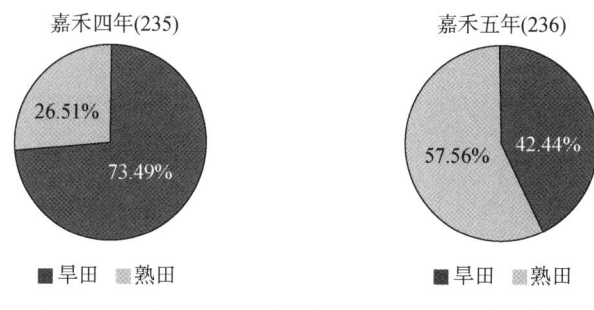

图1-2　嘉禾四年(235)与嘉禾五年(236)旱熟田比例

嘉禾四年(235)旱田比重远高于熟田,而到了嘉禾五年(236),旱田比重下降,熟田比重略高于旱田,嘉禾五年(236)佃田总数比嘉禾四年(235)增加了5 840亩,其中旱田减少了5 614亩,熟田增加了11 454亩。我们可以合理推测,减少的旱田转变为熟田,熟田变多,或为开垦荒地的结果,或为增加了旱田灌溉设施的结果。无论如何,在此还有一个重要问题,为什么短短一年时间熟田变化如此之大?这可能不仅仅归因于客观肥力的上升。结合当时的历史背景,嘉禾年间孙吴曾多次进行战争,首先是嘉禾二年(233)、嘉禾三年(234)孙权两次出征曹魏皆无果,此外还有多次平定武陵蛮夷,"(嘉禾三年)冬十一月,太常潘濬平武陵蛮夷,事毕,还武昌",以及多次对山越的征讨,"(嘉禾)三年……秋八月,以诸葛恪为丹杨太守,讨山越""(嘉禾)六年,冬十月……诸葛恪平山越事毕,北屯庐江"。频繁的战事带来严重的财政负担,因此我们不得不怀疑旱田、熟田的划分标准除了自然因素,是否还存在着人为因素,即旱田、熟田的界限是模糊的。嘉禾五年(236)熟田数量的大幅增加可能是统治者为了增加财政收入而刻意为之。

除旱田、熟田,《田家莂》中佃田按土地税率高低可分为二年常限田、余力田、火种田和余力火种田,其中出现最多的是二年常限田,其次为余力田,火种田和余力火种田较为特殊,分别只在嘉禾四年(235)各出现七次,嘉禾五年(236)火种田和余

力火种田均不再出现,如表1-2所示。现引相关简文各一条:

> 上□丘大女谢妾,佃田二町,凡九亩。其一亩二年常限,旱败不收布。其八亩余力田,为米三斛二斗,亩收布二尺。(5·73)
>
> □□丘男子唐□,佃田十二町,凡廿五亩。其廿一亩旱田,亩收布六寸六分。定收六亩。其一亩收米一斛二斗,布二尺。其五亩火种田。亩收米四斗五升六合,为米二斛四斗八升。(4·554)
>
> □丘男子邓承,佃田廿五处,合九十二亩,其卅四亩二年常限。其卅二亩旱田……定收二亩。其五十八亩余力火种田。其十二亩旱……定收卅五亩,亩收米四斗五升六合,斛加五升。(4·587)

表1-2 二年常限田、余力田、火种田、余力火种田亩数 单位:亩

佃田年份	二年常限田			余力田			火种田			余力火种田		
	总	旱	熟	总	旱	熟	总	旱	熟	总	旱	熟
嘉禾四年	23 470	17 783	5 687	1 890	931	959	211	206	5	487	230	257
嘉禾五年	31 033	13 505	17 528	865	31	834	—					

由《田家莂》吴简内容可知,孙吴有一套自己的田税制度,实行定额税制,按亩征税,田租以米、布和钱的形式缴纳。它将佃田按照土地性质分为二年常限田、余力田、余力火种田和火种田,又依据土地肥瘠程度划分为旱田和熟田,不同的田地有不同的税率,以此调节因租种不同质量土地而产生的纳税不公平等问题,调动农民生产积极性。

《田家莂》中征收对象以男子和大女最多,故以男子和大女所缴税率整理列出,如表1-3所示。

表1-3 《田家莂》佃田每亩纳税额

缴纳形式	嘉禾四年(235)								嘉禾五年(236)			
	二年常限田		余力田		火种田		余力火种田		二年常限田		余力田	
	熟	旱	熟	旱	熟	旱	熟	旱	熟	旱	熟	旱
米	1.20	—	0.456	—	0.456	—	0.456	—	1.20	—	0.4	—
布	2	0.66	2	0.66	2	0.66	2	0.66	2		2	
钱	70	37	70	37	70	37	70	37	80		80	

注:① 表格中米的单位为斛,布的单位为尺。
② 嘉禾五年没有出现余力火种田和火种田,故表格中没有列出。
③ "—"表示不缴纳税费。
④ 余力火种田还需斛加五升。

先看嘉禾四年(235),对比最为常见的二年常限田,其熟田需缴纳米一斛二斗、布二尺、钱七十,旱田无需缴纳米,仅缴纳布二尺、钱七十;除二年常限田的另外三种田纳税额均低于二年常限田。我们可以推测,余力田、火种田和余力火种田为几类特殊的优惠田,它们对比二年常限田,熟田缴纳米减少为四斗五升六合,旱田缴纳钱减少为钱三十七。再看嘉禾五年(236),二年常限田税额较嘉禾四年(235)有一定变化,最明显的变化当属该年所有旱田均免征税费,另外则是熟田由每亩缴纳钱七十增至钱八十,而余力田由每亩缴纳米四斗五升六合减至米四斗。

嘉禾五年(236)相比嘉禾四年(235)税率变化的原因是什么?文献记载,嘉禾年间战事频发,民不聊生,长沙郡位于荆州南部,远离中原战火,因此相对安定的长沙郡也成了很多流民的聚集之所,这点也可从同一个丘中居民有多个不同的姓氏看出。嘉禾初年,孙吴刚成立不久。为了安抚流民及恢复生产,嘉禾三年(234),孙权下诏"兵久不缀,民困于役,岁或不登。其宽诸勿复督课"。据记载,嘉禾五年(236)曾遭大旱,"自(四年)十月不雨,至于夏"。或许可以推测,从嘉禾三年(234)孙权下诏减税,二年常限田若为二年内固定不变之意,则嘉禾三年(234)、嘉禾四年(235)为一轮两年,而嘉禾五年(236)、嘉禾六年(237)则为下一轮,又因为嘉禾五年(236)遭旱灾,可能是因为旱田收成不稳定,受灾严重所以免租。孙吴为了保持财政收入幅度不至于变动太大,因而在嘉禾五年(236)增加了熟田的比例并调高了熟田的缴钱额。

值得注意的是,纵观整个《田家莂》,发现火种田和余力火种田分别只出现七次,且均在嘉禾四年(235),除余力火种田另需斛加五升,二者所收税率与余力田一样。如前文所述,二年常限田、余力田和余力火种田或许皆为采用"火耕水耨"耕作方法的"火种田",但这么分析仍有无法解释的地方:在简(4·300)中虽写明"火种田三町,凡廿五亩,皆二年常限",但其熟田的亩收米依然是按照余力田的标准。另外,仅在余力火种田中出现的"斛加五升"的规定产生的原因也有待进一步探究。

> 昭丘男子张客,火种田三町,凡廿五亩,皆二年常限。其廿三亩旱田,亩收布六寸六分。定收二亩,亩收米四斗五升六合,为米九斗一升二合。(4·300)

《田家莂》中较多出现布和钱折纳为"准入米"的记载,现引两则简文如下:

> □丘吕□,佃田卅町,凡卌亩,皆二年常限。其廿亩旱,亩收布六寸六分。定收廿亩,亩收布二尺。凡为布一匹,准入米二斛。(4·519)

三州丘男子谢奴,佃田十三町,凡卅三亩,皆二年常限。定收十九亩一百廿步,亩收布二尺。凡为布三丈九尺,准入米二斛四斗四升。(5·9)

　　这说明,百姓在缴纳布和钱时可以折合成等价的米来缴纳,其中存在大部分租佃者将布折成米缴纳的情况,有此规定一方面可能是因为常年战乱,国家对于粮食极其重视;另一方面也显示出当时临湘县农民可能耕织结合较少,难以直接缴纳所需布匹。

　　经计算分析,嘉禾四年(235),布钱折米有固定换算标准,大约是1斗米＝2尺布＝160钱,而嘉禾五年(236)则由嘉禾四年的固定比例折纳改为浮动折纳,且同丘或不同丘之间换算比例都有一定差距。《田家莂》整理者在题解中也指出,嘉禾五年(236)的折纳率不尽相同,在一定范围内波动,其中布折米波动相对较小,大多是1斗米＝1.6尺布或1.66尺布,最高为1斗米＝1.84尺布,最低为1斗米＝1.41尺布;而钱折米波动相对较大,1斗米＝50～150钱。发生这种改变的原因可能是嘉禾年间临湘县相对安定,遭受战乱少,社会经济生活趋于正常,虽然仍以自然经济为主,但传统市场和商品经济也在逐渐恢复。与《田家莂》一同出土的竹简中出现"市租钱"的记载,市租亦见于传统文献,为在市场上买卖商品而缴纳的租税,可见当时长沙地区确实存在传统市场。因此,按市场价折纳则能够最大限度保证折纳的公平性,因为传统市场的地域性特征,按市场价折纳也解释了为什么折纳比率在嘉禾五年(236)的浮动较大。

　　综上所述,嘉禾五年(236)孙吴对于佃田税率的征收方式进行了一系列改革,包括旱田免征布和钱,熟田缴钱增至八十,以及钱、布固定折米改为浮动折米等内容。进行这次改革的原因包括:第一,嘉禾五年(236)遭受严重旱灾,导致旱田产量极低甚至"旱败不收",因此免除了旱田的税收。第二,孙吴长久的战争造成极大的财政负担,统治者为了避免免税导致财政收入的减少,因此增加了熟田的数量以及亩缴钱数。第三,随着传统市场和商品经济的逐渐恢复,布、钱折纳米也由固定标准折纳改为按市场价浮动折纳。至于火种田和余力火种田在嘉禾五年(236)不再出现,可能是因为《田家莂》仅为临湘县部分乡的纳税记录,嘉禾五年(236)不见这两种田或为数据不完整的缘故。但我们也可以做出如此猜想:或许正是因为嘉禾五年(236)的改革而取消了火种田和余力火种田这两种优惠田类型。

三、"男耕女织"的生产方式与孙吴税米调布的征收

　　由走马楼三国吴简(捌)[以下简称"吴简(捌)"]中米账部分各类米账记录条数

统计结果(表1-4),可见各类米的出入库记录数的差异,进而可以推测其收缴、转运、汇总上报的频次。例如,在各类米中限米记录总数最多,且其收入账记录数也是所有米中最多的,可见限米在各类米中入库较为频繁。

表1-4 吴简(捌)中米账部分各类米账记录条数统计 单位:次

序号	米的种类	收入账	支出账	结余账	汇总账	明细账	空白	总计
1	租米	55	3	0	9	65	13	145
2	渍米	1	0	0	1	2	0	4
3	折咸米	1	1	0	0	16	1	19
4	臧钱米	0	0	0	0	6	1	7
5	摘米	4	0	0	0	8	1	13
6	盈米	2	0	0	0	3	1	6
7	盈涵米	0	0	0	0	2	0	2
8	盈溢米	0	0	0	0	1	0	1
9	杂米	5	0	1	16	1	2	25
10	限米	98	3	0	16	318	41	476
11	税米	86	4	0	9	55	28	182
12	息米	1	0	0	0	0	0	1
13	适客米	0	0	0	0	2	0	2
14	临居米	1	0	0	0	11	0	12
15	蒌米	0	0	0	0	3	0	3
16	贾米	6	1	0	1	22	5	35
17	价人李绶米	1	0	0	0	12	1	14
18	斛米	4	25	8	8	0	5	50
19	攻捕米	1	0	0	0	4	0	5
20	白米	1	0	1	0	4	0	6
21	准米	4	0	0	0	7	0	11
22	其他	19	8	8	12	22	24	98
	合计	290	45	18	72	564	123	1 117

吴简(捌)中总计1 117条米税,分为税米、限米和租米等,其主要缴纳月份统计记录如图1-3所示。

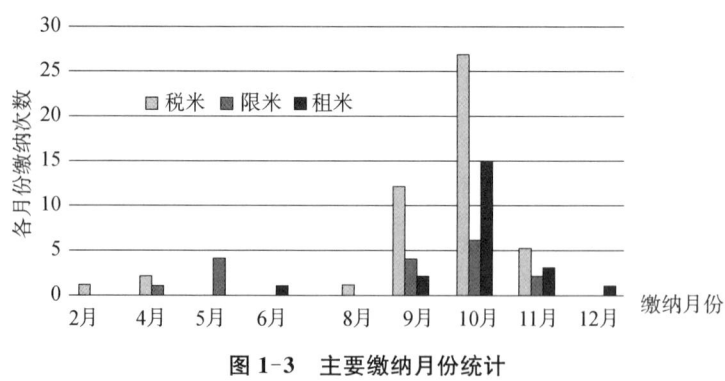

图1-3 主要缴纳月份统计

图1-3是根据吴简(捌)中对米税记录时间的登记的整理,通过对税米、限米和租米各月份缴纳次数的统计,我们可以看到,税米的缴纳月份主要为9月和10月,限米的缴纳月份主要为5月、9月和10月,租米的缴纳月份主要为9月、10月和11月。

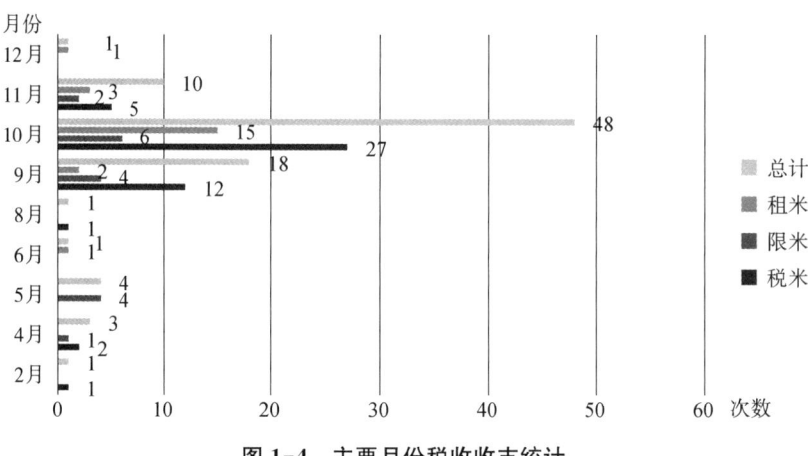

图1-4 主要月份税收收支统计

吴简(捌)中的米税记录按月份统计如图1-4所示,10月缴纳米税的总次数最多,约占全年的55%,其次是9月和11月,分别为21%和11%。由以上对税米、限米、租米缴纳月份的统计可知,除1月和3月,其他月份均有缴纳米税记录。总体来看,下半年收缴的记录较多,而上半年收缴的记录较少。从记录可以看出,无论是税米、租米还是限米,其收缴时间要么在当年的下半年,主要是9月和10月,要么在下一年的上半年,主要是4月和5月。

吴简(捌)中税米、租米、限米出入账记录的统计数据如表1-5所示。

表 1-5 税米、租米、限米出入账记录

征收的米	收入	支出
税米	75 148 斛 174 斗 75 升	26 斛
限米	11 844 斛 181 斗 78 升	47 斛
租米	3 811 斛 103 斗 85 升	15 斛 9 斗 1 升

我们从表1-5数据可知,不论是税米、限米还是租米,其支出的数量相比收入来说极少。对比收入情况,我们可以看到,税米的收入远大于限米和租米,税米收入约为限米的6.3倍、租米的19.7倍,而限米又是租米的3.1倍。从收入数量来看,税米>限米>租米。税米的征收数量最大,或许与征收对象有关,税米的征收对象为各乡、各丘的乡民、丘民,较为普遍,而限米的征收对象具有特殊性。

在吴简的纳布记录中,出现多种名称的布,计有布、调布、冬赐布、织作布和品布等。

> 入桑乡嘉禾二年新调布一匹□嘉禾二年八月十日阿丘男子黄恺□□□付库吏殷连受(2·5335)
> 入广成乡嘉禾二年所调布一匹□嘉禾二年八月十日逢唐丘大男张逾□□□付库吏殷连受(2·5467)
> 出元年四品布一千五百匹嘉禾元年八月……(4·1319)
> 入广成乡嘉禾二年品布三丈八尺嘉禾二年八月十日大男周葆付主库史殷连受(2·5554)

关于缴纳流程,从入布记录看,它是由丘中居民将税布缴纳到库中,库吏以乡为单位进行登记。这种"莂"分成两份或三份,由缴纳者和库吏分别保管。缴纳数量多为整匹数,即使不是整匹,其零头为三丈几尺,亦接近一匹。

而竹简部分的纳布记录所反映的是县库对各乡纳布情况的记录,具体每位吏民应该缴纳的数额,他们并不关心,但出于管理和实际使用的需要,要求每次缴纳的数量都是整数。而具体到每户,如果不够整数(实际大多数都不够整数),则应由同丘中几户累加至整数,集中于某一人到库中缴纳。然后,此人将入布的凭证返交给田曹史。田曹史据此对莂书进行校验,看是否完成契约规定的税额。它可以是集中到本丘中某一人缴纳,也可以由特定某人转交。

"三品布"与"四品布"应是"品布"的两个名称,皆与户品有关。对于吴简所记录的户品信息,学界有不同的意见。整理者认为,当时征收与户等有关的赋税,根据税种不同存在两种不同的标准:户税根据旧标准(即所谓"故户"),分三品收钱;户调根据新标准,分九品收物。户分三品属旧制,是为户税而设;户分九品属新制,是为户调而设。于振波(2008)认为,吴简中的户品分为三个等级,外加一个品外等级,由高到低依次为上品、中品和下品之下。

进一步对吴简入米、入布账簿进行统计,如表1-6所示,米、布税的征收时间有错开的现象。

表1-6 吴简入米、入布账簿月报

月份	入米数量(斛)	入米数量(枚)	月份	入布数量(匹)	入布数量(枚)
1月	764斛5斗2升	123	1月	3匹4丈7尺	3
2月	379斛5斗7升	32	2月	137匹	3
3月	450斛5斗4升	60	3月	0	0
4月	761斛2斗4升	106	4月	0	0
5月	586斛1斗8升	54	5月	0	0
6月	0	0	6月	1匹8丈8尺	2
7月	20斛	1	7月	196匹7尺	113
8月	20斛	1	8月	320匹1尺	82
9月	269斛6斗5升	39	9月	23匹4丈8尺	11
10月	1 069斛1斗2升	167	10月	7匹3丈9尺	4
11月	6 277斛9斗9升	688	11月	8匹2丈9尺	6
12月	4 481斛9斗1升	535	12月	5匹7丈5尺	5

如图1-5所示,一年中米税的集中征收时间为10—12月,布税的集中征收时间为7—8月。有学者认为,米税的征收时间与上计时间有关。孙吴上计仍承秦

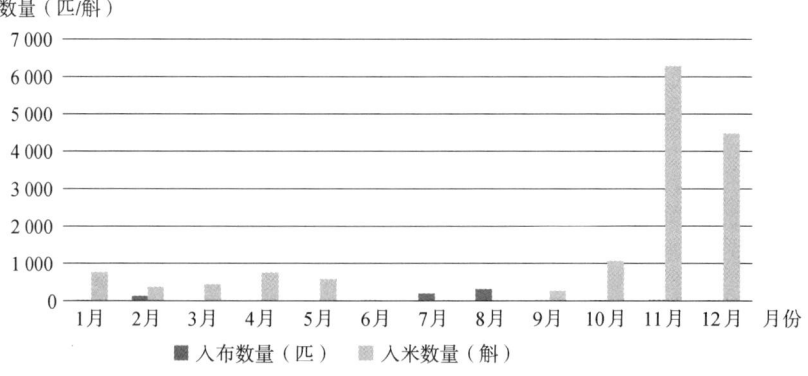

图1-5 入米、入布数量比较

汉,以9月为上计期首,但从吴简米、布税的征收统计结果来看,应与农作物收获及手工业劳动时间有关。粮食在每年3月播种,至9月收成,因此,从统计数据上看,6—8月是农作物生长时期,几乎没有入米记录。而布的零纳税时间为3—5月,此时正值农忙季节,插播种秧,育苗施长,织布工作停止,因而几乎没有纳布的记录。

四、家庭人口经济在孙吴税制中的重要性

小农经济的基本单位是家庭,家庭成年劳动力越多,则自给自足和上交赋税的能力越强。走马楼三国吴简包含了相当数量的户籍简,其中有些户籍简载有"筭"字样,如:

> 常迁里户人公 乘朱仓年卌筭一。(1·9552)
> 右客家口食三人,筭二,訾五十。(1·8411)
> 右岑家口食十三人,筭四,中訾五十。(1·8513)

此处的"口食",即吃饭的人口,就是指该户所拥有的人口数。所谓"口食三人,筭二",即该户有三口人,缴纳算赋者为二人,余可类推。《汉旧仪》:"令民男女,年十五以上至五十六,出赋钱,人百二十为一算,以给车马。"由此可知,汉代算赋的缴纳者为15~56岁的男女。而从走马楼三国吴简看,算赋起征的年龄也是15岁,与汉代相同,但算赋征收的截止年龄是60岁,比汉代略晚。试举几例如下:

> 妻大女鄞年十五筭一。(1·2991)
> 子男节年十七筭一。(2·2904)
> 富贵里户人公乘光乌年卅三筭一。(2·3019)

关于孙吴算赋的金额,即征收人口税的金额,走马楼三国吴简有如下记载:

> 其二百五十二人算人收钱一百廿合三万二百卌。(1·4980)
> 其□百廿人算人收钱百卌。(1·9791)

这两条竹简表明,孙吴时期的算赋为120钱或130钱。

对人口的要求进一步造成了三国孙吴男子普遍多妻的社会现象。两汉时期,统治者从上到下普遍多妻。杨树达曾在《汉代婚丧礼俗考》一书中认为,男子于正

妻之外,有小妻、小妇、少妇,有傍妻、妾,有下妻,有外妇,小妻、傍妻有不止一人者,若无子买妾,盖寻常之事矣。习俗如此,平民百姓只要有能力,也会多妻。三国多承汉制,多妻风俗亦有所继承。例如:

桥大妻曲年卅八,桥小妻仕年卅。(1·8925)

桥有大妻、小妻,说明桥不止一个妻子。

猇中妻大女䊸,年卅五算一;猇小妻大女琐,年卅一算一。(1·2405)

"中妻""小妻"同时列举,说明户主猇也不止一个妻子。

妻多即人口多,子嗣多,纳税额高。孙吴鼓励多妻早婚,也是为使人口算赋能够更高。吴简中有一条记录"入南乡桐佃丘王□嘉禾二年口算钱一万三千嘉禾二年三月□日",这是南乡桐佃丘王一户所纳嘉禾二年(233)口算钱的记录。按每人130钱的算赋标准计算,王某家也多达100人,应该是相当大的一户人家。而在孙吴时期,如此大户或许并不少见。

农业是封建社会财富的主要来源,也是稳定社会秩序、巩固统治的重要因素,"夫农,衣食之所由出也,生民之业莫重焉一夫之力所耕百亩养生送死与夫出赋税给公上者皆取具焉"。在沉重的赋税和残酷的土地兼并下,农民只能从家族或家庭内部寻找生存的途径。于是,当时农民多采用男耕女织的生产方式,通过家庭成员的共同劳作,才能缴纳赋税,并满足自己的最低生活需求,生存下去。吴简中的大量税收记录反映了小农经济对当时税制的影响,如佃田税率的变化、米税调布的时间以及鼓励户口增长和多妻制。

主要参考文献

[1] 长沙市文物考古研究所,中国文物研究所,北京大学历史学系,等. 长沙走马楼三国吴简·嘉禾吏民田家莂[M]. 北京:文物出版社,1999.
[2] 长沙市文物考古研究所,中国文物研究所,走马楼简牍整理组. 长沙走马楼三国吴简·竹简(壹)[M]. 北京:文物出版社,2003.
[3] 长沙市文物考古研究所,中国文物研究所,走马楼简牍整理组. 长沙走马楼三国吴简·竹简(贰)[M]. 北京:文物出版社,2007.
[4] 长沙简牍博物馆,中国文物研究所,北京大学历史学系,等. 长沙走马楼三国吴简·竹简

(叁)[M].北京:文物出版社,2008.
[5] 长沙市文物考古研究所,中国文物研究所,走马楼简牍整理组.长沙走马楼三国吴简·竹简(肆)[M].北京:文物出版社,2011.
[6] 长沙简牍博物馆.长沙走马楼三国吴简·竹简(伍)[M].北京:文物出版社,2016.
[7] 长沙简牍博物馆.长沙走马楼三国吴简·竹简(陆)[M].北京:文物出版社,2017.
[8] 长沙简牍博物馆.长沙走马楼三国吴简·竹简(柒)[M].北京:文物出版社,2013.
[9] 长沙简牍博物馆.长沙走马楼三国吴简·竹简(捌)[M].北京:文物出版社,2015.
[10] 长沙简牍博物馆,中国文化遗产研究院,北京大学历史学系.长沙走马楼三国吴简·竹简(玖)[M].北京:文物出版社,2019.
[11] 林甘泉.中国经济通史·秦汉经济卷下[M].北京:中国社会科学出版社,2003:503.
[12] 何立民.湖南长沙走马楼三国吴简研究的回顾与反思[J].江汉考古,2009(2):119-139.
[13] 高敏.论《吏民田家莂》的契约与凭证二重性及其意义:读长沙走马楼简牍札记之二[J].郑州大学学报(社会科学版),2000(4):67-70.
[14] 朱德贵.长沙走马楼吴简商业税献疑[J].商业研究,2008(12):192-194.
[15] 王素.吴简所见"调"应是"户调"[J].历史研究,2001(4):167-168.
[16] 于振波.从走马楼吴简看其时长沙民户的贫富差别[J].史学月刊,2008(6):90-93.
[17] 陈寿.三国志[M].北京:中华书局,1959:1142.
[18] 朱熹.朱子大全[M].北京:中华书局,1929.
[19] 随成伟.三国东吴赋税制度研究[D].西安:西北大学,2009.
[20] 陈荣杰.走马楼吴简佃田、赋税词语汇考[D].重庆:西南大学,2012.
[21] 何立民.湖南长沙走马楼三国吴简复音词研究[D].上海:复旦大学,2013.
[22] 苏俊林.孙吴基层社会身份秩序研究[D].长沙:湖南大学,2016.
[23] 曾心昊.走马楼吴简土地问题研究回顾与展望[J].湖北文理学院学报,2021,42(1):16-21.
[24] 阿部幸信,付晨晨.长沙吴简所见的"市布"[C]//北京大学,北京市教育委员会.文明的和谐与共同繁荣:互信·合作·共享:出土文献与中国古代文明分论坛论文及摘要集,2016:13.
[25] 蒋福亚.《吏民田家莂》的组合形式[J].中国经济史研究,2008(1):161-169.
[26] 于振波.走马楼吴简赋税收支记录管窥[J].南都学坛,2009,29(4):24-29.
[27] 于振波.走马楼吴简中的限米与屯田[J].中国社会科学院研究生院学报,2004(1):120-125,143.
[28] 李明龙.《长沙走马楼三国吴简》账户词语研究[D].重庆:西南大学,2006.

(湖南大学工商管理学院　陈敏;湖南大学继续教育学院　周若冲)

第二章

近代家庭企业的资本观念与会计制度
——以赣州义和祥账簿为中心

近代以来,中国传统在与西方文明的触碰中发生了巨大的变化,但也有学者强调,传统与现代并非简单割裂。作为市场经济的重要参与者,企业①的形态一直是衡量经济发展水平的重要指标,但限于资料,研究者容易忽视市场经济本身的复杂性,从而导出相对单一的历史面向。为此,本章以近代赣州义和祥为例,深入剖析其资本观念与会计制度,以期更新对传统企业形态的部分既有认识。

一、问题、资料与方法

黄宗智(2014)在研究华北农业时指出,因为家庭农场是生产与消费合一的单位,所以即使在边际报酬低于市场工资时,其仍会因消费需要继续投入劳力,促使农业经济日益内卷化。这种从家庭农场角度的分析颇具启发性。实际上,家庭关系也是开设传统企业的重要资源。那么,由此建立的传统企业采用何种资本观念,如何进行经济计算,就颇值得关注。科大卫(2010)曾将中式簿记缺乏成本核算视为中、西方商业制度的不同。他认为,这会导致传统商人对资本结余没有清晰的认识,难以保证合伙企业长期经营,进而论证中国为何难以发展资本主义。科大卫的研究表明,通过对企业的会计制度分析可以把握会计主体所有者的资本观念。所谓会计主体,是指会计为之服务的特定单位,而会计主体所有者即特定单位的所有人。

传统中式簿记一般分为三脚账与四脚账。从会计需求来看,三脚账多为中小型商店所使用。虽然会计学界对四脚账有不同定义,但一般都将其视为复式记账。然而,在三脚账的性质上,学界却产生了持续不断的争论,"不完全复式"论者多援

---

① 商号更常被用于描述传统商业组织,但企业一词并无时代区分,故本书以企业一词统称。

引李梦白的观点,"复式"论者多融合蒋沧浪(1930)、徐永祚(1933)、李梦白(1935)的观点。蒋氏认为,一笔账记在三种账簿上叫作三脚账,属于单式记账。徐氏、李氏却认为,一笔账记在多种账簿上是复式记账。而且李氏认为,三脚账只有在转账账项上做到复式记账,并且是以相等数额同时记在上、下栏的方式完成的。显然,蒋氏对复式簿记的理解与徐氏、李氏并不相同,导致双方对三脚账的定义也不一致。

李孝林(1996)曾指出,三脚账有不同说法,但他仍将李梦白与蒋沧浪的观点进行了融合。这些讨论说明,传统企业的会计制度仍是一个有待充分论证的话题。

随着账簿文书不断被发现,学界对资本观念与会计制度的研究有了新突破。彭凯翔(2015)认为,合伙商人的资产负债表对盘存货物的定价符合资本原则,回应了科大卫的观点。但双方都是讨论合伙企业,没有关注到更为广泛存在的小型独资企业。在会计制度方面,李孝林(1996)、傅磊(1989)等人认为,自贡盐业账簿采用三脚账的记账方法、龙门账的核算方法,看似是支持李梦白对三脚账的定义,实际上却与李梦白对四脚账的定义冲突。卢忠民、孙林(2014)还将三脚账视为一种计算盈亏的方法。曹树基等(1996,2021)则认为,"同一账,记两簿"才是中式复式记账的典型特征,并推测三脚账是研究者没有发现两种账簿关联的误判。这种观点是对徐永祚、李梦白认识的支持与推进,但其关于三脚账的推论是依据规模较大企业的账簿所作,不能说明小型企业的记账方法。小型独资企业采用何种资本观念与会计制度,仍是一个需要回答的问题。

义和祥是近代赣州一家主营钟表业的传统家庭企业。晚清时期,南海三甲村徐氏离开家乡,来到赣州府城开设义和祥,主营钟表修理业务,兼营照相、售卖钟表与土货等业务,大约从1896年开始营业,一直经营到1955年年初。在留存账簿的1896—1925年,义和祥从未分配利润,其店员多为2~4人,以徐姓为主。义和祥属于徐氏的独资企业。1911—1925年的记录显示,义和祥的年营业额仅为600~1100元,经营范围也主要集中在赣州城内,属于小型企业。与属于多个产权单位集合的家族企业不同,本章将这种小型的、独资的、依赖家庭关系组建的企业称为家庭企业。从账簿形式来看,义和祥所遗留的账簿属于传统中式簿记。因此,义和祥虽然开设时间可能较晚,但仍是一家使用传统中式簿记的传统家庭企业。

义和祥的收入结构决定了其账簿组织结构。现存义和祥账簿有两批,共计8种27册[①]。在收入结构方面,义和祥主营的修理业务的收入占比最大、最稳定,其他兼营业务中,照相收入其次,钟表与配件售卖收入波动较大,土货售卖只出现

[①] 引用《客家珍稀文书丛刊·第一辑(93—100)》时仅保留书册序号,如"第93卷"。

在 1914 年。因此,修理业务有《修整簿》《修整收支簿》记录,照相业务有《照相簿》《照相收支簿》记录,但没有专门记录售卖钟表、配件与土货的账簿,这与其收入结构相适应。此外,还有《欠费簿》《各号来往簿》《福食簿》《工资簿》。本章勾稽、比对义和祥的各种账簿,证明家庭企业并不追求清晰认识资本结余,更倾向于采用带有复式特征的单式簿记。

二、货物买卖的记账

在李梦白的讨论中,四脚账在对外转拨、现金出纳账项的记账方法上与三脚账相同,但货物买卖账项则是一方记在"客户往来"、一方记在"商品进销"。因此,货物买卖账项是否复式记账,是李梦白区别三脚账与四脚账的关键。基于此,本部分将从货物买卖账项入手进行分析。

(一) 销货的实收账款记两簿

《修整簿》反映钟表修理业务的耗费材料与营业收入情况。1920 年《修整簿》在 1 月 27 日记有"同裕行(童先生),101,修白银壳亨达利表一只,抹油、换法条,该银 8[①] 毛"。这是指义和祥承担了客户"同裕行"的修理业务,编号为 101,修理对象是"白银壳亨达利表",耗费材料是"抹油、换法条",营业收入是"8 毛",客户名字旁还盖有"清"字戳记。这种记录格式贯穿于历年《修整簿》,意味着每笔账目都包含耗费材料与营业收入两种关键信息。

《修整收支簿》反映现金收入与付出,但两者没有对应关系。与《修整簿》稍有不同,《修整收支簿》依时间顺序于上栏记收入、下栏记付出。比如,1920 年《修整收支簿》在 1 月 29 日于上栏记有"收同裕行(童计)修表,毛边 8 毛",于下栏记有"付蜡烛,毛边 5 丝",两笔账目毫无关联。同期记录也很少见到李梦白所讨论的转账账项。那么,是否就不存在转账账项?1896 年,徽商淳庄的《收支流水》中就有"支钱四百文,付金记;收金记钱四百文"的记录。其中付项等于收项,属于转账账项,但整本账簿很少记录,而且因为收、付相抵,最后没有进入会计报表。这意味着传统企业并不普遍存在和重视转账账项。

《修整收支簿》的收项存在大量钟表修理业务的实收账款,与《修整簿》的营业收入存在关联。上引 1920 年《修整收支簿》的收项记录大致包含客户名、钟表名、

---

① 引用义和祥账簿原文时,统一将苏州码〇、〡、〢、〣、ㄨ、ㄨ、〧、〨、〩、文,改写为阿拉伯数字 0、1、2、3、4、5、6、7、8、9。

修理费3种信息,与同年《修整簿》的格式极为相似,而且客户名、修理费也一致,说明《修整簿》和《修整收支簿》之间存在勾稽关系。兹列举1920年的更多记录进行比对,详见表2-1。

表2-1　1920年《修整簿》与《修整收支簿》的勾稽比对　　　　　单位:元

《修整簿》				《修整收支簿》			
页码	日期	客户	应付	页码	日期	客户	实收
20	1月27日	童先生,同裕行	0.8	10	1月29日	童计,同裕行	0.8
21	1月27日	葛威如	0.4				
21	1月27日	葛威如	0.8	10	1月29日	葛威如	1.2
21	1月27日	现号	0.4	9	1月27日	现号	0.4
21	1月27日	鸿宝楼	0.4	17	2月14日	鸿宝楼	0.4
21	1月27日	毕同泰	1.1	11	2月1日	毕同泰	1.1

如表2-1所示,《修整簿》与《修整收支簿》存在对应关系。1920年1月27日,《修整簿》记录有6名客户的修理业务,这些客户都能与《修整收支簿》中一一对应,并支付相应的款项,说明《修整簿》记录修理业务的营业收入,《修整收支簿》记录实收账款。当客户与义和祥当日完成交易,并支付修理费时,账房在《修整簿》与《修整收支簿》均做记录,而且在《修整簿》盖上"清"字戳记,表2-1中的"现号"便是如此。

义和祥完成修理通常需要耗费一定时间,因此受理业务与收到费用之间存在时间差。当客户将钟表交给义和祥修理,并当场约定应付费用时,账房先在《修整簿》上记录。等义和祥把修好的钟表交给客户时,若客户当即支付修理费,账房便一边在《修整收支簿》上登记收到修理费,另一边在《修整簿》盖上"清"字戳记,以示交易完结;若客户选择短期赊欠,账房便在《修理簿》盖上"交回未银"戳记,待客户补交欠费后,再加盖"清"字戳记,同时在《修整收支簿》中记录收到的修理费。因此,表2-1中多数客户不是当天支付费用。

(二) 销货的应收账款记两簿

若客户选择长期赊欠修理费,还需要用《欠费簿》进行记录。当客户迟迟未交欠费时,账房在"交回未银"旁加盖"抄"或"誊"字戳记。1920年1月25日,客户沈书武的名字旁就被盖上了"二月廿五日交回未银""誊"两个戳记。"誊"字戳记是指将长期赊欠修理费的客户信息过入《欠费簿》。《欠费簿》仅存1册,封面名称不存,只题有"光绪三十二年"(1906),但实际时间却从 1896 年跨越到 1915 年,仅 1897 年、1898 年、1912 年、1913 年没有记录,主要内容是客户所欠款项。1896—1910 年,怡和亨赊欠义和祥多笔费用,兹抄录部分如下:

> 怡和亨
> 丁,三月廿一,修元铜人公钟[一]个,该边 4 毛;照 6 寸女相片[一]张,多洗[一]张,1.6 元。
> 戊,海记,晒 6 寸、4 寸相片二张、二张,该边 8 毛、该边 4 毛;梁记,二月廿六,修晶面条燔播喊,换法条,该边 8 毛(清);
> 三月廿八,修大八件表,该边 4 毛。

1907—1908 年,怡和亨在义和祥处有 5 笔欠款,共计 4.4 元。1908 年 2 月 26 日的欠费上盖有"清"字戳记,意为欠款付讫。可以发现,每条欠费记录的格式大体相似,而且与《修整簿》的记录基本一致。《修整簿》是对一年中修整业务的流水记录,那么《欠费簿》中赊欠修理费的客户理论上必定会出现在《修整簿》中。然而,现存《修整簿》大多形成于 1916 年以后,只有 1914 年《修整簿》存在匹配的可能,但《欠费簿》中仅有 2 笔 1914 年的欠费记录:

> 利贞祥
> 甲寅,(入)贰月廿七,修四方青铜钟,该边 4 毛;(入)十一月廿一,修挂钟,该边 5 毛。

甲寅年(1914)2 月和 11 月,利贞祥共有 2 笔修理钟表的欠费记录。查阅同年的《修整簿》,其中 2 月底记录的"和利"应该是指利贞祥,记录中和利"修四方青铜打钟,抹油,该毛边 4 毛",旁边盖有"交回未银"和"誊"字戳记,与上引《欠费簿》的记录也基本一致。若客户最后支付欠款,账房不仅会分别在《欠费簿》《修整簿》上盖"清"字戳记,而且会将收款信息记录到最新的《修整收支账》上,使应收账款转为实收账款。

照相业务的记账方法应该与修理业务基本一致,也是由《照相簿》《照相收支簿》《欠费簿》3 种账簿相互配合的,但账簿残缺,难以全面论证,兹不赘述。

(三) 进货的账款只记一簿

进货是销货的前提,但因缺少进货账簿,曹树基等的研究尚未讨论进货记账,而义和祥的《各号来往簿》可以弥补这一不足。《各号来往簿》仅存1册,大体以客户名为顺序进行记录,客户名之下分上、下两栏。账簿封面虽题有"□□□年岁次甲寅立",但实际上包含1914—1920年的账目信息。除1916年、1918年,其他年份皆有《修整收支簿》可作匹配。

《各号来往簿》记载了进货、借款与购买消费品等信息,但与《修整收支簿》的同类记载毫无关联,属于单式记账。1914—1920年,《各号来往簿》记载义和祥向怡安、永宜亨购买钟表配件70余次,多数记录包含明确日期,但在同年《修整收支簿》上却没有记载,钟表的进购更是没有专门账簿记录的。1914年6月,义和祥向广州泰源号购买了一批时钟,留有一张发票,但不见于同年现存任何账簿。同样是1914年,义和祥累计收购数百元土货,但在同年《修整收支簿》上却没有记载,仅见于《各号来往簿》。1914—1917年,"松如"为义和祥提供大额款项多次,义和祥后续以小额款项还给松如,但来往账目要么只记录在《修整收支簿》,要么只记录在《各号来往簿》。消费品购买中大米消费较为频繁,通过比较1914年两种账簿中的购米记录可以发现,两种数据不能完全对应。此外,1914年义和祥还购买了海参、烤鹅等商品,逐一记录于《各号往来簿》,但均未能在同年《修整收支簿》上找到记录。

若严格参照西式借贷复式记账,可以更加清楚地发现义和祥账簿的不足,详见表2-2。

表2-2 货物买卖等账项的复式记账

借方/Debit(去向)	对应科目	贷方/Credit(来源)	对应科目	实际状态
《修整收支簿》实收账款	现金	《修整簿》营业收入	营业收入	复式
《欠费簿》应收账款	应收账款	《修整簿》营业收入	营业收入	复式
《修整簿》耗费材料	营业成本	缺《货物簿》记载支付货物	存货	缺贷方
缺《货物簿》记载收到货物	进货	《修整收支簿》实付货款	现金	缺借方
缺《货物簿》记载收到货物	进货	《各号来往簿》应付货款	应付账款	缺借方
《各号来往簿》支付应付货款	应付账款	《修整收支簿》无实付货款	现金	缺贷方
《修整收支簿》无收到或支付借款	现金	《各号来往簿》收到或支付借款	借款	缺借方
《修整收支簿》收到或支付借款	现金	《各号来往簿》无收到或支付借款	借款	缺贷方

如表2-2所示,在修理收入的账务处理上,《修整簿》《修整收支簿》《欠费簿》足

以构成复式记账。《修整簿》记录营业收入,相当于借贷复式的贷方;《修整收支簿》记录实收账款,相当于借方;《欠费簿》记录应收账款,相当于借方。这其实是将借贷复式"先在日记簿分录借、贷两方,再过账到分类簿"的两个步骤,合成了一个步骤,即一开始就将借、贷双方分录在借方账簿与贷方账簿。这种做法减少了记账工作量,但在存货、进货、借款等账项的记录上,义和祥账簿属于单式记账。即使将《修整簿》的一笔记录理解为同时包含营业收入与耗费材料两种信息,也没有相应的《货物簿》记录存货减少。进货、借款、钟表与配件售卖等账项更是如此,都是被分散、孤立地记录在《修整收支簿》《各号来往簿》等账簿中。

从表2-2可以看出,义和祥账簿作为家庭企业账簿虽然存在诸多缺陷,但当所有账项都做到复式记账时,理论上存在进行试算平衡的可能。这种试算平衡最早由李梦白提出,并强调中式复式记账的同方向记两笔不会影响试算平衡。徐永祚也坚持同方向记两笔,但主张以四柱结算法代替试算平衡。实际如何,尚需对更多账簿实物进行研究。但从晋商的《交易须知》中介绍的"三投三合之账一法"来看,通过四柱结算法验证账目确有应用。

义和祥账簿的研究证明,传统中式簿记的复式记账与西式借贷复式记账不同,传统中式簿记是通过"同一账,记两簿"的方式达成的。然而,义和祥账簿并非所有账项都能做到复式记账,只是在修理、照相业务的收入上做到了复式记账,在其他账项上都属于单式记账。这说明经营者在对收入结构有清醒认识的情况下,只要求时刻掌握最大份额资本结余的来源,以节省记账成本。

三、经营成本的记账

除销货所损耗的原料成本,义和祥还承担着伙食、工资、店租、灯费、税捐等多项成本。这些账项记录的清楚与否,决定了义和祥能否进行损益核算。本部分将以此为核心进行讨论。

(一)店员伙食支出记两簿

《福食簿》的封面题有"壬子岁福食簿",但实际涉及1911年(辛亥)、1912年(壬子)两个年度。1911年《福食簿》的所有记录都是以日为纲,但只记支出一项,每笔记录包含日期、支付名目、支付金额3种信息。支付名目基本为"杂用钱""零用钱",是指店员的伙食钱。平湖老鼎丰酱园也将"伙食"记为"福食"。

《福食簿》所记零用钱支出会被结转至《修整收支簿》。1912年《福食簿》记载,7月有28笔支出,"共付钱叁仟〇九拾七"。同年7月,《修整收支簿》仅在25日记载"付零用钱贰毛",与同日《福食簿》毫无关联,但在月底记有"本月共伙食零用钱叁仟〇九拾七",与《福食簿》的数据一致。1913—1915 年的《修整收支簿》也在每月月底记录了零用钱支出总额。由此可以证明,账房每月月底会对《福食簿》中该月所有零用钱进行汇总,并将汇总结果结转至《修整收支簿》。与此同时,《修整收支簿》也会额外记录少量零用钱支出,《照相收支簿》也是如此。

《福食簿》是用以减轻记账负担的辅助账簿。1919 年以后,《福食簿》的功能逐渐并入《修整收支簿》。每月月底,《修整收支簿》不再记录零用钱支出的总数,但月内每天对零用钱支出的记录却愈加频繁,应该是将零用钱支出彻底置于《修整收支簿》中记录。这意味着《福食簿》更像是为了减轻同时记账的负担而设置的一种辅助账簿。在并入《修整收支簿》之后,账房虽然无法单独核算零用钱的总支出,但仍然作为现金支出记录在《修整收支簿》。

(二) 店员工资支出记两簿

《工资簿》的核心目的在于计算实际需要支付店员的工资数,因此以店员姓名为顺序进行记录。《工资簿》现存 3 册,涵盖 1902—1916 年,至少涉及 15 名店员。店员徐采臣的工资账目保存较完整。兹抄录 1912 年记录以作分析。

> 壬子年采臣支数目(计八拾四元正)
> ……
> 本年统用捌拾五元五毛五丝(又钱壹佰贰拾)
>   本年应得之外仍支长壹元六毛五丝
>   接辛年支长边 137.137 5[元]
> 接辛年及现年支长毛洋壹佰叁拾捌元柒毛捌丝七厘五

壬子年(1912),徐采臣共领"工金"84 元,共支出 85.55 元 120 文,亏欠 1.65 元。接辛亥年(1911)亏欠的 137.137 5,累计亏欠 138.787 5。其他店员也大致相同。每位店员名下记录工资数额、支出明细、支出总额、所剩余额 4 种信息。工资数额视店员身份与工作量而定。该项记录中间省略部分是支出明细,即店员日用消费支出的记录,以月为单位进行累加计算,从而算出支出总额。所剩余额是用工资数额减去支出总额,再加上上年所剩余额,得到目前所剩余额。由此可以看出,义和祥因到年底才结算工资,需要预付工资来垫付店员的支出,所以《工资簿》的目的是汇总店员支出,进而计算出实际需要支付的工资数额。

《工资簿》的支出明细是从同年《修整收支簿》的付项中誊抄而来。《修整收支簿》记录了绝大部分的现金收入与支出,支出项便是依时间顺序记录了店员与店主的支出、经营支出等多种信息,难以分开,账房想要给店员结算工资,就必须将店员支出结转至《工资簿》来单独计算。1912 年 1 月 16 日,《修整收支簿》记载,"付采记造客边六毛",加盖"誊"字戳记。如戳记所示,"采记"的这笔支出被结转至《工资簿》的徐采臣名下,记为"拾六日支边六毛",中间小字备注"做客"。实际上,徐采臣的每笔支出都会被结转至同年《工资簿》。

(三) 其他营业支出记一簿

除店员工资、伙食,为了维持日常经营,义和祥还需要支付店租、灯费、税捐等多项成本。1912 年《修整收支簿》记载了 2 笔"店租",为店面租房,共 16.8 元。同样,据《修整收支簿》记载,1920 年以前,义和祥每月只需"付点街灯"费 1 毛。1920 年,赣州电灯公司创办,同年义和祥支付电灯费增长至 10.02 元。税捐的名目各异,1914 年为"警察抽租、店捐",共 2 笔计 3 元;1922 年为"保卫团、店捐",共 4 笔计 1.7 元。这些成本多数只记录在《修整收支簿》中。

参照西式借贷复式记账,也能发现义和祥账簿在记录经营成本上的不足,详见表 2-3。

表 2-3　经营成本的复式记账

借方/Debit(去向)	对应科目	贷方/Credit(来源)	对应科目	实际状态
《福食簿》付项	经营成本	《修整收支簿》付项	现金	复式
《工资簿》付项(预付工资数)	经营成本	《修整收支簿》付项	现金	复式
《工资簿》实付工资数	经营成本	《修整收支簿》无支付工资	现金	缺贷方
缺《杂项簿》记载支付店租	经营成本	《修整收支簿》付项	现金	缺借方
缺《杂项簿》记载支付灯费	经营成本	《修整收支簿》付项	现金	缺借方
缺《杂项簿》记载支付税捐	税金	《修整收支簿》付项	现金	缺借方

如表 2-3 所示,义和祥账簿在伙食支出与预付工资两项上属于复式记账,但在实付工资、店租等支出上却只记一笔。众多营业支出没有专门账簿记录,意味着义和祥账簿无法进行损益核算,只能将营业支出以现金支出的方式减去,得到现金结存。实际上,当所有营业支出都做到复式记账时,传统企业也能进行成本核算,如晚清徽商淳庄账簿即证明。

综上可知,义和祥账簿只在与店员有关的伙食支出与预付工资上做到复式记账,其他营业支出均属于单式记账。这是因为人力成本是主要经营成本,而其他成本的金额与记账笔数都相对较少。然而,这种记账方法因为没有覆盖所有支出,所以不能进行试算平衡与损益核算,说明相比精确的利润计算、清晰的资本结余认识,义和祥更愿意选择降低记账成本。

四、结账方法与适用范围

局部观察不利于整体把握。这一部分将进一步分析义和祥账簿的结账方法与组织关系,理解义和祥账簿的记账目的与资本观念,并借助调查来判断义和祥账簿的代表性。

(一) 结账方法

义和祥所存的 8 种账簿均属于营业账簿,缺乏年度经营成果的会计报告。这或许是小型企业的常见状态。在湖北襄樊等地区,各商店"年终所制之财产总目录"常用"一单张之纸片"记录,"多不记载于特设之账簿"。单张纸片不易保存,或许是会计报告缺少的主要原因。实际上,结账在日常记账过程中已经在进行。

《修整收支簿》定期进行累加计算,并以总收入减去总支出来反映现金资产。《福食簿》记载的伙食支出会被加总结转至《修整收支簿》的付项,不需要再单独计算,所以《修整收支簿》承担了大部分现金结存的计算。以 1912 年《修整收支簿》为例,账房会对每日的收项与付项分别进行加总,月底再对每日加总进行累加,年底再对每月加总进行累加,最后以收项减付项,算出年终结余。《照相收支簿》较为简单,更容易算出现金结存。

《欠费簿》《各号来往簿》反映义和祥的应收账款与应付账款。《欠费簿》汇总了来自《修整簿》《照相簿》的客户赊账信息,其中盖上"清"字戳记的表示已经偿还,没有盖的表示应收账款,属于资产。《欠费簿》中也有数页记录义和祥的应付账款,属于负债。《各号来往簿》也能通过加盖戳记或收付相减的方式反映应收账款或应付账款。

《工资簿》反映义和祥实际需要支付的工资数额,可能是应收欠款,也可能是应付工资。店员的消费支出超过工资,则视为义和祥的应收欠款;低于工资,则视为义和祥的应付工资。

如表 2-4 所示,账房只要对每种账簿进行减法或者加总计算,就可以得到企业的资产、负债信息,再以"存除两抵"判断盈亏。但因为没有对存货与期初资金进行记账,所以无法制作完整的资产负债表。而且这种只反映资产负债信息的账簿组织,因为没有对各项成本进行清晰的记录,也就不能进行损益核算。这就与李梦白对三脚账是"专侧重于对外客户之债权、债务关系,而忽略内部财产与损益账项的记录"的描述较为接近,只是义和祥账簿除了重视对外债权、债务,还非常重视内部的现金资产,因为如果现金无法偿还到期债务,会导致企业无法维持经营,所以掌握基本的资产负债信息是企业维持经营的基本需求。

表 2-4　义和祥账簿的结账方法

资产/存项		负债/除项	
现金	《修整收支簿》结存、《照相收支簿》结存	应付账款	《各号来往簿》结存、《欠费簿》结存
应收账款	《各号来往簿》结存、《欠费簿》加总	私人借款	《各号来往簿》结存
应收欠款	《工资簿》结存	应付工资	《工资簿》结存
存货	—	期初资金	—

然而,义和祥账簿的会计主体与主体所有者的利益并没有区分。义和祥账簿的会计主体是义和祥,而主体所有者是三甲村徐氏。如前文所述,《各号来往簿》也记有消费支出,但主要是赊账购买。大部分现金消费支出被记录在《修整收支簿》中,包括店员的伙食与消费支出,以及店主家的消费支出。以 1922 年为例,店主家消费支出账目有近 700 笔,付出 412.264 元,涉及食物、住房、饮水、燃料、药物等诸多生活必需品,完全依赖城市市场。这些账目不仅只在《修整收支簿》中单记一笔,而且未与营业支出分开,意味着《修整收支簿》的现金结存并不反映会计主体的实际现金资产。

(二) 适用范围

通过上述分析,本章建立义和祥的账簿组织关系,详见图 2-1。

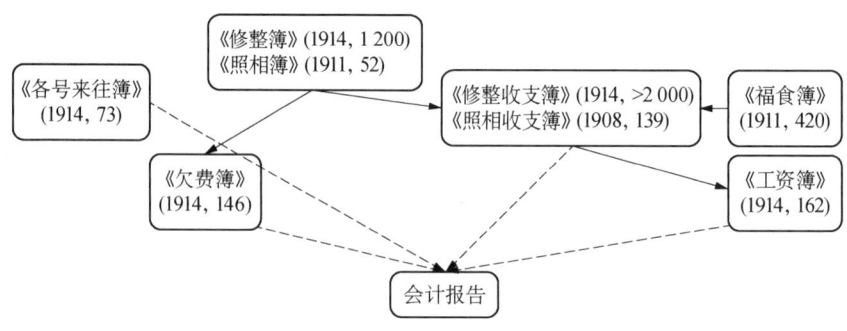

图 2-1　义和祥的账簿组织关系

如图 2-1 所示,括号中的第一个数字是年份,第二个数字是所选年份账簿的记账笔数,虚线代表并未留存实物。除《各号来往簿》,义和祥的 7 种账簿之间均存在关联。这种账簿之间的关联是传统中式簿记的典型特征之一，也是形成中式复式记账的关键。至此，我们可以将义和祥账簿所呈现的会计制度概括为3个特征：其一，通过"同一账，记两簿"实现复式记账；其二，部分账项仍采用单式记账，因此无法进行试算平衡，本质上属于单式簿记；其三，没有进行损益核算，而且会计主体与主体所有者的利益不分，只能反映部分资产负债信息。

通过"同一账，记两簿"实现复式记账，在全国各地账簿中都能找到印证。在北方，曹树基等对洛阳盐商丰盛泰号、天津当商文盛星号账簿的研究，已经揭示出"同一账，记两簿"的记账方法。两家企业都由晋商创设，而晋商群体至少在道光年间已经使用传授记账方法的商书，其记录的方法与账簿实物基本一致。在南方，徽商泰昌发介号淳庄账簿证明，"同一账，记两簿"能够进行试算平衡。民国时期黄荫普在广州的调查也能作为例证，详见图2-2。

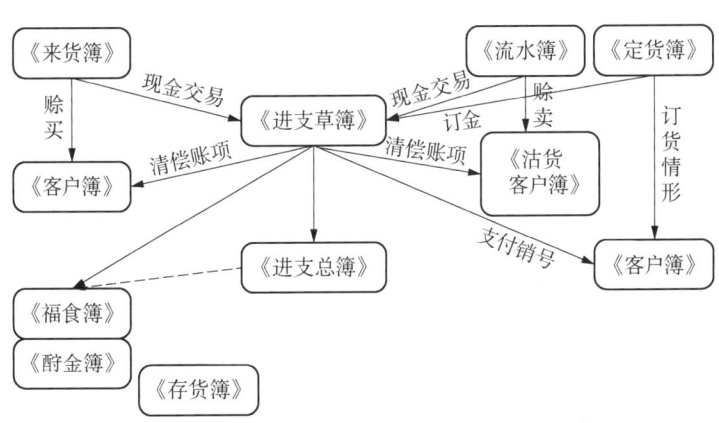

图2-2 广州商店之簿记制度

图2-2是黄荫普调查广州20余家商店后总结的4种账簿制度之一，其余3种或更为简单，或略为复杂。其中的《流水簿》《进支草簿》《沽货客户簿》可分别对应义和祥的《修整簿》《修整收支簿》《欠费簿》，但在"来货""定货"交易上的账簿设置更为健全，都显示出"同一账，记两簿"的记账方法。

在结账方法上，无论是独资还是合伙企业，都会采用存除两抵。图2-2中的3种《客户簿》记录应付账款或应收账款、《进支总簿》记录现金结存、《福食簿》《酢金簿》记录店员支出、《存货簿》记录存货，相较于义和祥账簿，仅多存货一项，也只能提供资产负债信息，没有进行损益核算。前述晋商《交易须知》对存除两抵的方法也有所评论：

每见烧锅粮店总算大账之日,将所存货物点清作价,开写单上,除去原本即是利钱,如不足便是赔账,并不知一年费用多少。别人将此"三投三合之账一法"言之,反惹他人生厌,答曰:"肉烂在锅里,不赚钱让你账清,又是如何",反教人无言可对。

"总算大账"是指企业到期做财务决算。《交易须知》的作者认为,以包括存货在内的资产减去包括原本在内的负债来算是否赔账,不能掌握"一年费用多少";而反对者认为,赚钱比账清更为重要,并将存除两抵的账目比喻为"肉烂在锅里"。这与李梦白在介绍三脚账时提到"有等〔的〕地方或帮口又谓之'捞锅底账',盖取肉烂在锅里之意"的说法基本一致,意味着类似说法早已流传、存除两抵之法较为流行。而彭凯翔的研究已经证明合伙企业也会采用存除两抵,只是当业务较为复杂时也会采用损益核算。

存除两抵能否反映企业真实的财务状况,还取决于企业的产权结构与所有者的资本观念。合伙企业受多方监督与约束,一般要求会计主体与主体所有者的利益分离,因此结账更能反映企业的真实财务状况。而独资的家庭企业更少有动力去区分会计主体与主体所有者的利益,因为经商可能是家庭企业所有者的主要经济来源,那么企业财务其实就等于家庭财务。因此,科大卫认为,传统中国商人对资本结余缺乏清晰认识。这在家庭企业中可能是成立的,以义和祥为代表的家庭企业所有者对资本结余并不追求清晰的认识。

众多案例表明,义和祥账簿所呈现的会计制度并非孤例。义和祥账簿虽然没有形成资产负债表,但通过对各种账簿的结存计算就能够反映部分资产负债信息,而作为存量的资产、负债信息正是判断经营能否持续的关键。然而,因为会计主体与主体所有者的利益没有区分,义和祥账簿所形成的资产负债信息并不仅限于呈现企业的财务状况,更多的是为了记录企业所有者的家庭财务状况,是为了支撑企业所有者在城市生活消费而服务的。

五、结语

作为家庭企业,义和祥与华北的家庭农场颇为相似,也是经营与消费合一的经济单位,因此并不区分会计主体与主体所有者的利益,也未全盘采用复式记账,故而无法进行试算平衡、损益核算,只能核算部分资产负债信息,其账簿本质上属于单式簿记。具体而言,义和祥是在主要的营业收入与经营成本上通过"同一账,记两簿"实现复式记账,在其他账项上则都采用单式记账。而在三脚账的讨论中,蒋沧浪否认了通过多种账簿记一笔账构成复式记账的可能性,但他所认定的四脚账又尚无账簿实物可以证明。李梦白则是试图概括中式簿记的两种极端,但无法解释部分账项采用复式记账的义和祥账簿。在两种解释本身存在局限的情况下,继续援引旧论争辩三脚账是否属于复式记账是没有意义的。

与分配利润、资产负债清晰的合伙企业不同,独资的家庭企业只追求获得部分资产负债信息,以满足维持商业经营的基本需求。也就是说,其首要目标并不是追求资本的积累进而扩大再生产,而是最大限度降低市场不确定性带给资本的各种风险,实现持续经营及获利,以维持相对稳定的市场地位。这种以追求企业持续经营、维持日常生活为导向的会计制度,虽然反映出经营者不追求对资本结余有清晰认识的资本观念,是否会导致商业内卷化尚无法得出结论,但正是经营与消费合一的属性,以及对资产负债的基本计算,赋予了家庭企业极强的韧性,使其既不会轻易放弃经营,也不会毫无限制地滑向破产。因此,近代以来,西式会计制度也很难在全国普遍推行。这说明传统与现代并非简单对立,只有在本地市场环境中实现成本与需求之间的平衡,西式会计制度才有可能被逐渐接受。

主要参考文献

[1] 黄宗智.华北的小农经济与社会变迁[M].北京:法律出版社,2014.
[2] 科大卫.近代中国商业的发展[M].周琳,李旭佳,译.杭州:浙江大学出版社,2010.
[3] 万义平.会计学基础[M].南昌:江西科学技术出版社,2007.
[4] 李孝林.中外会计史比较研究[M].北京:科学技术文献出版社,1996.
[5] 彭凯翔.从交易到市场:传统中国民间经济脉络试探[M].杭州:浙江大学出版社,2015.
[6] 卢忠民,孙林.民国旅京冀州商帮之账簿研究:基于北京档案馆藏五金商铺账簿[J].财会月刊,2014(10):10-14.
[7] 王国晋.近代小型商号低成本服务的商业模式:以赣州义和祥为中心[J].中国经济史研究,2023(2):123-140.
[8] 张利民,等.近代环渤海地区经济与社会研究[M].天津:天津社会科学院出版社,2003.
[9] 潘必胜.中国的家族企业:所有权和控制权(1895—1956)[M].北京:经济科学出版社,2009.
[10] 李梦白.对于中式簿记原理之另一贡献[J].会计杂志,1935,6(5).
[11] 曹树基,王国晋.客家珍稀文书丛刊·第一辑(93—100)[M].广州:广东人民出版社,2019.
[12] 潘序伦.高级商业簿记教科书[M].上海:立信会计图书用品社,1946.
[13] 徐永祚.改良中式簿记概说[J].沪大商业丛刊,1933(1):1-44.
[14] 山西省晋商文化基金会.交易须知[M].太原:三晋出版社,2013.
[15] 陈仕栋,董建波.近代平湖老鼎丰酱园研究[M].上海:上海辞书出版社,2016.

[16] 赣州市政协文史资料委员会.赣州文史资料选辑:第七辑[C].赣州:赣州印刷厂,1991.
[17] 吴桂辰.中国商业习惯大全[M].周东白,校订.上海:世界书局,1923.
[18] 黄荫普.广州市固有商业簿记制度之研究[J].社会科学论丛,1931,3(5):137-156.
[19] 郭道扬.中国会计史稿:下册[M].北京:中国财政经济出版社,1988.
[20] 曹树基,李锦彰,王国晋."同一账,记两簿":清代丰盛泰号账本的复式簿记[J].中国经济史研究,2021(5):5-23.
[21] 成圣树.我国固有复式记账的探讨[J].江西财经学院学报,1980(1):21-28.
[22] 傅建木.清代民间会计复式记账概述[J].中国社会经济史研究,1989(3):73-77.
[23] 傅磊,刘志翔.四川盐业旧式会计核算[J].盐业史研究,1989(2):60-65.
[24] 郭道扬.中国会计史稿:下册[M].北京:中国财政经济出版社,1988.
[25] 姜永德.对"三脚账是一种中式复式记账法"的质疑[J].广西会计,1992(10):48-49.
[26] 蒋沧浪.中国之复式簿记[M].上海:民智书局,1930.
[27] 李锦彰,曹树基.传统时代山西当铺账本的复式簿记与会计核算[J].中国经济史研究,2022(2):5-18.
[28] 刘军,袁学超,唐富文.从借贷记账法产生、发展认识三脚账的性质[J].四川会计,1994(8):45-46.
[29] 罗勇.也谈三脚账是一种中式复式记账:兼与赵文先同志商榷[J].广西会计,1992(5):42.
[30] 宋琰,郭晋龙.清代单式记账法:三脚账[J].会计之友,1985(4):42.
[31] 唐富文.小议三脚账的"跛脚"[J].四川会计,1994(1):43-44.
[32] 徐永祚.改良中国会计问题[J].会计杂志,1933(1):10-21.
[33] 余辉,张艳.三脚账为复式记账的相关比较研究[J].财会月刊,2013(11):92-93.
[34] 张小青.三脚账是复式记账法[J].四川会计,1996(12):42-43.
[35] 赵文先.三脚账是一种中式复式记账法[J].广西会计,1991(8):54-55.
[36] YUAN W P, MACVE R, MA D. The development of Chinese accounting and bookkeeping before 1850: insights from the Tǒng Tài Shēng business account books (1798-1850)[J]. Accounting and Business Research, 2017, 47(4): 401-430.
[37] AUYEUNG P K, FU L, LIU Z. Double-entry bookkeeping in early-twentieth-century China[J]. Business History Review, 2005, 79(1): 73-96.

(上海交通大学人文学院　王国晋)

第三章

晋商簿记报告编制方法的选择与演变

一、簿记报告的发展脉络

我们以年度簿记报告为研究对象,剔除了其他类型清单。从刘建民所藏的晋商清单中发现,商号与近代以前所使用的记账方法、簿记报告并无二致,因而本章在分析簿记报告的数据时,仍将民国时期的晋商清单纳入研究范围。《晋商史料集成》收录了许多连续数年簿记报告的清单册,如道光十八年(1838)至咸丰四年(1854)同心义米面店清单册、道光至光绪年间谦和兴记清单册、咸丰九年(1859)至光绪二十二年(1896)世兴吉年总清单册等,因此在进行纵向合计商号数量时,可能存在重复计数问题,导致纵向的合计数往往大于实际数。

根据表3-1统计结果,从横向来看,它能够反映某一固定时期内三柱式、四柱式和龙门账簿记报告的应用情况,可见同一时期呈现三种簿记报告并存的特征。从纵向来看,它统计了在不同时期编制同一类簿记报告的商号数量及占比,可以发现,在这批关于晋商最权威、最完整的清单史料中,龙门账簿记报告并未成为一种普遍采用的记账方式,数量上远远不及三柱式、四柱式簿记报告,在嘉庆、宣统以及民国时期甚至不见龙门账踪迹。

表3-1 不同年份三类簿记报告的商号数量(占比)

年份	三类簿记报告的商号数量(占比)			商号数量合计(个)
	三柱式	四柱式	龙门账	
乾隆(1736—1795年)	1(33.33%)	1(33.33%)	1(33.33%)	3
嘉庆(1796—1820年)	2(100.00%)	0	0	2
道光(1821—1850年)	10(55.56%)	4(22.22%)	4(22.22%)	18

(续表)

年份	三类簿记报告的商号数量(占比)			商号数量合计(个)
	三柱式	四柱式	龙门账	
咸丰(1851—1861年)	8(53.33%)	4(26.67%)	3(20.00%)	15
同治(1862—1874年)	8(47.06%)	8(47.06%)	1(5.88%)	17
光绪(1875—1908年)	30(57.69%)	20(38.46%)	2(3.85%)	52
宣统(1909—1911年)	7(58.33%)	5(41.67%)	0	12
民国(1912—1949年)	27(55.17%)	26(44.83%)	0	53
不详	13(72.22%)	3(16.67%)	2(11.11%)	18
合计(1736—1949年)	106	71	13	190

值得注意的是,自20世纪20年代起,我国会计改良运动开始兴起,以潘序伦为首的改革派认为,我国会计需要改革为西式会计,并倡导全面推广使用西方的借贷复式簿记法,包括记账方法、会计账簿体系等。那么山西地区商人的簿记方法是否受到这一影响呢？民国二十三年(1934)有一份《太谷农工银行二十三年份报告表》。在这份报告表中,太谷农工银行将全部的经济事项按照西式会计的做法分为资产类、负债类、利益类和损失类,它吸收了西方借贷复式簿记中会计科目的名称。这种记账方法虽不同于我国固有的中式簿记报告,但银行报告表的编制仍保留传统中式簿记的书写规则,并以苏州码表示数额,这说明某些晋商基于西方借贷复式簿记对传统中式会计报告进行了改良,不过这是个例(仅此一份)。从表3-1中也可以看出,民国时期其他商号所使用的仍是三柱式、四柱式簿记报告。由此可知,清末民初的会计改良运动并未对晋商的簿记报告或会计制度产生很大影响。

二、簿记报告的行业属性

明清时期没有强有力的商事法律保护和统一会计准则的约束,商号在经营过程中是按需自主选择簿记报告类型的,这从侧面说明了簿记报告的发展更大程度上源于企业自身的需要。基于这样的分析,本章选取企业的行业属性和经营规模这两个指标,揭示其与簿记报告选择之间可能存在的关系。表3-2统计了金融类和非金融类两类行业下编制不同簿记报告的商号数量。这批晋商簿记报告中金融类企业主要有票号、当铺和放账铺,且该类商号的行业性质大多数从报告中的业务即可辨认,基于此,本章将金融类商号细分为票号、当铺、放账铺以及其他金融类。

非金融类商号有布庄、粮食铺、香局、杂货店、酒坊、客栈等,涉及的业务繁杂,且分布不集中,因此将这些商号统一归为非金融类。

表 3-2 不同行业三类簿记报告的商号数量(占比)

行业	三类簿记报告的商号数量(占比)			商号数量总计(个)
	三柱式	四柱式	龙门账	
票号	3(75.00%)	1(25.00%)	0	4
当铺	0	24(85.71%)	4(14.29%)	28
放账铺	10(50.00%)	7(35.00%)	3(15.00%)	20
其他金融类	2(28.57%)	5(71.43%)	0	7
非金融类	55(74.32%)	18(24.32%)	1(1.35%)	74
未知	19(73.08%)	7(26.92%)	0	26
总计(个)	89	62	8	159

由表 3-2 统计结果可知,不同行业的清单册编制方法存在差异,当铺、票号等金融类商号普遍采用四柱式结算法或龙门账较为先进的记账方法,而粮食铺、布庄等非金融类商号则普遍选择简单易行的三柱式结算法。

国外研究学者 Littleton(1928)、Lee(1972)、Chatfield(1974)和 Sangster(2016)一致认为,银行可能是首个采用复式簿记的组织。Sangster(2016)指出,复式簿记起源于佛罗伦萨银行,动机在于佛罗伦萨公会对于银行的问责和监督,使得他们需要发展一个更加清晰透明的可供对账的簿记系统以保证会计信息质量,保护投资者的利益,也能借此维护其声誉。相较于西方银行,中国的现代银行产生较晚,最早为 1897 年设立于上海的"中国通商银行"。在中国传统金融业的发展中,晋商金融业可以说是其代表和典范之一,晋商创立了当铺、钱铺、账局和票号,其中票号的创立和发展在近代中国金融领域占有举足轻重的地位,也被视为银行的前身。晋商以长途贩运为主要贸易方式,随着资本规模的扩张,商业机构遍布各地。为了方便各分号之间的资金调拨,实现汇兑专业化,晋商创办一种异地划拨款项的信用机构——票号,该机构以异地汇兑为主要经营业务。伴随着业务量的扩大,票号需要不断完善自身的信息系统,包括银钱比价、借贷利率等,由于业务的繁杂,仅靠简单的存该相抵的捞锅底式簿记报告无法满足其需求,需要更加复杂的对账簿记系统与之配套。需要说明的是,不同于西方的行会强制问责,晋商这样做更多的是遵循诚信的理念和强烈的声誉维护意识。基于这样的传统商业文化,晋商会自主地选择更加清晰复杂的账务处理方法和簿记报告——龙门账。

三、簿记报告的经营规模属性

在表 3-2 的基础上，本章增添"晋商经营规模"这一指标，分别研究其对不同行业属性的晋商在进行簿记报告选择时的影响。表 3-3 以年度作为划分依据，统计了选择不同编报方式下非金融类商号的经营规模大小，经营规模用商号的平均资产作为指标，括号内的数字代表各编报类型的商号数量。需要说明的是，民国时期很多晋商采用"元"作为记账单位，与清代各期所使用的银两和制钱不同，且大多数商号并未说明兑换比率，无法进行换算，因此本章略去统计该类商号的经营规模，同时采用 1 000 文/两的银钱兑换比率，统一使用"两"作为结算单位。

表 3-3 非金融类商号的三类簿记报告与经营规模（商号数量）　　金额单位：两
数量单位：个

年份	三类簿记报告与经营规模（商号数量）		
	三柱式	四柱式	龙门账
乾隆（1736—1795 年）	116 736.94（1）	0	0
嘉庆（1796—1820 年）	52 107.42（1）	0	0
道光（1821—1850 年）	5 933.99（6）	4 116.86（1）	0
咸丰（1851—1861 年）	13 421.47（6）	4 897.72（1）	0
同治（1862—1874 年）	9 388.93（3）	0	0
光绪（1875—1908 年）	22 160.04（18）	123 489.03（8）	10 065.76（1）
宣统（1909—1911 年）	19 665.97（2）	297 167.82（2）	0
民国（1912—1949 年）	21 746.76（11）	21 598.40（4）	0

同样地，表 3-4 列示了当铺和放账铺两类金融类商号的簿记报告与经营规模（商号数量）。值得注意的是，在清单史料中属于票号的晋商只有四家，分别为京都同兴裕记、平遥其昌德记、太谷协成乾记和兴晌裕记，前三家使用三柱式簿记报告，兴晌裕记采用的是四柱式结算法，且分属于不同的年份，故在统计学上不具有可比性。此外，由表 3-4 可以看出属于当铺和放账铺的商号较为集中，数量较多，因此选取这两类金融类商号，研究金融类晋商经营规模与簿记报告选择之间可能存在的关系。

为了更直观分析商号经营规模与簿记报告之间的关系，本章在表 3-3 和表 3-4 的基础上，根据各时期的商号数量，选取光绪时期的非金融类和金融类商号分别列示行业、商号、三类簿记报告类型与经营规模，见表 3-5 和表 3-6。

表 3-4 金融类商号的三类簿记报告与经营规模(商号数量)　　金额单位:两
数量单位:个

年份	三柱式		四柱式		龙门账	
	当铺	放账铺	当铺	放账铺	当铺	放账铺
乾隆(1736—1795年)	0	0	13 796.48(1)	0	5 905.75(1)	0
嘉庆(1796—1820年)	0	2 157.93(1)	0	0	0	0
道光(1821—1850年)	0	13 607.46(3)	56 192.87(2)	0	37 414.95(2)	11 767.48(2)
咸丰(1851—1861年)	0	30 191.73(1)	30 686.95(1)	2 672.83(1)	48 092.21(2)	19 199.85(1)
同治(1862—1874年)	0	25 724.82(2)	226 038.80(4)	3 096.00(1)	20 564.71(1)	0
光绪(1875—1908年)	0	21 295.64(4)	52 092.43(8)	11 981.12(2)	0	3 112.21(1)
宣统(1909—1911年)	0	0	74 740.65(2)	0	0	0
民国(1912—1949年)	0	0	38 079.67(3)	50 084.21(3)	0	0

表 3-5 非金融类商号的簿记报告与经营规模　　金额单位:两

序号	行业	商号	三类簿记报告与经营规模		
			三柱式	四柱式	龙门账
1	客栈	锦府锦隆栈记		787 207.85	
2	粮食店	邦均镇宁远号		143 655.08	
3	粮食店	丰盛恒记	139 834.29		
4	粮食铺	曾村丰盛恒	112 037.38		
5	香局	和顺香局	31 137.64		
6	烟店	山泉烟店	22 843.37		
7	粮油店	新城吉隆长记	21 210.15		
8	米面、花布	祇郡镇天合成记	20 279.39		
9	粮店兼放账铺	公兴永记		13 131.03	
10	杂货铺	广泰丰杂货铺			10 065.76
11	粮店	某粮店	7 572.51		
12	山货店	全成永记		7 443.05	
13	衣店	江口全和东记		7 354.37	
14	粮食店	永记	7 297.41		

(续表)

序号	行业	商号	三类簿记报告与经营规模		
			三柱式	四柱式	龙门账
15	农庄	南董天合德记		6 991.51	
16	铁铺	孟县永吉成记	6 169.37		
17	粮油店	广盛永记	5 027.58		
18	粮食店	通镇永盛号	4 786.78		
19	农庄	谦和兴记	4 000.39		
20	酒坊	义泉涌	3 956.11		
21	粮食店	生茂湧记	3 242.20		
22	粮食店	兴福厚记	3 192.62		
23	粮食店	永和合记	3 120.69		
24	米面、花布	文邑东石候村晋元德记		1 849.97	
25	粮食店	永义公	1 645.24		
26	布庄	文邑东石候元盛公记	1 527.63		

表 3-6　金融类商号的簿记报告与经营规模　　　　金额单位：两

序号	行业	商号	三类簿记报告与经营规模		
			三柱式	四柱式	龙门账
1	当铺	晋泰恒晋益恒		156 645.76	
2	票号	太谷协成干记	11 604.34		
3	当铺	临邑朱家河元吉公记		82 682.45	
4	钱铺	义盛长记		75 503.23	
5	当铺	庆成昌记		61 143.76	
6	当铺	湖北恒升大记		42 450.82	
7	放账铺	西包头长义和	44 408.41		
8	当铺	候冀存裕庆协记		26 999.19	
9	放账铺	洪盛昌记	26 690.96		
10	当铺	万城当		25 417.26	
11	放账铺	恒泰协记居敬堂		16 915.64	
12	放账铺	碛口镇聚成和记	11 224.82		

(续表)

序号	行业	商号	三类簿记报告与经营规模		
			三柱式	四柱式	龙门账
13	当铺	宏盛当记		12 086.21	
14	当铺	刘家寨恒丰兴记		9 314.00	
15	放账铺	元兴公记		7 046.60	
16	放账铺	小河集长发隆记			3 112.21
17	放账铺	某号	2 858.37		

结合表 3-3 和表 3-5 的统计结果,笔者发现,采用四柱式簿记报告的非金融类商号的经营规模较大。在光绪年间,平均经营规模排名前十的商号既有采用三柱式簿记报告的,也有采用四柱式簿记报告和龙门账簿记报告的,似乎无法验证非金融类商号经营规模越大,就更倾向于采用复杂的簿记报告。但正如前文所说,非金融类商号都更倾向于选择账务核算简单的三柱式簿记报告。

根据表 3-4,笔者对放账铺这类金融类商号进行同一时期的横向比较,并不能发现金融类商号经营规模越大,就更倾向于采用复杂的簿记报告。再看表 3-6 的统计结果,在三柱式、四柱式和龙门账簿记报告并存的光绪年间,观察平均经营规模排名前十的商号,也未能找到统计意义上的证据说明采用四柱式、龙门账簿记报告的金融类商号规模更大。

四、研究结论

第一,自 20 世纪 20 年代起,以潘序伦为代表的会计改革派在国内倡导并推广西方的借贷复式簿记法,我国会计改良运动开始兴起,但清末的会计改良运动并未对晋商的簿记报告产生重大影响。乾隆十六年(1751)至民国三十四年(1945)近200 年的民间商业活动中呈现同一时期三柱式、四柱式和龙门账三种中国传统簿记报告并存的特征。

第二,不同于现有的社会环境,在清代缺乏统一的市场监管体系和会计准则约束下,民间商业活动中,行业属性与簿记报告的选择之间存在较强的关联性。在该批珍贵的清单史料中,相对复杂的四柱式和龙门账簿记报告广泛运用于金融类商号,龙门账尤为普遍,并主要集中在当铺和放账铺。相对而言,非金融类商号更倾向于采用三柱式簿记报告。

第三,越是需要通过拓宽融资渠道以获取增长的行业,越需要更为清楚的核算关系以及更为透明的财务会计信息，更注重会计组织制度的建设和会计核算方法的改进。以货币作为经营对象、以银钱往来作为经营手段的金融行业与以本地贸易为主的商品流通行业，对会计技术的需求是存在差别的。包括粮食店、布店在内的商品流通企业由于其涉及的业务模式相对简单，这一类商号普遍采用简单易行的三柱式结算法，仅通过"存—该=盈(亏)"这一公式结算盈余，既不核算成本也不计算毛利，因此不能直接反映企业盈利情况。对于金融行业，资本则是其规模扩张的重要工具，诸如当铺、放账铺之类的金融中介，其最基本的职能就是通过间接融资方式实现借贷者之间的资金流通，资本是支持其规模扩张的重要因素。不仅如此，这类行业还涉及诸如银钱兑换比率，不同分支机构汇兑、转账等较为复杂的业务，仅通过简单的三柱式结算法无法满足其账务处理、资本规模扩张的要求。正是这一内在动力推动了三柱式簿记报告向四柱式簿记报告的演变，进而推动龙门账这一中式复式簿记的产生。

总而言之，龙门账的出现，一改长期使用年末盘点存该、倒轧盈亏的单轨计算传统，根据企业经济活动过程中客观存在的经济平衡关系，利用"进缴"差异与"存该"差异之间的平衡关系，应用双轨计算制，达到勾稽全部经济账目、考核盈亏计算是否正确的目的。这一簿记报告不仅反映了商号经营期间盈亏情况，同时也体现了商号资产、财东投入资本金的变化情况，即以"进—缴"反映商号一定时期内经营成果，以"存—该"反映账期结束时点投入资本的收益情况。龙门账簿记技术以其独到的科学性、严密性和实用性，满足各利益相关者对全面掌握商号内部经营状况的要求，有效降低财务资本投入者与代理人之间信息不对称程度，从而推动企业进一步拓宽融资渠道、提升持续融资能力，反映在清单描述性统计结果上，龙门账更常见于对资本高度需求的金融行业。这也从侧面印证了簿记报告的演进在很大程度上源于企业自身的需求，而更先进的簿记报告所带来的竞争优势会促进商业经济的发展。

主要参考文献

[1] 郭道扬,曹大宽.第五讲中式单式簿记的演进过程及一般规律[J].中国农业会计,1993(2):25-27.
[2] 郭道扬.会计史研究:第三卷[M].北京:中国财政经济出版社,2008.
[3] 郭道扬.中国会计史稿[M].北京:中国财政经济出版社,1982.
[4] 郭道扬."会计"的足迹:从"龙门账"到"四脚账"[J].新理财,2017(1):94-95.
[5] 郭兆斌.清代民国时期晋商簿记报告研究[D].保定:河北大学,2017.

[6] 刘建生.晋商史料集成[M].北京:商务印书馆,2018.
[7] 张建朋.明清民间会计报告的演变研究[D].保定:河北大学,2010.
[8] 赵丽生,曹晓芳.对三脚账和"龙门账"中会计要素的研究及启示[J].会计之友(上旬刊),2010(12):8-9.
[9] 赵丽生.明清晋商的历史地位与会计成就[J].会计之友(上旬刊),2008(5):100-104.
[10] 邹萍.借贷复式簿记形成的幕后推力与猜想:评利特尔顿与耶梅《会计史论文集》[J].财会通讯,2014(1):114-116.
[11] LITTLETON A C. Paciolo and modern accounting[J]. The Accounting Review, 1928, 3 (2): 131-140.
[12] LEE G. The oldest European account book: a florentine bank ledger of 1211 [J]. Nottingham Medieval Studies, 1972(16): 28-60.
[13] CHATFIELD M. A history of accounting thought[M]. Dryden Press, 1974.
[14] SANGSTER A. The genesis of double entry bookkeeping[J]. The Accounting Review, 2016, 91(1): 299-315.

(中南财经政法大学会计学院　宋丽梦　伍丽娟　雷思蕾　欧阳蕊蕊)

第四章

近代中韩传统簿记之异同比较①

一、引言

鸦片战争之后到新中国成立之前,是近代东亚历史上一个重要的变革期。在这一时期,西学东渐使东亚各国发生了许多重要的历史性变化,如传统的金融机构诸如钱庄、票号等被新式银行取代。随着社会的变迁与进步,会计制度也在不断变化。相较于中国,朝鲜王朝在1875年"江华岛事件"后才打开国门,比中国要晚30多年,但是相同的是,从19世纪后期到20世纪早期,中国和朝鲜王朝的传统会计都极大地受到西方会计的挑战。以复式簿记为代表的西式簿记,于19世纪后半期通过海关、外商银行、外资机构等进入中国和朝鲜王朝,但由于人们广泛使用传统簿记,并未马上被接受,直到20世纪初期,随着更多留学生回国,中国开始渐渐推行,而韩国在韩日合邦之后被迫全部实行。

实务方面,西方借贷记账法正式传入中国和朝鲜王朝都是最先通过银行的。中国于1897年设立的中国通商银行最早采用了西方借贷记账法。1906年朝鲜王朝颁发了银行条例,要求银行采用西方借贷记账法。西方借贷记账法通过著作传入中国是在1905年蔡锡勇出版的《连环账谱》一书。1907年,谢霖与孟森合编《银行簿记学》在日本东京刊行,它是中国介绍西方借贷记账法的第二部著作。20世纪30年代,中国会计学界对于中式簿记曾经有过很激烈的论争。以徐永祚为代表

---

① 本章的研究对象韩国位于东亚朝鲜半岛南部区域,其古时为朝鲜半岛南部的部落联盟"三韩"(辰韩、马韩、弁韩)。在中国东汉、三国时代,三韩的政权即被中原称为"韩国",如《三国志·乌丸鲜卑东夷传》中记载:"桓、灵之末,韩濊强盛,郡县不能制,民多流入韩国"。这是朝鲜半岛政权被称为"韩国"的最早记录。此后朝鲜半岛的许多政权虽然不以"韩"为国号,但仍以"韩"或"三韩"作为其别称而沿袭下来。1897年10月,朝鲜高宗建立大韩帝国,使"韩国"作为朝鲜半岛国家的正式国名而登上历史舞台。1919年大韩民国临时政府成立于中国上海,虽然改变政体,但仍沿用"韩国"的国名。1948年8月15日起朝鲜半岛南部的国名定为"大韩民国",简称韩国。

的改良派认为,中式簿记不是西式簿记可以轻易取代的,有保留的价值。徐永祚出版了《改良中式簿记概说》一书,并在工商业进行改良簿记的推广。以潘序伦为代表的改革派则主张全面引进西方复式簿记,潘序伦创办了立信会计学校,积极培养新式会计人才。在朝鲜王朝,任璟宰和金大熙两人的著作加速了西方借贷记账法的普及。1908年任璟宰出版了《简易商业簿记学》和《新编银行簿记学》两本书,1909年金大熙出版了《应用商业簿记学全附工业簿记学》一书,1913年任璟宰又出版了《最近商业簿记》一书。在转向实行西方复式簿记的过程中,传统簿记和西式簿记之间经历了激烈的角逐。特别是在1840—1940年这100年里,很多资料都显示了由于东西方互相影响,会计具有明显的近代化特征。但因为各方面原因,学界对此缺乏基于第一手资料的深入研究。

西方借贷记账法常被认为是资本主义理性化的标志,因此学界的研究重点一直都在传统簿记是否已经达到西方复式簿记一样的发展程度。郭道扬认为,中式收付簿记的发展就经历了三脚账—龙门账—四脚账的过程。但是,目前中国所存的会计资料中,并没有从日记账到结账的账册,实证性研究的不足,阻碍了对中式簿记"科学性"的探讨。韩国学界普遍认为,开城商人所使用的四介松都治簿法是不逊于西方复式簿记的记账方法。借助于保存完整的19世纪的账本,多位学者试图证明朝鲜王朝传统簿记在会计用语、记录方式、账本结构方面都与西方复式簿记相似。

但是,19世纪后期,西方借贷记账法在中国和朝鲜王朝已经由海关、银行、外资机构来应用,传统簿记有较大可能已经受到影响。单纯地通过证明传统簿记有复式簿记的特征也许并非那么重要,因为已经陆续有研究表明,不论商家使用单式簿记还是复式簿记,只要能满足商业的需求就有其价值。传统簿记在西式簿记进入东亚之前占有主导地位,是由于其符合商业习惯,并能够满足商家经营和管理的需要。本章对传统簿记是否为复式簿记不另作评述,而是从比较视角出发,研究中国和韩国的传统簿记几个方面的异同。我们将两国借贷记账法引进的过程考虑在内,并借鉴西方会计的思想和体系以辅助研究。本章的第二部分先对基于中韩传统簿记的研究略作总结;第三部分选取了近年来较有代表性的中韩传统账簿史料并作简单介绍;第四部分从记账符号、"现存钱"和"时在金"、"三账"账簿体系、苏州码子和胡算方面对中韩传统簿记进行了比较,并列举了"秩"和"内"这两个字在韩国传统簿记中的特殊用法;第五部分得出结论。

二、关于中韩传统簿记的研究

"簿记"与"会计"两词都是19世纪中叶日本明治维新时期,着手翻译欧美国家的会计著作所借用的汉字。按照英文"bookkeeping"的原义，簿记原属于会计学中关于核算的一个分支，是指把账目记入登记簿，并解决核算方面问题的方法。所以，簿记包含了妥善登记账簿和管理账簿两个意思。

20世纪30年代，伴随着改良中式簿记运动的推广，徐永祚会计师在《改良中式簿记概说》一书中对中式簿记原理和方法进行了总结，其中选取的中式传统簿记应保留的部分和应改进的部分，对研究中式簿记前后变化有很大的参考价值。郭道扬最早于1984年在《会计发展史纲》一书中，介绍了"三脚账""龙门账""四脚账"这三种中式复式簿记。但是从中国现存的账本来看，中式传统簿记的记账方式并无一定之规，且地方差异较大，很难一概而论。近年来，通过研读账簿，从经济史和社会史角度入手的学者积累了不少成果，代表性的研究成果有袁为鹏、马德斌（2010）；刘秋根、郭兆斌（2017）；马勇虎、马路（2020）等的研究。但整体而言，中式簿记的结构与形式、发展与变迁仍然是未充分展开的研究领域。

韩国学者对于韩国传统簿记的研究起步较早，对于账簿的保存也较为重视。特别是1916年玄丙周出版的《四介松都治簿法》，被认为是研究韩国传统簿记的关键。四介松都治簿法是韩国开城商人应用的记账方法，开城商人又被称作松都商人或松商。历史上开城曾是高丽王朝的首都。朝鲜王朝时期，首尔取代开城成为政治中心，但开城作为商都仍然十分活跃。1920年前后，开城簿记最先引起了日本学者的重视，韩国学者在第二次世界大战后才逐渐展开研究。尹根镐和赵益淳分别出版了《韩国会计史研究》和《四介松都治簿法前史》，较为系统地介绍了韩国官厅会计、商业会计、寺院会计等的发展。韩国学者较为关注的问题主要有三个：韩国传统簿记是否为复式簿记，韩国传统簿记的起源，韩国传统簿记的会计循环方式。代表成果有Jung(2016)和Jun, Lewis, Huh(2013)等的研究成果。韩国的研究优点是多依托于会计学理论，从实际材料入手，但会计通史部分尚属空白，比较研究方面客观性不足。

李孝林曾从国际比较视野下发文对中韩传统簿记进行研究，提出四介松都治簿法中的"四介"（利益、消费、捧次、给次）分别相当于中国龙门账的"进、缴、存、该"。该文引用了四介松都治簿法的高丽起源说，并且四介松都治簿法大部分用汉字记载，因此他认为，龙门账也应该在11—12世纪就已经建立。但是，第一，由于缺乏原始账簿的实证研究，龙门账目前的形态尚不清楚，两者不能等同；第二，现存的开城商人账簿史料，最古老的是1786年，因此四介松都治簿法也有较大可能成型于17—18世纪，并在此基础上于近代又有演进。此外，李孝林认为，玄丙周著书中的会计册应用了市价法，也是传统簿记已经有了公允价值、持有资产收益和综合收益观的实践。但是，玄丙周的著作出版于1916年，晚于任璟宰与金大熙所著复式簿记的著作,因此玄丙周很可能已经受到两人的影响。本章综合了中韩会计史学者著作和现存账簿史料对中韩传统簿记之异同所作的比较研究,归纳中韩传统簿记的相似和不同之处,对理解近代东亚传统簿记的变迁有重要意义。

三、中韩现存账簿史料

中韩现存账簿史料大致可以分为官厅和民间两种。中国官厅会计多属于统计性质的记录,留存下来的有《万历会计录》《收支银两册》《赋役全书》等;民间会计则多种多样,可以根据业务不同分为票号会计、典当会计、钱庄会计等。近年来,随着诸如晋商账簿、徽商账簿和海外华商账簿的深度挖掘,基于实证资料的研究也愈发引起学者重视。表4-1罗列了中国部分代表性传统商业簿记史料。统泰升位于今山东省德州市宁津县大柳镇,在清代是一家经营杂货的商店。吴炽甫京茶庄账簿史料是徽商吴炽甫的茶号"泰昌发""吴介号"相关的账簿史料。《老鼎丰酱园档案》现存于平湖市档案馆,里面有关于酱园经营状况的连续记载,也涉及田地买卖、银钱往来、员工考勤等。胡廷卿账簿收录于已经出版的《徽州千年契约文书》,因为胡廷卿是塾师,又办过茶厂,经营过大米生意,所以其账簿兼具家庭收支账簿与商业账簿的特点。

表4-1 中国传统账簿史料整理

序号	名称	时期	数量	账簿名称	资料现存地
1	统泰升	1798—1850年	437	出入钱流水账;出入银流水账;东北乡总账;东南乡老账;西镇交易账;串钱日用账;公仪老账;一本万利账等	北京国家图书馆;中国社会科学院经济研究所
2	吴炽甫京茶庄账簿	1887—1919年	175	钱洋收支流水;收茶草总;收茶流水;收花流水;发担力计数;运货便登;暂记往来等	黄山市档案馆
3	老鼎丰酱园档案	1847—1957年	291	银钱日记簿;年盘总目;钱总;历年分彩;考勤簿;市进册;腾清册;销货客清等	平湖市档案馆
4	胡廷卿账簿	1881—1915年	40	收支总登;进出流水;进出总登;各项誊清;春茶总等	中国社会科学院历史研究所

资料来源:袁为鹏、马德斌(2010);马勇虎、马路(2020);董建波、沈力行(2017);董乾坤(2017)。

韩国官厅会计账簿现存有朝鲜王朝的《捧上册》《上下册》《吐绸契会计册》等资料。除此之外,目前学界利用较多的仍然是商业账簿。表4-2罗列了朝鲜王朝开城商人的账簿史料。目前以朝鲜社会科学院所藏开城商人账簿为最早,但可惜的是只有长册,没有日记和会计册,所以看不出整个会计循环的过程。朴永进家账簿是近年来发现的最为完整的账簿史料,并且由于其日记、长册、周会计册的账簿结构与玄丙周《四介松都治簿法》一书中的账簿结构较为吻合,因此有很高的研究价值。大韩天一银行是韩国今友利银行的前身,最初是1899年1月在朝鲜高宗皇帝的支持下,由高级官僚和实业家共同组建的为皇室和上级人士服务的专门银行。大韩天一银行开业时就设立了仁川支行和开城支行,并且交易记录中不乏其与日本和清朝商人往来的痕迹。也许因为股东中有来自首尔和开城的大商人,所以该账簿运用了与四介松都治簿法相似的记账方法。日本神户大学所藏的开城商人账簿最初是由日本平井泰太郎私人收藏的,平井泰太郎去世后,平井泰太郎夫人将平井泰太郎的收藏赠予了神户大学附属图书馆。

表4-2 朝鲜王朝开城商人账簿史料整理

序号	名称	时期	账簿名称	数量	资料现存地
1	朝鲜社科院账簿	1786—1909年	他给长册;外上长册	11	朝鲜社会科学院
2	朴永进家账簿	1887—1912年	日记;外上他给长册;周会册;外上抄;各人物出入记;各人会计册等	14	韩国学中央研究院
3	大韩天一银行账簿	1898—1905年	日记;正日记;周会计册;会计册;衿式课日记;衿式簿;无定期任金总簿;出纳记簿等	63	韩国友利银行银行史博物馆
4	日本神户大学所藏的开城商人账簿	1854—1918年	草日记;日记;会计册;外上他给长册;出入记;铭心录;物放长册;物出入记等	13	神户大学附属图书馆

资料来源:Cho and Jeong(2011);Jun, Lewis, Huh(2013);Cho(1969);Jung(2016)。

四、中韩传统簿记之异同

(一) 记账符号

郭道扬在《中国会计史稿》一书中提出,西汉时代,中国传统簿记的记账符号有"入""出"和"收""付",其中"入""出"多用于官厅会计,"收""付"多用于民间会计。官方用"入""出",与国家财政经济收支的特点有关;民间用"收""付",与民间的经济收支特点有关。"收"表示收进钱、物,既收则入,故曰收入;"付"表示钱、物的付出,既付必出,故曰付出。到了元代、明代、清代,官厅日常核算大都以"收、付(支)"为记账符号,而年终结算大都以"入、出"为符号;民间会计方面,以"收、付(支)"作为记账符号已经基本上达到统一。以清代末年商店普遍使用的流水账为例,"这是一种古老的单式簿记,通常分上下两部分,上记收下记付,用毛笔直行书写,不写阿拉伯数字,而使用一种传统的商用数码。每天根据收付事项发生的先后顺序登记,结出银钱、货物等的余额,并将有关客户往来、开支、生财等账项,逐项过入誊清账"。

据玄丙周所著《四介松都治簿法》,韩国传统簿记主要使用的记账符号是"上""下"和"入""去"。其中"上"和"下"主要用于现金交易,"入"和"去"主要用于物品赊销交易。以一笔初始现金投资为例,记作"信成号入资本金一万五千圆上";同理,以一笔费用支出为例,记作"第一银行去当座预金八千五百圆下"。韩语中用"对替去来"表示中文的赊销交易。以从宋康守处赊账买入一笔布匹为例,记作:

宋康守入比布九十四川代金一百八十圆
布属秩去比布九十四川代金一百八十圆①

此外,玄丙周认为,四介分别指代捧次、给次、利益和损害,共同构成"合四介"。"捧次"和"给次"分别属于现代会计的资产和负债,记入外上长册和他给长册。

如表4-3所示,中国收付记账法的"收""付"和韩国四介松都治簿法的"入""去",虽然用法不同,但都可以看作已经应用成熟的记账符号。许紫芬(2017)认为,中国收付记账法的特征在于以金钱的收付关系来对企业的资产、负债、资本的增减变动加以计算和整理,与西式簿记之左借右贷记录形式的不同正如一个人站在镜子的两面。

表4-3 借贷记账法与中韩传统簿记的记账符号

借贷簿记法		中国收付记账法		韩国四介松都治簿法	
借	贷	收	付	入	去
资产(+)	资产(-)	资产(-)	资产(+)	资产(-)	资产(+)
资本(-)	资本(+)	资本(+)	资本(-)	资本(+)	资本(-)
负债(-)	负债(+)	负债(+)	负债(-)	负债(+)	负债(-)
损失	利益(+)	利益(+)	损失	利益(+)	损失

① 在发生多笔赊销交易但不引起现金增减变化时,后面需用类似于括号的符号将这几笔交易标注的方法,叫作镫子法,这样可以更简便地在期末计算现金时在(玄丙周,1916)。

(二)"现存钱"和"时在金"

中国传统簿记中的四柱结算法"旧管+新收-开除=实在"是我国官厅和民间从宋代开始已经得到普遍应用的会计等式。徐永祚在《改良中式簿记概说》一书中认为,四柱结算法可以表现一个期间收付之比较与经过及结果,可以照旧沿用。"中式记账法,以现款为主,故应轧算结余之是否相符。复式记账法以科目为主,故应求得借贷之是否平衡。"徐永祚将"旧管、新收、开除、实在"改为每日计算"上日结余、本日共收、本日共付、本日结余"也更符合当时的商业用语。中式簿记每日结存现金的习惯在现存的账簿史料中也可以得到印证,因为四柱结算法常被应用于计算现金的收支。如统泰升商号,账目对于现金收付只记一笔,每隔五日或一段时间计算"流水结存",对现金存留及去向进行审核。胡廷卿账簿中的收支总登也运用了同样的方法,如流水账的"小结"部分记作:"结总,仍实存洋一元,钱一千三百。"不仅是现存的国内账簿,近年来海外华商账簿研究也表明,海外的华人同样在计算现金收支时广泛运用了四柱结算法。如印度尼西亚的华商账簿《公堂清册簿》使用"原、收、出、存"来计算存银,在韩国的华商同顺泰号使用"上结存、收、付、实存"来计算存洋。民间账簿常用"存""现存""净存""实存"来指代现金结余,必须将其放在账簿当中去看,才能了解其含义。为了与韩国传统簿记相对照,本章选取"现存钱"这个用语指代流水账中的现金结余。

韩国传统簿记也有每日和期末计算现金结余的习惯,这很可能也是借鉴了朝鲜官厅会计的做法。如宫房会计册运用了"钱文前在+捧上-上下=时遗在"的等式,倭人礼单会计册运用了"钱文前在+捧上-用下=时在钱文"的等式来计算当期现金余额。《四介松都治簿法》中的日记册实例,每日都会计算"时在金",运用的等式是"前日高+入上-去下=时在金"。朴永进账簿中的日记册则是运用了"前册移来+入上-去下=时在文"等式来计算现金余额。因此,用"时在金"来指代韩国传统簿记中的现金结余是比较恰当的。

徐永祚曾说:"当考四柱式簿记法,实与西式簿记之现款簿无异。苟能善为运用,成效当已卓著。"朝鲜王朝官厅会计册和开城商人所运用的四介松都治簿法期末时在金的计算是否与中国四柱结算法有所联系,尚不明确。但是中韩传统簿记中对现金的重视,实际上是一种延续已久的、商界在记录账目时相通的习惯。每期计算余额一方面是为了核算账目,保证记录的正确;另一方面是商家需要保证有充裕的现金流来持续经营。

(三)"三账"账簿体系

郭道扬在其著作《中国会计史稿》(上、下册)中,将中国账簿的基本组织归为

"三账"(草账、流水账和总清账)。许紫芬在其著作《近代中国商人的经营与账簿:长崎华商经营史的研究》中,对"三账"概述又有所补充。草账,又名草流、草批、原流、底账及花账等,用于暂记,具有原始凭证的作用;流水账,又名日流、细流、清流、二流、流水总登、日积月累、堆金积玉及铁板流水等,一般是每日营业过后,账房主管以草账为依据照登;总清账,又名誊清账、总簿、总账等,此账是"三账"之中最重要的一册账簿,对外保密,对内部一般人员也保密,所以有人将其称为财神账或看家账。郭道扬提到龙门账在"三账"体系后也编制会计报告,分别是进缴结册和存该结册。结册的编制有时也叫作"抄红账",所用纸张是桃红色的官堆纸(或称为重纸),以前的纸店把它叫做"三十二行腰格红纸"。康均总结了四脚账的账簿组织,提到账簿在传统"三账"的基础上添加了结册,相当于现代会计报表的部分。结册一般包括彩项结册和存除结册,其中彩项结册相当于现代会计的损益表,存除结册相当于现代会计的资产负债表。

玄丙周在《四介松都治簿法》一书中给出了两种账簿体系,但是根据现存的账簿史料,韩国大多数会计史学者都较为认同韩式传统的"三账"体系,包括日记册、长册和会计册。其中日记册承担西式簿记中序时账的功能。长册包括他给长册和外上长册,承担西式簿记中分类账的功能。而期末决算则通过会计册来进行,相当于西式簿记中的报表。值得注意的是,现存朴永进账簿中并无会计册,而是使用了周会计册,"周"表示周年,包括了周会计和会计斟酌抄两个部分。玄丙周的会计册中包含了给次秩、捧次秩、利益秩和消费秩,但是朴永进账簿中并没有这四项,这也许是因为玄丙周书中的实例是经营商品买卖,而朴永进账簿中的主要业务是参圃管理和民间借贷。郑基淑认为,玄丙周著作中的会计册可以看成资产负债表和损益表的结合,而朴永进账簿中的周会计册,其一通过周会计,利用等式:捧次－给次＝余文;其二通过会计斟酌抄,利用等式:入－出＝剩余文;最后计算出的余文与剩余文相同时,即表明当期核算准确。

中式和韩式传统簿记的"三账"体系,很大程度上是对标了西方复式簿记的划分方法(表4-4)。15世纪卢卡·帕乔利(Luca Pacioli)出版了《数学大全》(又译为《算术、几何、比及比例概要》),该书最后一章介绍了意大利借贷复式簿记,其中主要账簿的设置便是遵从日记账—分录账—总账。我们需要注意这种分析框架的普及很可能是基于20世纪初中韩都开始从日本引进西式簿记,会计作为一个专门的学科愈发受到重视。因为从中韩现存民间账簿史料看,这种划分方法也许并不一定适用。一方面,商家会基于自身业务的特点来设置许多特殊的账簿;另一方面,最明显的是传统中式结册和韩式会计册的编制方法并没有统一。

表 4-4　西方复式簿记、中国传统簿记、韩国传统簿记的账簿体系

账簿类型	账簿体系			
西方复式簿记	备忘录	序时账	分类账	报表
中国传统簿记	草流	细流	总清	结册(红账)
韩国传统簿记	草日记	日记	长册	会计册(周会计册)

(四) 苏州码子和胡算

苏州码子,又称花码、草码、暗码,因产生于明代的苏州,故称为苏州码子或苏州码字。苏州码子脱胎于中国文化历史上的算筹,也是唯一还在被使用的算筹系统。同算筹一样,苏州码子是一种十进位系统;不同的是,算筹通常用在数学和工程上,花码通常用在商业领域。19世纪末,随着兴办新式学堂之风的兴起,现代教育传入中国,阿拉伯数字作为现代教育体系的一部分得到了推广,苏州码子逐渐退出了经济和社会舞台,成为一种文化遗产。

中式传统簿记在数字使用方面,一般会综合运用苏州码子与汉语大小写数字,如统泰升号、石仓农家账簿、晋商簿记报告等研究已经多有提及。此外,苏州码子也常见于契约等商业文书。蒋勤、曹树基(2016)在研究中提出,农家账簿中的物价、工价、银钱比价,通常会使用苏州码子来表示,在某些情况下,年和月也会用苏州码子代替。这也许与苏州码子在熟练之后可以实现迅速记录有关,徐永祚在《改良中式簿记概说》一书中也提议保留这个数码体系。他在书中称苏州码子为"广式数码",认为苏州码子与西式阿拉伯数字记账无异,相比汉字数字可节省不少空间。

玄丙周(1916)在《四介松都治簿法》一书中将开城商人使用的数码称为"标算"或者"胡算",文中提到这种数码是珠算的象形,常用来标注单价和合算的总价。实际上,这种数码与苏州码子是相同的,但是尚没有研究对韩国使用这种称谓的由来进行溯源。现存账簿中,开城商人多同时使用中式小写数字和苏州码子,并没有使用中式大写数字。朴永进账簿中,苏州码子用于标记物品的单价,如下所示:

十月初七日买得入准木八十六匹川〻〻实文二千九百七十八两五钱四分
　　　　崔宗镇放准木四十三匹川〻〻实文一千四百八十九两二钱七分
　　　　玄尚浩放准木四十三匹川〻〻实文一千四百八十九两二钱七分

准木八十六匹以单价35.5购得,应该是三千零三十五两,不过最终实际购货价是两千九百七十八两五钱四分(买得指直接以现金进行交易,所以也许会适当给

予优惠)。"放"的意思是卖出,即崔宗镇与玄尚浩各以四十三匹、一千四百八十九两二钱七分收得这批木材。除此之外,开城商人在对利率的标记和对日期的记录中也广泛使用了苏州码子。

苏州码子在开城商人之中的通用,有以下几个可能:第一,通过算学的流传。朝鲜王朝的本土数学一般被称为"东算",与日本本土数学"和算"和中国本土数学"中算"相对应。宋、金、元时期传入高丽的《杨辉算法》《算学启蒙》《祥明算法》对后来韩国算学发展影响较大。17—18世纪,朝鲜王朝东算已有自主、转化发展之特色,以算筹运算的数值代数方法"天元术"在朝鲜王朝就被良好地保留了下来。苏州码子最初记载于明代数学家程大位的《算法统宗》,这本书在朝鲜广泛流传,朝鲜著名的数学家庆善征在其著作《默思集算法》中就曾引述过。珠算这种计算方式能够在中国、越南、日本与韩国普及,也是《算法统宗》风行的贡献。第二,通过赴清使团带回。购买汉文典籍书章一直是使团的例行任务之一,由于清朝对书籍的出口有所限制,使团常常在官方采买之外也进行大量的个人采买。除北京琉璃厂,自沈阳至北京途中,使团一般都有自己的采办代理人。第三,民间商人之间的交流。清朝与朝鲜王朝在贸易交往过程中,一直存在大量的私贸易和密贸易,比如义州和开城的富商在清朝使臣回去的时候,便趁机挤入使团中,带着人参和银子,渡江到栅门(凤凰城)边门直接参与同清朝的贸易活动,这就是所谓的"栅门后市"。清太宗时期,边境走私贸易更为突出,山西巨商在江界鸭绿江对岸保有商业据点,手下有三四百人,贸得的货物转卖于沈阳等地。此外,各处参商也动员数千匹马越入中国交易。

科大卫(2010)在其著作《近代中国商业的发展》中提出,在20世纪20年代,即使像"大生"这样的大公司的账目也仍然使用汉字,而不是阿拉伯数字。徐永祚甚至提出,在1922—1923年,他曾受一名法官之托,重新整理一份呈堂账簿,因为这位法官本人不能熟练地辨认阿拉伯数字。使用汉字记账说明,当时仍然有相当多的会计是在算盘的帮助下进行计算的。可以看出,由于书写习惯和使用中式数码(很可能还有算盘)的缘故,不论中国还是韩国,在引进西式簿记的过程中,都面临很大的阻力。中式大写数码、小写数码、苏州码子、阿拉伯数字对照见表4-5。

表4-5 中式大写数码、小写数码、苏州码子、阿拉伯数字对照表

类型	写法								
中式大写数码	壹	贰	叁	肆	伍	陆	柒	捌	玖
中式小写数码	一	二	三	四	五	六	七	八	九
苏州码子	〡	〢	〣	〤	〥	〦	〧	〨	〩
阿拉伯数字	1	2	3	4	5	6	7	8	9

(五)"秩"和"内"——韩国传统簿记中的特有符号

秩,也作帙,是一个特殊的后缀,可以翻译为"类别"或者"科目",在韩国传统簿记中用于将非生命的物品拟人化。现存账簿中,最早在 1741—1765 年全罗道民间非营利组织的账簿"用下记"中,对这个字已经有了较为规范的应用。诸如"米秩""钱秩""春租秩""曲子秩"等用法都是赋予了物品独立的人格。这种将账目人格化的做法在会计学中也称作"拟人说",与 13—14 世纪意大利复式簿记将反映物品的账户视同人名账户相似,这样可以用人名账户中记录的债权债务关系来解释商品购销活动和其他财产物资的增减变化,从而把人之借贷扩展到物之借贷。卢卡·帕乔利后来将"借主贷主说"和"拟人说"合为一体,增设了资产、资本、费用、损益等账户,提出了"一个人所有财物=其人所有权总值"的会计等式。在四介松都治簿法中,由于秩的应用更为普遍,韩国学者普遍认同这种记账方法具有复式簿记二重记账的特征。比如,向权礼得赊卖庆布一百匹,在日记账中记作:

庆布秩入一百匹 ｜ 一8代金一百一十五圆
权礼得去庆布一百匹 ｜｜ 一8代金一百一十五圆

四介松都治簿法中另一个特殊的用法是在长册中运用"内"字,表示捧给相减的余额。韩国传统簿记遵循日记册—长册—会计册的体系,借助于内字的标识,我们可以很轻松地辨别账簿是日记册还是长册。"内"字起到了西方复式簿记 T 型账户的作用,如同 T 型账户左借右贷,在记录捧次秩的资产账"外上长册"里使用"去……内";在记录给次秩的负债账"他给长册"使用"入……内",而每个账户结算出的余额最后一并登入会计册。

五、结论

从直观上说,中国传统簿记和韩国传统簿记都遵从自上而下、自右向左的书写习惯。在记账符号上,中国多用"收""付",韩国多用"入""去"。中韩传统簿记均十分重视当期现金结余,四柱结算法和相似的等式的运用,很大可能都是先从官厅会计传入民间会计。在对中韩传统簿记进行溯源的时候,我们应该先关注官厅会计的流变。"现存钱"和"时在金"虽然名称不同,但是反映了中韩延续已久的、商界在记录账目时的习惯。这一方面是为了核算账目,保证记录的正确;另一方面是商家需要确保有充裕的现金流来持续经营。中国传统的"三账"体系和韩国传统的"三账"体系均可以对标西方复式簿记。但是从现存账簿来看,结册和会计册的编制方法在19世纪末20世纪初仍未统一,这有待于进一步开展研究。中国传统簿记和韩国传统簿记都有苏州码子的应用,但是韩国传统簿记称苏州码子为"标算"或"胡算"。目前学界尚不清楚苏州码子是如何被开城商人所应用,考察这种称谓的由来有助于追溯文化的传播路径。本章还介绍了韩国四介松都治簿法中两个独创性的记账符号,一个是后缀"秩",它是物品账户的拟人化用法,如白木秩、庆布秩;另一个是长册中的"内"字,它用来表示捧给相减的余额。

我们认为,传统簿记虽然已消失在历史长河中,但这并非由于传统簿记逊于西式簿记,而是因为当时制度和社会经济环境有了显著变化。综合来看,中国和韩国的传统簿记应该同属东亚传统会计的流派,是一种重视现金流向的主观会计簿记方法,与西方复式簿记整理的法则不同,但是遵循同样的会计原理。

东亚的中、日、韩三国历史上都有各自的传统簿记,而传统簿记在西式簿记引入之前都占有重要地位。虽然传统簿记最终被西式簿记所取代,但这个过程并非一蹴而就。从笔者观察过的中、日、韩账簿来说,中韩之间的账簿相似度比中日之间的相似度更高,因此研究韩国传统账簿或可解答中国传统账簿长久以来存在的一些问题。玄丙周于1916年出版的《四介松都治簿法》一书为我们留下了许多线索,这是同时期中国和日本都没有的。此外,在江户时代,日本的近江商人曾运用过一种比较初级的复式簿记方法,这种日本特色的"大福账"也值得关注。传统簿记作为一种文化的载体,其转型与变迁过程与当时的社会经济环境紧密相关,值得深入研究。我们可以通过传统簿记的演变来透视近代东亚金融会计的变革,理解各阶段发展的实态,探究会计与社会经济的互动过程。

主要参考文献

[1] 曾浩,王加灿.拟人说的产生与发展[J].财会月刊,2010(6):90-91.
[2] 董建波,沈力行.平湖《老鼎丰酱园档案》及其价值[J].浙江档案,2017(4):25-28.
[3] 董乾坤.徽州民间账簿及其产生的社会机制:以"胡廷卿账簿"为例[J].安徽大学学报(哲学社会科学版),2017,41(6):23-31.
[4] 郭道扬.会计发展史纲[M].北京:中国广播电视大学出版社,1984.
[5] 郭淑芳.从"流水帐"到"西式簿记"[J].武汉文史资料,1997(4):89-91.
[6] 蒋勤,曹树基.清代石仓农家账簿中数字的释读[J].社会科学辑刊,2016(5):133-141.
[7] 康均.中国古代记账方法的发展(6):清代的记账方法[J].财会学习,2007(7):71-73.
[8] 科大卫.近代中国商业的发展[M].周琳,李旭佳,译.杭州:浙江大学出版社,2010.
[9] 李孝林,曹游佳.高丽四介松都治簿法市价法比较研究[J].重庆理工大学学报(社会科学),

2012,26(3):52-57,75.

[10] 李孝林,畅欣.古高丽的龙门账:四介松都治簿法研究之四[J].会计之友(上旬刊),2010(5):125-127.

[11] 李宗勋,陈放.略论朝鲜与清朝贸易的形态和意义[J].东北师大学报(哲学社会科学版),2007(4):33-37.

[12] 刘秋根,郭兆斌.清代前期龙门账簿记报告编制方法研究:以晋商年终结算清单为例[J].中国经济史研究,2017(5):110-120.

[13] 刘为.朝鲜赴清朝使团的文化交流活动[J].中国边疆史地研究,2001(3):74-82,117.

[14] 马勇虎,马路.清末民初徽州京庄茶商经营实态研究:以吴炽甫京茶庄商业账簿为中心[J].安徽大学学报(哲学社会科学版),2020,44(2):18-26.

[15] 全成昊,张文朝.朝鲜时期开城商人复式簿记的技术生成及历史背景[M]//中国会计博物馆国际会计史研究中心.会计史学刊.上海:立信会计出版社,2017.

[16] 沈燕清.从《公堂清册簿》看荷印吧国公堂的经济职能[J].东南亚南亚研究,2016(4):88-93,108.

[17] 徐永祚.改良中式簿记概说[M].上海:立信会计出版社,2009.

[18] 许紫芬.近代中国金融机构会计的变革(1823—1937)[M].台北:新文丰出版股份有限公司,2017:35-36.

[19] 玄丙周.四介松都治簿法[M].汉城:德兴书林,1916.

[20] 袁为鹏,马德斌.商业账簿与经济史研究:以统泰升号商业账簿为中心(1798—1850)[J].中国经济史研究,2010(2):50-60.

[21] 张建昌.苏州码子的实证应用与价值分析[J].江苏商论,2006(8):157-159.

[22] 赵映俊.官房会计账簿的体系和性格[J].古文书研究,2008(2).

[23] CHO, I S. JEONG, S W. "Chapter 6: Republic of Korea" in a global history of accounting, financial reporting and public policy: Asia and Oceania studies in the development of accounting thought[M]. Previts, Walton and Wolnizer eds. Emerald Group Publishing Limited, 2011(14C): 203-229.

[24] JUN S H, LEWIS J B. Accounting techniques in Korea: 18th century archival samples from a non-profit association in the sinitic world[J]. The Accounting Historians Journal, 2006, 33(1): 53-87.

[25] JUN S H, LEWIS J B, HUH S K. Korean double—entry merchant accounts from Kaesong City (1786-1892)[J]. Sungkyun Journal of East Asian Studies, 2013(2): 106-148.

[26] MILLER O. The myonjujon documents: accounting methods and merchants' organizations in nineteenth century Korea[J]. Sungkyun Journal of East Asian Studies, 2007, 7(1): 87-114.

(南方科技大学商学院　张文;韩国学中央研究院国际韩国学部　全成昊)

第五章

全民抗战的史料奇珍：涉县甘泉账本述要

一、红色涉县——华北抗战的腹心要地

涉县位于太行山东麓、晋冀豫三省交界处。它西依太行，东临华北平原，巍巍太行盘亘全境，山势险要、地形复杂，进可攻退可守，素有"秦晋要冲，燕赵名邑"之誉，自古以来就是兵家必争之地。

1937年10月中旬，八路军129师、115师344旅及山西青年抗敌决死队第一、第三纵队先后进入太行山地区，在打击日寇的同时，大力发动群众，建立抗日武装和人民政权。1938年3月16日，刘伯承、陈赓指挥八路军129师386旅在潞城至涉县之间的邯长公路上发动神头岭战役，取得了继平型关战役之后又一次较大规模伏击战的胜利。1938年3月底，为打击日寇邯（邯郸）长（长治）运输线，129师在东阳关至涉县之间的响堂铺设伏，烧毁日军第14师团两个汽车中队180辆汽车，歼灭日军400余人。这几次战役极大地打击了日寇的嚣张气焰，鼓舞了抗日民众的斗志，在周围地区民众中产生了极大影响，为129师移驻涉县开辟晋冀豫抗日根据地打下了良好基础。

1938年2—3月，129师进入涉县，在周边地区开展活动。1940年6月，129师司令部从山西省辽县（今左权县）桐峪村迁驻涉县常乐村，同年12月再迁赤岸村，直到1945年12月才离开赤岸村，迁往河北省武安县下柏树村。在赤岸期间，刘伯承、邓小平等首长指挥129师官兵发动大小战役31 000多次，收复县城198座，把晋冀鲁豫边区建成了华北最大的敌后抗日根据地，总兵力也由出师时的9 100人发展壮大到有30万正规军、40万民兵的强大队伍，形成了赫赫有名的"刘邓大军"。在此期间，八路军总部领导边区军民开展对敌斗争，粉碎了侵华日军无数次的疯狂"扫荡""封锁""蚕食"及"清剿"。战争间隙，根据地军民一起开荒种地，修渠抗旱，开展大生产运动，军民团结共渡难关，为全国抗战胜利做出了重要贡献。

在此期间,涉县一直是晋冀鲁豫抗日根据地的腹心、边区政府首府所在地、华北抗战的战略要地。八路军129师在刘伯承、邓小平等首长的率领下,运筹涉县赤岸村,浴血千里太行山,革命力量不断发展壮大。其间,晋冀鲁豫边区政府、八路军129师司令部、新华广播电台、冀南银行总部、新华日报社等110多个党、政、军、财、文机关单位在涉县驻扎长达6年之久。涉县人民为了抗战胜利,为了中华民族的独立与解放,付出了艰辛努力。涉县的山山水水也见证了根据地军民团结一心、英勇抗敌的壮举。无数的史迹通过各种史料、文物和革命战争遗迹得以留存,给后人以极大的启迪。

二、甘泉账本——全面抗战初期军民同心抗战的珍贵史料

甘泉账本是晚清民国年间涉县甘泉乡的账本。这批账本共计46册,2013年后分别入藏邯郸学院(39册)和上海立信会计金融学院中国会计博物馆(7册)。邯郸学院地方文化研究院院长冯小红等人对其进行整理和研究,"甘泉账本"即由他定名。这批账本除6种属于其他时期(包括清道光年间和民国初期),其余40册全部集中于民国二十七年(1938)。抗日战争全面爆发后,我党领导下的人民军队进入太行山区开展游击战争,动员群众建立红色政权。冯小红在《全面抗战初期"财政无政府"状态下的赋税征收和农民负担——以1938年涉县甘泉村为中心的考察》一文中以"甘泉账本概况表"形式,详细列出了46册账本的编号、名称及年份。本章所列出的其中40册属于全面抗战初期的账本,详见表5-1。

表5-1 全面抗战初期涉县甘泉账本统计

序号	编号	账簿名称	立账时间
1	HTX01B050001	民国二十七年三月初五日立涉县甘泉乡第一甲起柴米账	民国二十七年(1938)三月初五日
2	HTX01B050002	民国二十七年正月立涉县甘泉乡佃办账	民国二十七年(1938)正月
3	HTX01B050004	民国二十七年二月廿五日涉县甘泉乡军需账	民国二十七年(1938)二月二十五日
4	HTX01B050005	民国二十七年七月二日立涉县甘泉乡起面账	民国二十七年(1938)七月二日
5	HTX01B050007	中华民国二十七年九月十二日涉县甘泉乡起上户米面账	民国二十七年(1938)九月十二日
6	HTX01B050008	中华民国二十七年涉县甘泉乡花户总账	民国二十七年(1938)

(续表)

序号	编号	账簿名称	立账时间
7	HTX01B050009	中华民国二十七年正月吉立涉县甘泉乡起款账	民国二十七年(1938)正月
8	HTX01B050010	民国廿七年二月廿五日涉县甘泉乡花户物料账	民国二十七年(1938)二月二十五日
9	HTX01B050013	民国二十七年上七月十二日立涉县甘泉乡外乡来往账	民国二十七年(1938)七月十二日
10	HTX01B050014	民国二十七年七月十六日吉立涉县甘泉乡外乡账	民国二十七年(1938)七月十六日
11	HTX01B050015	中华民国二十七年七月十八日立涉县甘泉乡起二回款账	民国二十七年(1938)七月十八日
12	HTX01B150001	民国二十七年三月初五日立涉县甘泉乡第六甲起柴米账	民国二十七年(1938)三月初五日
13	HTX01B150002	中华民国二十七年八月十八日立涉县甘泉乡第六甲起米面麸料账	民国二十七年(1938)八月十八日
14	HTX01B150003	中华民国二十七年八月十八日立涉县甘泉乡第五甲起米面麸料账	民国二十七年(1938)八月十八日
15	HTX01B150004	民国二十七年三月初五日立涉县甘泉乡第五甲起柴米账	民国二十七年(1938)三月初五日
16	HTX01B150005	民国二十七年三月初五日立涉县甘泉乡第四甲起柴米账	民国二十七年(1938)三月初五日
17	HTX01B150006	中华民国二十七年八月十八日立涉县甘泉乡第四甲起米面麸料账	民国二十七年(1938)八月十八日
18	HTX01B150007	中华民国二十七年八月十八日立涉县甘泉乡第三甲起米面麸料账	民国二十七年(1938)八月十八日
19	HTX01B150008	中华民国二十七年八月十八日立涉县甘泉乡第二甲起米面麸料账	民国二十七年(1938)八月十八日
20	HTX01B150009	民国二十七年三月初五日立涉县甘泉乡第二甲起柴米账	民国二十七年(1938)三月初五日
21	HTX01B150010	中华民国二十七年八月十八日涉县甘泉乡第一甲起米面麸料账	民国二十七年(1938)八月十八日
22	HTX01B150011	起柴米账	日期不详
23	HTX01B150012	中华民国二十七年十一月廿八日涉县甘泉乡起三回款账	民国二十七年(1938)十一月二十八日

(续表)

序号	编号	账簿名称	立账时间
24	HTX01B150013	民国二十七年八月六日立涉县甘泉乡借贷账	民国二十七年(1938)八月六日立
25	HTX01B150014	民国廿七年十月初一日立涉县甘泉乡花户来往账	民国二十七年(1938)十月初一日
26	HTX01B150015	中华民国廿七年九月立涉县甘泉乡来往杂记账	民国二十七年(1938)九月
27	HTX01B150016	中华民国廿七年九月十二日涉县甘泉乡出入麸料账	民国二十七年(1938)九月十二日
28	HTX01B150017	民国二十七年三月初五日立涉县甘泉乡第七甲起柴米账	民国二十七年(1938)三月初五日
29	HTX01B150018	民国二十七年三月初五日立涉县甘泉乡第九甲起柴米账	民国二十七年(1938)三月初五日
30	HTX01B150019	中华民国二十七年八月十八日立涉县甘泉乡第九甲起米面麸料账	民国二十七年(1938)八月十八日
31	HTX01B150020	中华民国二十七年八月十八日涉县甘泉乡第八甲起米面麸料账	民国二十七年(1938)八月十八日
32	HTX01B150021	民国二十七年三月初五日立涉县甘泉乡第八甲起柴米账	民国二十七年(1938)三月初五日
33	HTX01B150022	中华民国二十七年八月十八日立涉县甘泉乡第七甲起米面麸料账	民国二十七年(1938)八月十八日
34	SLT0001	中华民国二十七年吉立涉县甘泉乡各花户老账	民国二十七年(1938)
35	SLT0002	散页	民国二十七年(1938)
36	SLT0003	各花户支差及提供各种物资账	民国二十七年(1938)
37	SLT0004	陡贡村战勤所粮食入出起运账	民国二十七年(1938)
38	SLT0005	中华民国二十七年五月二十七日立甘泉乡收到条账	民国二十七年(1938)五月二十七日
39	SLT0006	中华民国二十七年正月吉立甘泉乡收到条账	民国二十七年(1938)正月
40	SLT0007	中华民国二十七年九月卅日涉县甘泉乡通知卷册	民国二十七年(1938)九月三十日

资料来源:根据冯小红《全面抗战初期"财政无政府"状态下的赋税征收和农民负担——以1938年涉县甘泉村为中心的考察》一文表1及中国会计博物馆馆藏编辑整理。

这批账簿(图5-1与图5-2)是研究全面抗战初期军队物资供应和管理、民众负担等重要问题极为重要的第一手史料,具有重要的学术价值和文化意义。其特点如下:

图5-1　民国二十七年(1938)二月廿五日立甘泉乡军需账封面(邯郸学院藏)

说明:图5-1所示账本连封共8页,前5页记自二月二十五日至三月初六日向军队供应菜、盐、洋油、豆、小米、干菜、草、炭、柴等物资情况,后3页记宁兴智等13人(包括甲长)出钱数,共计出钱一百八十千零八百文。

图5-2　中华民国二十七年(1938)正月吉立甘泉乡收到条账(封面)

一是数量大。成系列的40册账簿集中记录与八路军129师、115师344旅下属各部以及各种地方武装(包括游击队)有关的物资供应、款项起送、花户负担及支差等情况。

二是时间特殊。这批账簿的立账时间最早为民国二十七年(1938)正月,最晚为民国二十七年(1938)冬月二十八日。大部分账簿立于民国二十七年(1938)三月初五日和民国二十七年(1938)八月十八日。这个时间点正是八路军129师等部奉命进入太行山地区抗击日寇、发动群众建立武装和人民政权的初始时期。初来乍到的八路军如何在一个陌生的环境中获得物资供应,赢得人民的支持,获得生存和发展,这些账簿提供了丰富的证据资料。

三是地域特殊。就红色历史文化研究而言,涉县因为赤岸村以及作为晋冀鲁豫边区政府和八路军129师总部所在地,具有极为重要的意义。甘泉账本出自甘泉乡,距离赤岸村仅30千米。从账簿资料可以看出,自1938年年初开始,这里就是八路军及抗日游击队活动的重点区域,账本中米面柴粮等物资供应,以及各种支差、送兵、送信、挖战壕等记录,反映了该地重要的战略地位。

四是类型丰富,系统性强。这批账簿按需设账,种类丰富,包括军需账、起米面麸料账、起柴米账、起款账、花户物料账、花户总账、佃办账、借贷账、收到条账、物料支差账、米面麦谷出入账、各花户老账,以及反映相关公文往来的通知卷册等,构成一个以军需物资供应和物资筹集、花户负担为核心的军需供应账簿体系。各种账簿的内容互相关联,互为牵制,构成一个完整的系统。

五是内容特别。账簿以反映抗战期间面向军队的物资供应及花户(民众)负担作为核心内容,与一般会计账簿记载工商企业、会社组织、家庭(家族)等经营核算和日常收支不同,其所反映的内容极为特殊。除了各种军需物资的供应,还包括花户负担、款项的筹集,以及支差、送米、送兵、送信、挖战壕等与战事相关的活动,这些账簿包含了一般账簿中难得一见的内容,具有重要的社会史、战争史以及红色革命史意义。

六是记账及业务主体特殊。一些账簿封面盖有"涉县第二区第二十四保图钤",账簿内页多有加盖"涉县陡贡村战勤所"长条章,而账簿封面多写有"甘泉乡"。因此,这批账簿的记账主体和业务主体究竟是什么,本身成为一个值得研究的问题。

七是账簿形制及格式独特。这批账簿采用传统中式民间账簿的常见形式,采用横条式账、毛边纸账页、纸媒手工装订。除了常见的白色纸张,账簿还有采用草绿色纸张者,显示出在偏远山区物资匮乏的条件下因陋就简、就地取材开展会计核算工作的特点。因为要处理一些可能从未遇到过的特殊业务——战勤业务,所以账簿的记录形式多有创造发明,根据业务特点特别创设了收到条账作为整个账簿体系的核心账簿,其各花户支差及提供物资明细账和各花户老账在记录形式上也有一些特别的创造,体现了中式簿记法下根据业务需要灵活设账的特点。

这些账簿具有重要的研究价值,一经发现就引起了多方面重视,研究成果频出。更重要的是,这些账簿具有极为重要的红色史料价值,许多账簿涉及八路军及地方游击队的活动,其中大量涉及八路军129师和115师344旅下属各部活动的信息,证实了中共领导下的人民军队在广大人民群众的大力支持下休戚与共、艰苦抗战的历史。账簿涉及对八路军的物资供应,多处注明"捐出",就是这种群众支持的直接表现。通知卷册中特别写明"速送八路军给养,如再延迟到县惩办",表明地方政府对八路军的物资供应是极为重视的,也在一定程度上说明八路军物资供应所面临的实际困难。

三、账簿中保留了血与火的记忆

与通常的工商业组织及家庭(家族)账簿不同,这批账簿(图5-3)所记的内容表面上看起来似乎依然是有关各种财物和钱款收支,以及关于支差、花户负担等鸡毛蒜皮的小账,但其背后却是力透纸背、震撼人心的血与火的记忆。

(一) 来来往往无尽的军队

1938年年初的涉县位处山西通往华北平原的咽喉要地,势扼邯长公路要道,是敌我各方争夺的战略要地及多次对日作战的重要战场,也是各方势力交织争战的重要场所。根据两本收到条账的记录,仅出现在甘泉乡附近,从该处领用物资的军队就包括如下三类:

第一,常驻(驻防本地)军队,包括台庄驻防第八路军129师386旅补充团第二营第八连、东达驻防六支队、东达驻防平倭队。

第二,在这一带活动的军队,包括八路军115师344旅、129师386旅补充团第二营第八连、国民政府军事委员会冀豫游击第八支队、国民政府军事委员会别动总队华北第十游击支队、八路军第四游击支队等。

第三,过路军,以及各村、保的自卫队。

在这个由太行山进入华北平原的咽喉要地、总人口14万人的山区县域内,曾一度有10万人以上的军队在此活动,需要由地方民众提供粮草、烧柴乃至煤、油、被子等生活物资。这对本不富裕的太行山区民众来说,实在是极大的负担。而从这些军队往来的记录中,战争的气氛跃然纸上。

(二) 人民军队人民爱

甘泉账本中大量涉及对八路军的物资供应(图5-3)。仅中华民国二十七年(1938)五月二十七日立甘泉乡收到条账中就涉及对八路军的供应12项,占比34.28%;粮食类供应1 171斤,占总数5 196斤的22.54%,如表5-2所示。可见,账本中对八路军的物资供应,笔数较多,但总体数量并不多。需要特别说明的是,战勤所的物资及其他供应(包括支差)都是采用有偿形式,但对八路军的供应项目中数额最大的三笔皆记明"捐出"。这一方面说明人民群众对八路军的支持,另一方面也说明八路军军费紧张,无力像其他部队一样按有偿方式获得物资补给。

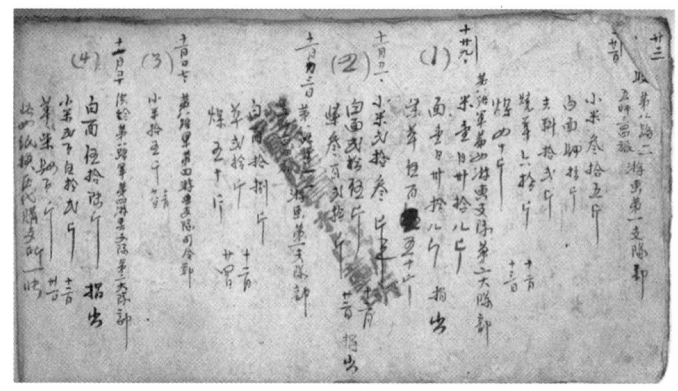

图 5-3　中华民国二十七年(1938)正月吉立甘泉乡收到条账(第 15 页)

说明:本页账上有对八路军 115 师 344 旅游击第一支队、八路军第四游击支队第二大队、八路军第四游击支队司令部等单位的物资供应。

表 5-2　中华民国二十七年(1938)五月二十七日立甘泉乡收到条账中对八路军的物资供应

(单位:斤;大洋:元)

序号	时间	部队番号	供应项目							备注
			面	白面	米	小米	麸子	柴草	煤	大洋	
1	5月14日	115师344旅独立营二部	3								
2	9月18日	八路军第四游击支队司令部				2					
3	10月11日	八路军第四游击支队第二大队部				35	5				
4	10月28日	八路军四支队队长史复生								0.76	
5	11月6日	129师386旅补充团第二营第八连二部供给处	150	150							驻防台庄
6	10月20日	八路军第四游击支队第二大队部		42		48.5	31	115	300		

(续表)

序号	时间	部队番号	供应项目								备注
			面	白面	米	小米	麸子	柴草	煤	大洋	
7	12月22日	115师344旅游击第一支队部		40		35	12	60	40		
8	10月29日	八路军第四游击支队第二大队部	138		138			550			捐出
9	十一月初一日	八路军第四游击支队第二大队部		25		23.5		320			捐出
10	十一月初三日	115师344旅游击第一支队部		18				20	50		
11	十一月初七日	八路军第四游击支队司令部				15					
12	十一月初十日	八路军第四游击支队第二大队部		56		252		400			捐出
合计			291	181	288	411	48	1 465	390	0.76	

资料来源：根据中华民国二十七年(1938)五月二十七日立甘泉乡收到条账记录整理。

(三) 粮食的重要性

俗话说："人马未动,粮草先行。"打仗就是打钱,钱粮是基础。甘泉账本中好几本米面麸料账和粮账,如涉县陡贡村战勤所粮食入出起运账(图5-4)便详细记录了粮食出入起运情况。

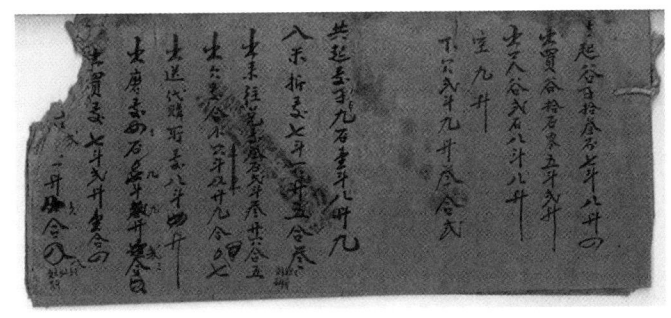

图5-4 涉县陡贡村战勤所粮食入出起运账(第1页)

账中逐项记录米、面、谷子、麸料收入、付出及起运细数。各种记录穿插交替,并无一定之规,也无标注时间,其功能似乎只是依次记录发生的各项起运及米粮支出。由账簿记录内容可知,战勤所经手各种米粮,用于:

(1) 起运上级代办(代购)机关;
(2) 供应过路军(对八路军各部的供应单独列示);
(3) 零星事务性支用。

从账簿内容来看,战勤所的第一功能在于将筹集的物资(米粮为主)及款项起运上级代购(战勤)机关。此类记录之主要项目包括:

> 出起谷子十三石七斗八升四
>
> 共起麦子九石一斗八升九
>
> 出送代购所麦八斗四升
>
> 共起面二千二百九十七升六两

本账记录中大量涉及对各方驻军及过路军的米粮供应,包括:

> 支逐日过路白面九十四斤四两
>
> 共支东达驻防六支队司令部送十二次共面九百六十五斤四两
>
> 支国民政府军事委员会冀豫游击第八支队第一团面三十一斤
>
> 支冀察游击司令部指挥部面八斤
>
> 支国民政府军事委员会别动队华北第十游击队司令部面三斤(旁注:二张) 又面七斤
>
> 支第一战区河北游击总司令部第一游击司令部白面十斤
>
> 支第八路军一一五师三四四旅游击第一支队部白面五十三斤(旁注:二次)
>
> 出游击二纵队豆三升
>
> 出游击七大队料二斗二升
>
> 出六支队麸子二十斤(料四斗) 又麸子九十五斤
>
> 出八路军麸子三斤(旁注:有大方章条)
>
> 出八路军四支队麸子五斤
>
> 出别动总队麸料六斤
>
> 出八路军一一五师三四四旅麸料十二斤
>
> 出八路四支队麸料三十一斤
>
> 支冀察游击第七大队(换三四五六混合代办所条)米五斗一升

支东达镇驻防队伍米二斗五升(旁注:有条盖东镇公所章)

支冀察游击第九大队四中队小米五斗六升

支过路军用小米三合(旁注:二合店做二次)

支第八路军第四游击支队第二大队部米一斗零五合

支过路军小米八合

支过路军第二次用米十斤三升

支第八路军第四游击支队第二大队部小米一石三斗八升(旁注:此宗归大户)

支过路军二次用米三升

支过路军及工作团米一升二合

支自卫队米二斗五升三合

支八路一一五师三四四旅米一斗一升

支过路军小米七合

支八路军小米五合(有条)

以上29笔记录中涉及八路军的有9笔,未标明番号的过路军有7笔。其中,大部分属于零星小额支用,由村战勤所直接供应。一笔"支第八路军第四游击支队第二大队部小米一石三斗八升",数额较大,旁边注明"此宗归大户",表明当需要较大的供应而战勤所存粮不敷支付时,则由大户负担。

账簿中所记支出项目庞杂,涉及起款用面、起面用面、送公事用面(包括县政府送公事、联保送公事等)、催给养用面、起款算账用面、抄表册用面、先生取面、起谷用面、招待先生用面、支统制局用面、个人取用粮食等诸多方面,勾画出一幅诸多人员为了战勤工作往来奔忙的繁忙景象。

(四) 别样的支差,还有"挑战壕"

"前方打胜仗,后方支前忙。军民一条心,胜利有保障。"

甘泉账本记录了各种支差,包括人、畜支差,极其频繁。各花户支差及提供各种物资明细账(图5-5)涉及花户112户,有"支差"记录者30户,其中多为2次。除直接记为支差者,尚有各种其他形式的差事,如送兵、送给养、送粮草、送米料、送军装、牲口支差等。

从账簿记录来看,不同花户下支差数不同,明显是根据能力而定的,切实体现了抗战期间"有钱出钱,有力出力",根据力量差别负担的原则。如"宁诗"名下就有各种不同记录多达10项,详列如下:

宁诗　西盘阳送米一百三十三斤半　合钱三千三百四十
固县(?)送米料一百七十三斤半　合钱四千五百九十文
面四斤六两　面一斤十二两　　　收拾校址钱八百八十
润笔(?)面六斤七两　钱二千零五十七
做鞋两对　钱一元二毛　　面十二两　钱三百
牲口支差三次洋六元
古城送兵　钱二毛　　　　　共钱四十六千六百九十

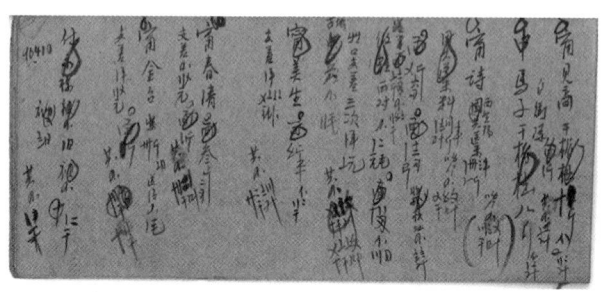

图 5-5　各花户支差及提供各种物资明细账(第 3 页)

另有数人，名下只有送信一项：

杨万德　送信钱四百四十
申雨　　送信钱四百四十
宁栓孩　送信钱八百八十

参照其他信息，这些人因为负担能力较差，所以只能承担送信这种较为轻松的差事。

该账簿第 11 页上还有挑战壕用工记录，如图 5-6 所示。这部分记录反映出去西达挑战壕的费用付出。从所记内容看，似乎开始是要记录各人应得工钱数，但记到第三项时重复记了申其贵，因此用括号将所记三项括起来(应是视为作废)，另记一项：

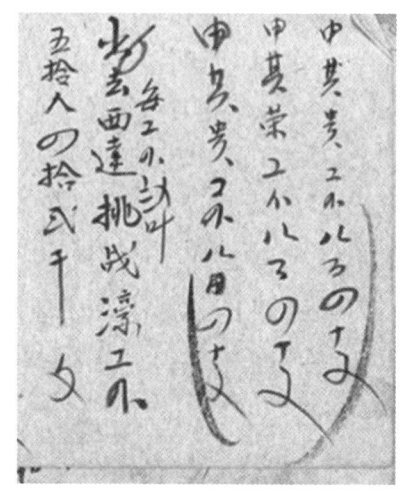

图 5-6　各花户支差及提供各种物资明细账第 11 页之挑战壕用工费

出去西达挑战壕工钱(旁注：每工钱八百四十)
五十人四十二千文

(五)"速送八路军给养,如再延迟到县惩办!"

中国会计博物馆收藏的"民国二十七年(1938)九月三十日甘泉乡通知卷册"(以下简称"通知卷册")是这批账册中最特殊的一件。通知卷册属于收文记录,而非一般意义上的会计账簿,但其内容与战勤所业务密切相关,多项记录真实地再现了当时的环境状况及派差、管理等具体情况,具有重要的史料价值,故将全文引用并整理,详见表5-3:

表5-3　民国二十七年(1938)九月三十日甘泉乡通知卷册的内容

时间(民国)二十七年	来文单位	内容
11月13日	联保办公处	务于文到即日一保送被子四条
11月17日	同上	1. 通知自卫团所需给养均按市价照发 2. 饬所属查拿汉奸
同上	同上	饬军民人等将所获军器炮壳以缴政府按物开奖
11月18日	同上	1. 饬破路,具报空食清已办方法,期限三日 2. 拿住汉奸、审出敌情、立时呈报
同上	同上	报告沿歇指毒糖童子,食了不省人事,饬谨防□□为要
同上	同上	报告中队部用传令兵三名,于九月十六到差,每里派粮食三斤,柴四斤,菜金□□
(以上第一页)		
11月19日	联保处自卫队部	1. 饬每保与本村自卫队站岗人做大氅四身 2. 饬站岗人盘查汉奸,封锁敌人消息
同上	同上	1. 饬速造自卫队清册三份送联为要 2. 搜集旧有兵器,以备自卫队用
11月20日	联保	1. 饬酌量本地情形购枪 2. 饬造廿七年(1938)单头名册 3. 严密查缉前打死陈县长的凶犯
同上	自卫中队部	饬造壮丁名册三份送队部,用六开毛边纸,年龄限十八以上,四十五以下概填。限四日造齐(附发表式一纸)
11月23日	联保	明日上午九点钟,仰各村自卫队及青年队与保甲长及救亡团体和志愿者一律到东达开会
12月1日	联保	1. 速送八路军给养,如再延迟到县惩办 2. 饬各保自卫队切实巡夜查路会哨

(续表)

时间(民国)二十七年	来文单位	内容
(以上第二页)		
12月1日	联保	1. 规定唱戏一天,出抗日捐三元 2. 饬每保选自耕农民代表一人参加县农救会
12月10日	联保	[记每保组织担架队十四名(旁注:担负送伤兵工作),机干队十二名(旁注:担负破坏道路)]自卫队各使武器一件(或长枪大刀土枪等)
同上	同上	(每甲筹派二元八毛)现各联驻军征集柴草被由各联供给
同上	同上	限五日将缠足妇女填表送联 每保派毛驴五个,每带口袋给养草料
同上	同上	将七月十五日以后供给各军正式条据限三日内整齐送区代购所,如有逾限不缴概作无效
12月16日	联保	饬每保将每甲派款二元八角限即日征齐汇缴为要
(以上第三页)		
12月16日	联保	县令第五次会议议决分队长每人发服装费五(缺)由各联按年摊派供给工作事,伙食无工作时即停
同上	同上	奉县农救会札谕内开定本月十八日(旧廿七日)招全县农救会主任及自卫队队长青年队队长并将农救会会员及青年队自卫队姓名册各造册两份即刻缴联或开会随带,勿推诿
(以上第四页)		
廿八年(1939)元月六日	联保	县府催要各联人数户口表甚急要即日查报
同上	同上	每区选财委会监察委员一人,决议公举秦砚塘
同上	同上	决议每联保最低限筹步枪五十支,款由各联之公产富户筹摊,限两期完成,一月一期,每支枪定为五十元,长还短补
(以上第五页)		

　　从这份记录来看,民国二十七年(1938)年底,涉县地区已是全民皆兵的战时状态。通知记录中包括自卫团给养供给、捉拿汉奸、自卫队巡夜查路、组织担架队和机干队、搜集旧有兵器、筹款买枪等事项,处处可以感受到紧张的战时气氛。

　　从十一月十三日至正月初六日短短五十几天内,即有多笔摊派钱物及派夫事项,充分反映了抗战中同心协力、有力出力、有钱出钱的真实状况,从中也可推想到民众的负担。民国二十八年(1939)正月初六日通知中要求"每联保最低限筹步枪五十支,款由各联之公产富户筹摊,限两期完成,一月一期,每支枪定为五十元,长还短补",实质性地考虑了合理负担问题。

12月1日,联保通知中要求"速送八路军给养,如再延迟到县惩办",措辞严厉,其背后的意义值得深思。

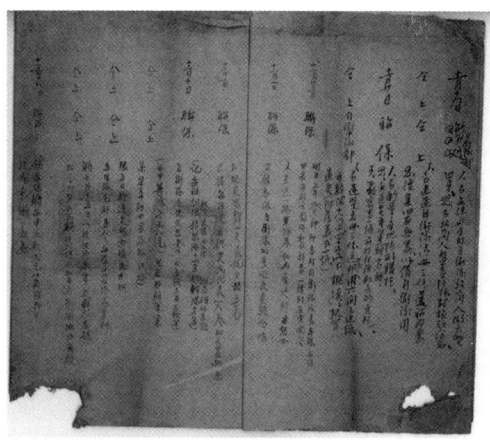

图5-7 民国二十七年(1938)九月三十日立甘泉乡通知卷册(内页第2、第3页)

主要参考文献

[1] 冯小红.太行山文书所见抗战时期文献及其价值[J].宁夏社会科学,2016(6):203-206.
[2] 樊孝东,冯小红.南京国民政府时期农村保甲设置实况及其职能:基于涉县甘泉村的考察[J].河北学刊,2020,40(1):216-221.
[3] 冯小红.全面抗战初期"财政无政府"状态下的赋税征收和农民负担:以1938年涉县甘泉村为中心的考察[J].近代史研究,2019(3):116-133,161.
[4] 邹蓓蓓.太行山文书所见抗战初期甘泉账册及其史料价值[J].邯郸学院学报,2016,26(1):73-79.
[5] 张秀春,宋小明.全面抗战初期晋冀豫边区军队生活物资供应、核算与管理:基于1938年涉县陡贡村战勤所账簿的研究[J].近代史学刊,2020(2):166-204,309.

(上海立信会计金融学院中国会计博物馆、国际会计史研究中心　宋小明)

会计体系
与
行业发展

第六章

西夏出纳专职考*

一、问题缘起

对于中国古代历史上"会计"命名的起源和形成以及"会计"专职的出现和演变,著名会计史学家郭道扬(2004)进行了相当深入的开创性考证和系统性论述,为我们了解和认知中国会计历史的发展脉络提供了十分重要的线索和依据。对比之下,与会计起源相对应的"出纳"起源问题的研究尚十分匮乏。在现有文献中,仅有亢组合(1994)专门对中国历史上"出纳"一词的最早出现进行了考证,而"出纳"一词在出现后的发展演变问题却知之甚少。同时,郭道扬最早在其著作《中国会计史稿》(上册)(1982)中主要依据《周礼》进行考证,令人信服地论证了西周时"在专掌会计的司会之下,职内、职岁和职币各分掌出纳工作职责的一个方面"的观点。此后的相关文献在提及最早的出纳时,皆引用此观点。但是相关研究没有进一步深入,中国历史上何时最早出现名为"出纳"的专职设置问题,并未受到学界的关注,从而成为经济史研究的空白之处。

现有史料显示,西夏时最早设立了职官名为"出纳"的出纳专职,制定了相应的财计制度,并使之法令化。与宋朝相比,西夏作为相对落后的少数民族政权,它的这一官制创设和制度创新具有重要的启示意义。因此,本章以"出纳"一词的起源、演变为研究起点,以西夏出纳专职的首次出现为研究对象,对中国历史上出纳专职的发展演变做一次抛砖引玉式的探索性研究,并尝试揭示其中的发展规律。

---

* 本章系广西高等学校千名中青年骨干教师培育计划 2019 年资助项目"黑水城出土夏元时期会计文书研究"的阶段性研究成果。

二、出纳的起源及出纳专职的出现

(一) 出纳作为财计动词的起源和发展

早在商代武丁时期,便已有甲骨文专门用"入"字来反映财务收入的情况、用"出"字来反映财务支出的情况。"出"字在中国古代官厅会计起源之际便承担起"支出、支给"之表意动词的职责。

最早在《周礼》中,"纳"字开始用于官厅会计之中表"收纳""受纳"之意。《周官·泉府》有云:"岁终,则会其出入,而纳其余。""会其出入"是指年终时要运用会计来核算当年收入支出的对比情况,而"纳其余"则明确了要收纳好收入大于支出的余下部分。同时,"会"与"纳"在此处作为表意不同但又相互配合、分工协作的动词同时出现,进一步反映在奴隶制经济发展鼎盛的西周时期,"会"与"纳"的分工便已初具雏形(郭道扬,2004)。这一点在西周官厅会计的相关职官设置上得到了进一步证实。据《周礼·天官》记载,西周时专门设立了司会、职内、职岁等以分掌官厅会计之职能:司会者,"以参互考日成、以月要考月成、以岁会考岁成";职内者,"掌邦之赋入、辨其财用之物而执其总";职岁者,"掌邦之赋出、待会计而考之"。职内中的"内"取的是"纳"音(郭道扬,2004),该职位负责诸财务收入项目的收纳,并分类汇总各收入项目的总数,已大体表现出现代出纳职责中"纳"这一方面的工作职责。而职岁负责诸财务支出项目的支给和记录,从而体现出现代出纳职责中"出"这一方面的工作职责,这也是引致后世官厅会计中使用"岁出"表意支出的重要渊源。

因此,在西周时期,尽管"出"和"纳"这两个方向和行为表意相反的动词尚未在官厅会计领域中组合起来连用,但"出"作为表示"支出、支给"含义的财计动词,"纳"作为表示"收纳、受纳"含义之财计动词的使用方式已经成为官厅会计中的常见用法,且职内("纳"音)和职岁两个职位的出现进一步从专职工作的角度开启了官厅会计中出纳类岗位专置的历史渊源。因此,西周时期是后世官厅会计中"出""纳"二字连用为"出纳"一词,以表达"支出、收纳"之行为和职责以及出纳专职设置的滥觞。

不过,"出纳"一词最早并非用于财计领域。据传世文献《尚书》中《舜典》篇的传说记载,舜曾对其助手龙曰:"命汝作纳言,夙夜出纳朕命,惟允。"从该传说记载来看,"出纳"一词在此处欲表达的是"出纳帝命、上传下达"之意,与财计无关,而这也成为秘书工作起源说的依据之一(赵奇,1986;李春燕,1995)。从传世文献来看,至春秋末期,"出纳"一词开始用于表示"支出或收纳"之意。如《论语》中《尧曰》篇记载,"犹之与人也,出纳之吝,谓之有司",这可能与孔子曾经做过管理仓库的"委吏"有关。又如《墨子》中《号令》篇曰:"收粟米、布帛、钱金,出内(纳)畜产,皆平直其贾。"由此可知,在春秋末期,"出"和"纳"两字连用为"出纳"一词以表示"支出、收纳"含义的概念表述方式已为孔子、墨子等大家所用。

但在唐朝之前,"出纳"作为财计动词的用法尚未得到普遍采用,还没有成为官厅会计体系中的基本概念和常用表达方式。这反映在,于经典史籍二十四史中考察"出"和"纳"两字连用为"出纳"一词以表示财计收支行为的表述用法,在《史记》至《隋书》的各史中皆无处寻觅。其中,只有《魏书·官氏九》用到"出内"一词:"四年五月,增置侍官,侍直左右,出内诏命,取八国良家"。但此处之"出内"与财计行为无关,只是沿用上述《尚书》中就已出现过的表示信息上传下达之用法。

至唐朝时,"出"和"纳"两字连用为财计动词"出纳"以表示"支出、收纳"两个方面财计含义的概念表述方式,已比较常见。如《旧唐书》中出现"出纳"一词有23处之多,分布在百官志和食货志部分,都作为财计动词使用。如"金部郎中、员外郎之职,掌判天下库藏钱帛出纳之事",这句明确地表达"出纳"是指对"库藏钱帛"的支出和收纳。同时,"太原、永丰、龙门诸仓……凡出纳帐纸,岁终上于寺司",而"凡库藏出纳,皆行文榜,季终会之"。可见,但凡库藏物品的所有支出和收纳情况,都必须据实登录簿册,并且在每季度末通过专门的会计工作来核算、稽核和汇总汇报。这意味着,至唐朝时,"出纳"行为和"会计"行为在分工、协作与制衡等方面的关系已在前朝的基础上进一步完善和发展。

不过,唐朝时"出纳"一词仍然是作为财计行为动词来使用,还没有发展为特定的职官专职。从《旧唐书》《新唐书》《唐律疏议》等史籍来看,唐朝没有被专称为"出纳"的职官,甚至没有一种特定的职官来专门负责"出纳"事宜,而是由一系列不同的职官分别负责(或兼任)与其相关的出纳工作职责:"(卫尉寺)丞掌判寺事、辨器械出纳之数;(司藏署)司藏令掌库藏财货、出纳、营缮之事;(尚乘局)司廪掌藁秸出纳……"由此可知,负责相关"出纳"职责的职官中,既有职位居于从六品的寺丞,也有底层级别职官的从八品的司藏令和正九品的司廪,不但级别不同而且名称各异。而且以上三者中,除了司廪专掌藁秸出纳工作,寺丞和司藏令尚有其他重要职责在身,与其说他们是出纳官,不如理解为其兼负出纳之职责更为恰当。可见,唐朝时,出纳行为的内涵趋于完整,与会计行为的牵制关系日渐明朗,出纳行为的管理职责也更加重要,但在具体的出纳专职设置上却还处于较为粗糙的阶段,没有出现统一规范出纳专职岗位的制度设计,更没有出现将"出纳"这一财计动词发展为名副其实的出纳专职的创设。

(二) 最早设立职官名为"出纳"的出纳专职在西夏的首次出现

"出纳"作为财计动词在唐朝时的普遍应用,体现了对财计工作之认识、对工作内容之总结都达到一个新的高度,而"出""纳"二字联合表意为"出纳"这一专职,并在财计体系中被赋予名副其实的工作职责,则体现了西夏在财计组织设计与演变中的创造性进步。

黑水城出土文书中发现了中国历史上第一部用少数民族文字(西夏文)印行的法典——《天盛律令》,其详细程度为现存中古法律之最(史金波,2000)。具有创新意义的一点是,《天盛律令》通过具体法律条文的方式列明了出纳专职的设置机构,也详细地规定了出纳的工作职责和三年任满迁转考课等各方面的具体要求。如《天盛律令》卷第十七中的《物离库门》记载,"中兴府、大都督府等租院、踏卖曲院所有数一样:提举头监一律三百,出纳二百,掌钥匙一百,司吏、指挥、栏头等七十",即西夏法典中不仅明确了租院、踏卖曲院等需要管理种种官物的机构需要配置出纳专职岗位,而且规定了每日二百钱的出纳官俸。

相比之下,与西夏同一时期的北宋、南宋尽管继承并进一步发展了唐朝官厅会计中将"出纳"作为财计动词的概念和用法,但并未将"出纳"发展为财计专职,还是与唐朝时相似,由一系列级别不同、名称各异的职官分别负责(或兼任)与其相关的出纳工作职责。宋朝官名、权、责常不对等,以致经常出现某些重要的出纳工作,常通过临时使职差遣的方式来加以安排的现象,这就进一步背离了名副其实的出纳专职设置的发展方向。如《宋史·职官五》曰"监仓官分上、中、下界,司其出纳,诸场皆置监官",可知诸场诸仓一般置监仓官负责出纳工作。但同时,在诸场诸仓受纳税米的环节,往往又专门临时差遣受纳二税官等使职官来负出纳之职责,如《庆元条法事类》中规定:"诸受纳二税官,转运司委知、通前期于本州县官内公共选差讫,申本司检察。被差官专一受纳,不得干预他。"因此,监仓官实际上常常只承担日常保管和支出执行方面的出纳职责,收纳环节的出纳职责又常常分割为使职官临时负责。

因此,西夏设置出纳专职的这一制度创新为考察中古时期官厅会计基层财计组织制度的特点及演变提供了具有独特价值的历史窗口和法典证据。

三、西夏出纳专职的设置分布与职官级别

在卷第十七的《库局分转派门》中,《天盛律令》对于"派库局分次第"的定制以律令列示的方式给出了非常详细的相关职官岗位及其定额编制数,其中包括对西

夏出纳专职的设置安排,具体如表 6-1 所示。

表 6-1　西夏出纳专职的设置分布表

机构	设置	人员
各种库	诸粮食等库：……鸣沙军地租粮食库、吃曜油、马连油等库	一律二小监、二出纳、二掌斗、四监库
	九种库：酒库、买肉库……纸工库等	一律二小监、二出纳
	三司所属十库：药钱库、衣服库、皮毛库、绫罗库等	各自二小监、二出纳、一监库
	馆驿库	二小监、四出纳、四掌斗、十监库
各踏曲库	中兴府踏曲库等	二提举、一小监、二出纳、一掌钥匙、四掌斗、六监库
	大都督府踏曲库	二提举、二头监、二出纳、一掌钥匙、二掌斗、二监库
	三种踏曲库：鸣沙军、官黑山、黑水	二小监、二出纳、一章秤、一掌斗、二监库
各卖曲院	中兴府卖曲院	二小监、二出纳、一掌钥匙、四监库
	大都督府属卖曲税院	二小监、二出纳、一掌钥匙、十栏头
	诸卖曲税院共十八种：定远县、回定县等	一律二小监、二出纳、四栏头
各租院	中兴府租院	二小监、二出纳、四十栏头、二指挥、二行杖
	灵武郡租院	二小监、二出纳、一掌钥匙、二指挥、十栏头
各盐池	七种盐池上：盐池、□池、文池、萨罗池等	一律二小监、二出纳、一掌斗
	九种盐池上：杂金池……丑堡池等	一律一小监、二出纳、一掌斗
各渡口	二十四种渡口：来遣、坚金等	各自税监、出纳二名

第一,出纳专职设置在涉及大量实物出纳事宜、钱币出纳事宜的官府机构,分布较广。由表 6-1 可见,出纳专职主要分布在西夏的以下四类官府机构中:各种库(包括粮库、物库等各种类型的储存库和具有专卖性质的踏曲库等)、各租院(包括

各卖曲税院等)、各盐池及各渡口。这四类机构中,要么日常有大量的实物出纳工作(如各种库),要么日常有大量的钱币出纳工作(如各渡口),或者既有较多的实物出纳工作也不乏现金出纳工作(如各盐池、各卖曲税院等)。这在西夏军部的职官配置设计中亦是保持一致的,军部种种库中设有"出纳"一职,并与库监(小监)一同出现为基层职官,如"诸人寻军立功……军杂物库监、出纳迁转……"。而其他不直接涉及具体物资(钱币)收支的官府机构,如磨勘司、转运司等司局处,则一律不设出纳一职,其"分第次"中只设案头、司吏等低层文职官。

第二,由表6-1可见,除馆驿库,每处均设置出纳二人,这既顾及了实物、钱币收纳支出之工作量的客观需求,也考量了内部控制中利用分工协作而提高效率,并有利于相互监督而减少错弊的设计效果。相比之下,馆驿库涉及多国使者、商旅之往来,关乎多种物资(物品)的收纳、保管及支给工作,从客观上来说工作量确实较一般库局要大,且业务种类也相对繁多,故设置四名出纳以保障馆驿库工作的有序和严谨。此外,每一设置了出纳专职的官府机构在设置官职时,出纳和小监(或头监、税监)总是成对出现,这意味着该职位是有着紧密的共同协作而又相互制约的相辅相成的分工联系。同时,在涉及官俸支给时,法典往往也是同时对两者进行明确具体的制度安排,如《天盛律令》卷第十七中的《急不用买门》记载,"诸执局分小监、出纳等之食粮,每月与旁近处应取几何,依法当实予之"。这进一步说明了小监与出纳在工作职责上的协作性和合作性。事实上,小监和出纳共同负责基层财计工作,两者之间形成了类似"会计"与"出纳"之间的分工协作关系。如《天盛律令》卷第十五中的《纳领谷派遣计量小监门》中记载,在"纳种种租时节",出纳依预缴簿册上应缴记录之次序对于"纳粮食者逐一量而纳之",而计量小监确认后则给予纳粮食者带有小监本人手记、记载了纳粮数的纳粮收据,两者分工协作,以完成粮食入库的验收、开具收据及簿册记录工作。经考释,英藏Or.12380-2349(k.k.)号西夏文记载的出土文书是西夏时期的纳粮收据残片,系中国古代最早的填字刻本收据(史金波,2017),其正面用墨水填记了纳粮租的"利限大麦"数、时间、纳粮者等信息,其背面印有计量小监的墨水画押(即手记),这既反映了《天盛律令》法条得以贯彻的有效性,也进一步印证了小监与出纳的分工协作关系。

第三,从俸禄、职责的角度来看,西夏时期出纳的职官级别应为官厅会计体系中的基层财计职官。尽管《天盛律令》卷第十七中的《库人禄食谷物法门》佚失,但与其相邻的《物离库门》中记载了"租院、踏卖曲院等种种库局分之禄食价钱次第",这为我们从俸禄、职责的角度判断西夏职官的级别提供重要依据,"中兴府、大都督府等租院、踏卖曲院所有数一样:提举头监一律三百,出纳二百,掌钥匙一百,司吏、指挥、栏头等七十"。参考《典工门》的规定,大男人出典的工钱为每日七十钱。

从俸禄等级上来说,"司吏、指挥、栏头"等人每日的俸禄不过与出卖劳动力者的每日工钱一样,其级别应为官府最低,故应是各库局分下属的吏役。从职责上来说,"司吏、指挥、栏头"等亦应属于吏役一类;如卖曲税库中的栏头一职反映出酒曲专卖的强制性(史金波,2017),其职责在于维护卖酒曲及其税款时的秩序。此外,《天盛律令》规定,掌钥匙者与库主分掌库门和外大门的钥匙以实现库存物品保全的内部控制之效果,所以掌钥匙者的职责较之栏头等人稍显重要,而其俸禄也稍多,为每日一百钱。但掌钥匙者仍应属于吏役一类,因为工作内容简单、职责面较窄,俸禄也与栏头等差别不大。

相比之下,西夏出纳的俸禄为掌钥匙者的两倍、栏头等吏役的三倍,从俸禄标准的级次差别来看,出纳的职官级别应当高于吏役一级的底层人员。从上文列示俸禄次第和表6-1来看,出纳的俸禄介于提举头监(小监)和掌斗、栏头等底层吏役之间,而其又专司物品支出、纳入之职责,故出纳一职的级别应为官厅会计体系中的基层财计职官。

四、西夏出纳专职的工作职责

考证《天盛律令》可知,西夏时期出纳需要履行收纳、保管、支出、簿册的记录和提交以及日常工作纪律五方面的具体工作职责。

第一,收纳方面的工作职责。在收纳方面,出纳的首要职责是及时完成日常收纳工作并出具相应的凭据以证明收纳的完成。《天盛律令》卷第十七的《供给交还门》明确规定:"已来纳种种官谷、钱、物者,五日以内应使纳毕,予之凭据,不治罪。"若不按时纳毕或纳毕却不出具凭据,则"小监、出纳等局分人"一律要承担"六日至十日徒三个月"等刑罚。倘若为各库局之间的交纳、分用等,则"自告纳官畜、谷物之日起"应在十日以内当予之凭据并计之;倘若逾期,则以"延误公文罪"问责从都案、库主到出纳等人之过失或罪行。此外,《天盛律令》卷第十七还有《纳物时予以收据取赏迟缓门》,从题名来看,它很可能有更多关于出纳在收纳方面职责的规定要求,可惜该门具体律令皆佚失。其次,若出现"种种官物、杂财产树草炭等,及临时买畜物等"物资不足需要采购入库的,即采购性物资的入库收纳工作,则必须依时节低价买而收纳之。倘若低价时不买入收纳,而致出现供给时无(或不得不临时高价购买)的情况,则"管事大人、承旨、库主、出纳等有官罚马二,庶人十五杖"。

第二,保管方面的工作职责。出纳应当清楚地掌握库存的情况,并根据需要随时准确地向库主及上级汇报,以便于上级部门及时作出恰当的管理决策。因此,如果出现实有库存却疏忽多买,或者时日已久、物资陈旧的情况而不奏告等情况,都将视为出纳等人的失职而问罪。如《天盛律令》卷第十七中的《急不用买门》明确要求:"倘库内实有物,而局分库主、出纳、司吏等不察其情,不供给实有物而使另买时,有官则罚马一,庶人十三杖。"又如《天盛律令》卷第十八中的《他国买卖门》规定"有年日多过,物已成旧者当奏,三司当予,入与耗用中",倘若应奏告而不奏告,则出纳等局分人一律有官罚马、无官受杖。同时,包括出纳在内的各库局分人,都有责任在法定的限额损耗额度内保管好谷、钱、物等种种物资。对于种种粮食、种种草、种种绢帛、金银铜铁、陶器乃至钱币等各种库存官物,西夏《天盛律令》皆分类分项制定了极为严格和精细的法定限额损耗标准,如"钱朽烂、绳索断,一缗可耗减二钱",即《天盛律令》规定在三年任期中出现千分之二以内的钱币损耗率是可以接受的,等等。倘若实际的物资损耗率超过《天盛律令》损耗限额标准,则出纳等库局分人必须偿还超过损耗标准的部分,并被追责处罚。

第三,支出方面的工作职责。无论是物、谷、钱等种种官物的领用、领取还是因公借贷,出纳等局分人在办理支出业务时必须有上级谕文或领单等支取凭据,符合支出的程序,才能据以如数支给。倘若没有谕文或凭据却私自持用、分用或随意借贷于他人,即便已记录于簿册之上,亦按"偷盗罪减一等"处罚之;倘若不记录于簿册,则包括出纳在内的库局分人一律"比偷盗罪加一等"严惩之。同时,出纳在履行其支出方面的职责时,不仅要以谕文或凭据为证,还要确认物资确为凭证所属人亲自领取,方可支给,即"领单已出,所属人当亲领之"。再者,出纳等局分人在办理支出业务时,倘若材料齐备、所属人亲自领取,则必须按时支给,不得无故拖延,倘若领取人"往数次而不使领取",则管事处当以"延误文书罪"对出纳等局分人问责,同时边中刺史当巡视。

此外,出纳等局分人在先领取官物、再转支(支给)其他司局的业务中,物品不能遗失、时间不能拖延,倘有剩余,则需尽快退库注销,以上任一项不严格执行者,均严加惩处。倘若在领取后、转支前遗失,则必须依律偿还遗失数,并另加惩处,以示警戒:如为大意所致,则罚马或受杖刑;而如果是有意隐匿,则以偷盗罪加一等处罚之。同时,"已领种种官物而往供给者"的剩余之数,当立即交还库中,而不能随意对待。倘若迟交超过十日,即遭杖刑之罚处置。

第四,簿册记录和提交方面的工作职责。从《天盛律令》的条款来看,出纳的工作职责要求其准确、及时地管理种种官物的收纳、保管与支出活动,并协助小监(头监)等完成相关的簿册登记。例如,"诸种种执局分人于所定长短期限内当告纳典册,各自收入、支出凭据等,皆当注于册上,不许缺",倘若未能依律令执行,即"不注于册而缺留时",则"局分小监、出纳等有官罚马二,庶人十五杖"。可见,将种种官物收入、支出依据实际发生的凭证登记于会计簿册之上,是库局小监、出纳的基本职责之一。这还反映出西夏官厅会计颇为重视会计凭证的使用，强调其作为会计簿册入账依据的真实性和完整性，并以律令的形式使之法定化。同时，按期提交相关会计簿册，也是出纳基本职责的一部分，倘若账册定期上报时误期或未在限期内完成，则面临法律的问责和处罚。《天盛律令》卷第十七中的《库局分转派门》即有规定："等与前述三等日期上……引导聚集账册增册、注册、注销，于限期上当告磨勘司，不许留缺。若违律，自往至报道日起，迟三日者不坐罪。四日以上小监、出纳等一律依所定判断。"由此可见，出纳一职，与小监（头监）一起，对于簿册的合法性、准确性及上报过程的及时性负有连带的工作责任乃至法律责任。

第五，日常工作纪律的职责。纵观西夏律令，其条款透露出对各职官职责无处不在的严格要求，各库局、盐池等部门机构涉及大量物资、钱币出入之事，法令的要求自然也更为严厉。出纳作为其中的基层财计人员，严格的工作纪律也就不免法令化为其工作职责的一部分。这方面的工作职责又大体包括四类具体要求。首先，不能无故迟到早退，否则罚马或受杖。《天盛律令》卷第十七中的《供给交还门》中记载："前述纳官钱、谷、物等处，敛者计量小监……库主、出纳、他局分人等，于所疏忽任上迟到早退者，一律有官罚马一，庶人十三杖。"其次，更不能无故旷工，否则以"放弃职法罪"论处。《天盛律令》规定，诸库之库主、出纳局分人等，除非因病或因公之故，"倘擅自不来任上，承罪第次依诸司使人放弃职法判断"。再次，非工作需要，不许无故聚集。包括出纳在内的各库局分人每天先一起集中，再分工开展每日的工作，而每日下班后不允许有聚集性的往来，以减少库局分人之间串通舞弊的风险："诸库之库主、出纳局分人等，每日早晨日出时当集，每夜晚当散住。"最后，不得利用职责为自己牟利，不得挪用官物，不得受贿弄虚作假，不许对经手的物资疏于管理，等等，如倘若踏曲库中对曲本粮食"不细细磨"而致"曲劣"的，经手而又疏于管理的"库监、出纳"等一律"徒二年"。

五、西夏出纳专职的磨勘迁转

（一）三年一度的逐级磨勘迁转制度

西夏职官体系普遍实行三年任期制度，三年期满则进入一次全面的逐级磨勘考课程序，以全面审查、评定各职官在任期间的绩效得失，并据以作为对其赏罚迁转的依据。出纳作为基层财计职官，属于库局分人次第系列，同样也遵循三年一度的磨勘迁转制度安排。

《天盛律令》明文规定："小监、出纳等（局分人）各自三年当迁转。"具体来说，出纳等局分人在迁转前需要依次经过三道磨勘考课的程序。第一阶段的磨勘考课是至三年库局分人迁转时,出纳等应在十五日内做好在任期间簿册等资料的检查和提交准备工作,然后由本司先进行一番磨勘审查,以确认簿册记载与实际相符,即"由本人交转文典、录册、种种文书……其处本司人当为一番磨勘,有何官物,□道当明之"。第二阶段的磨勘考课是"与前述京师诸司所辖库局分起行者一并当派",将簿册等种种文书一并送京师管事处(隶属处)磨勘。待京师管事处(隶属处)磨勘考课后,再报都磨勘司,由其对出纳等各库局分人的各类账目、簿册、凭据及收支、盈余等情况进行磨勘考课,即进入第三阶段的磨勘考课。

出纳等库局分人在迁转前必须磨勘考课完毕无异议,前后任交接清楚,才能进入申请迁转新任的环节。倘若"等前述库局分日不毕",则"不许从此迁转而寻爱乐处"。同时,依照《天盛律令》的规定,原出纳与新任出纳定于期满当年的农历"十月一日始为交接"。《天盛律令》卷第十七中的《库局分转派门》对于出纳等库局分人前后迁转交接之程序也做出了非常明确且严格的规定,"种种钱谷物何置放,令交接者及新旧库等共于眼前交接,典、升册分明当行,新库局分人已敛几何当明之,与当取敛状相接,于所辖本司分明,一文典当告,往都磨勘司核校"。由此可知,前后任出纳迁转交接时,必须在新旧库局分人的共同监督之下进行,前后任出纳各自负责的事情和范围必须明确,同时用"敛状"等会计凭证证明之,形成迁转移交记录,一并提交都磨勘司审核检校。

(二)法定限额损耗的考课标准

在具体的考课标准方面,西夏通过法令的形式规定了出纳等库局分人保管钱、谷、物等种种官物的限额损耗率,实行严格的限额耗损制度,以磨勘考课出纳等库局分人收支状况和损耗控制情况。任期满时,西夏磨勘迁转制度通过审查账册、账实核对等方式以确认小监、出纳等局分人在任职期间对种种官物的实际损耗额,并将之与限额损耗率比对,如有超出,则需小监、出纳等责任人补偿并追责。

如《天盛律令》卷第十五中的《纳领谷派遣计量小监门》规定:"执库小监、出纳等各自三年当迁转……倘若彼粮食中已毁……当入先执局分人之损失中,量当减之,后又不足者,当令偿之。"也就是说,以三年任期磨勘审计为依据,如果仓库损耗超出《天盛律令》规定的成本损耗定额上限数,则由主要经手收纳、支出物资的库小监和出纳为问责对象,由他们悉数补偿超过定额之损失数;倘若经由磨勘审计查明,其损耗超过成本控制限额的性质属于"违律盗取",则以"于偷盗罪上加一等"问罪追责。

（三）系统的簿册考核方式

西夏建立了相当齐备的簿册记录制度，但凡钱、谷、物等种种官物的收纳、保管、支出，乃至借用、借贷等各个方面，无一不需要有效凭据（文书）为依据才能执行，又无一不为会计簿册所反映。这为西夏在磨勘迁转制度中采用系统的簿册考核方式奠定了前提和基础，而系统的簿册考核方式又有效地提升和保障了西夏磨勘考课的科学性、准确性和激励性。出纳作为库局分人序列，其磨勘过程体现出典型的系统化簿册考核方式。

在西夏磨勘考课的每一个环节，都以相关簿册的提交和审查为主要线索推进。第一，不提交簿册的，不得进入磨勘考课程序。而且对于不按时上报簿册的行为和有关人员，将予以责罚，如"引导聚集账册增册、注册、注销，于限期上当告磨勘司，不许留缺"，若违律，则"四日以上小监、出纳等一律依所定判断"。第二，不依律令按要求提交簿册的，一律不得按限额损耗率扣除合理的保管损失。第三，除了诸库局要完备记录会计簿册并按要求定期提交磨勘，西夏还特别设立了磨勘备查的板簿制度，以提供连续、系统的比对和备查记录，从而进一步保障了磨勘考课的准确性和有效性。如《天盛律令》卷第十七中的《库局分转派门》对此有明确的规定："管何畜、谷物等……告纳处各司及来告知处当分别为板簿，注册而藏之。都库局分三年毕迁转，来磨勘时，当入抵校磨勘中。"因此，至满三年磨勘迁转时，板簿将与诸库局分提交的种种簿册一并接受审查、比对，以更准确地评定出纳等诸库局分人的工作绩效与过失情况。此外，磨勘结束后，板簿也随即记录磨勘发现的相关情况及处理结果，从而保持动态的备查记录更新，"磨勘完毕，所损耗、卖、本利限、借领、交还数等当催促交毕，又依时节所出之账册等，种种簿籍当好好藏之。纸当依时总计成卷，印、手记全备，藏者当明之，依边等法为板簿登录。"第四，对于磨勘考课发现的出纳等库局分人的过失、超额损失等问题，一方面记录于簿册之上，另一方面催促偿还，并限期完成。《天盛律令》卷第十五中的《急用不买门》明确规定："诸局分人执官物种种应耗减者，执局分人迁转磨勘时，当依所定减其耗损。减耗损以外有超过者，当由官家注册。"同时，"借、卖、本利限、赊价有本司催促，偿还损失有磨勘司催促，各自不许住滞"。

六、总结与启示

第一，西夏出纳专职的出现是在其继承唐朝财计制度的基础上，基于实用主义和成本控制导向，从分工重新整合、讲求实效的角度出发，创制了将"出纳"财计行为升级为出纳专职设置的职官设计。出纳专职的设置,反映出西夏在部分制度设计中选择了对唐、五代以来的职官体系进行精简合并并辅以新的专职官名以示其实质的创新方式,从而实现了特定工作职能的专门化、工作程序的统一化和顾名思义的职官名。相比宋朝繁冗臃肿的职官体系,西夏的制度创新有助于实现更精简地设定职官数而减少行政运行成本,更便利和一致地开展行政工作。

例如,西夏磨勘司的设立与西夏出纳专职的设置就颇有异曲同工之处。磨勘考课的制度及称谓始于唐朝,衍生于唐末五代的西夏和宋皆承之,但两者承接的方式却有着显著的不同:西夏将磨勘考课的职能专门化、专职化从而据以设立西夏磨勘司,而宋朝的磨勘考课工作被区分为不同类别且不论任一类别均由多个部门协同负责,从而并未设立磨勘专职机构,而是形成了相互牵制且较为复杂的磨勘体系。

第二,西夏出纳专职的出现体现了西夏职官设计的创新,而西夏出纳专职的法律规范则体现了其工作规范的制度创新。西夏出纳专职的岗位职责、法律责任及考课迁转等各方面的工作规范,均通过立法的形式写入法典,并通过律令逐一列明,既体现了出纳工作规范的法定性和标准性,又使得该规范如操作手册一般便于遵照执行和审计监察,从而极大地节省了执行成本和监督成本。与唐宋法典相比,这一制度创新要显得详细和精确许多。特别是西夏通过法令的形式规定出纳保管钱、谷、物等种种官物的限额损耗率,这是唐宋及前朝都没有涉及的制度创新,既体现了对于物资保管的客观考察,又体现了对于保管者的严格要求,从而将出纳在保管环节的工作责任进一步精细化。

第三,结合历史背景,西夏出纳专职的创设及其工作规范的制度创新设计给我们的启示是:相对落后的会计技术环境下有可能实现相对领先的会计制度创新,并取得较好的制度运行成效。毫无疑问,出纳相关的财计工作从技术环境上来看,显然是宋朝领先于西夏,无论是簿册设置的完整性还是簿册登记方法的科学性和规范性等,西夏均落于下风。这一点从黑水城出土文书中得到了进一步印证:西夏簿册通常是以西夏文草书记录(也有少量汉文或西夏文与汉文并行的簿册记录),采用的是简化的单式记账法,只求关键信息正确,其余多求简求快,记账符号时有时无,甚至连表示数字或金额的大写都时常以简写的方式出现,如"柒"字的左上角少写一点等,其记账方法的规范性和严密性与宋朝相比有明显的差距。但是从专职设置、分工明确的财计组织制度而言,西夏创新之处多于宋朝:西夏更为明确的职责分工、更为具体的工作职责乃至更为精确的定额损耗控制等制度特点,使西夏得以更低的运行成本来实现财计工作的精细化管理和监督。从一定意义上说,这也为新时期中国会计改革的全面深入和进一步创新提供了有益的历史经验启示:即便当前我国的会计技术、会计方法等技术性要素并未走在世界的前列,但仍然结合新时期中国的自身特点和优势来探索和追求会计领域世界一流的制度设计,从而促使中国会计发展走向一个全新的繁荣时期。

主要参考文献

[1] 郭道扬.会计史研究:第一卷[M].北京:中国财政经济出版,2004:124-193.
[2] 亢组合.中国最早的会计[J].财会月刊,1994(4):39.
[3] 郭道扬.中国会计史稿(上册)[M].北京:中国财政经济出版社,1982:57-69.
[4] 励景源.现代会计学基础[M].上海:上海财经大学出版社,2011:32.
[5] 先秦诸子.尚书[M].周秉钧,注译.长沙:岳麓书社,2001:12.
[6] 孔子.论语[M].杨逢彬,注译.长沙:岳麓书社,2000:192.
[7] 墨翟.墨子[M].王学典,译注.北京:中国纺织出版社,2007:338.
[8] 刘昫.旧唐书[M].北京:中华书局,1975:1827-1866.
[9] 谢深甫.庆元条法事类[M].北京:国家图书馆出版社,2014:102.
[10] 史金波,聂鸿音.天盛改旧新定律令:卷九[M].白滨,译注.北京:法律出版社,2000:319.
[11] 史金波,聂鸿音.天盛改旧新定律令:卷十七[M].白滨,译注.北京:法律出版社,2000:526-533.
[12] 史金波,聂鸿音.天盛改旧新定律令:卷十五[M].白滨,译注.北京:法律出版社,2000:510.
[13] 莫磊.西夏会计凭证考[J].财会通讯,2020(3):167-171.
[14] 史金波.西夏经济文书研究[M].北京:上海科学文献出版社,2017:12-58.
[15] 莫磊,廖云杉.论辽朝官厅会计[J].财会月刊,2019(8):105-113.

(广西财经学院会计与审计学院　莫磊;南宁学院会计与审计学院　朱潇丽)

第七章

南海泡沫与审计理论的斯奈尔神话
——兼论独立审计概念的失当性

1721年查尔斯·斯奈尔(Charles Snell)在南海泡沫(South Sea Bubble)后受托从事的会计服务长期被学术界视为独立审计(independent audit)之滥觞。1993年,在我国《注册会计师法》的立法论证过程中,法律草案的起草人员曾多次提交报告,建议国务院法制办公室、全国人大常委会法工委在法律中采用"独立审计"的提法。① 但近百年来,即便在公共会计师行业规模较大的英国、美国,独立审计的机制设计也一直受到立法机关的质疑。笔者借助受中美富布赖特项目支持在哥伦比亚大学做访问研究学者的机会,针对这一疑难问题做了专题研究。本章从审计理论的斯奈尔神话入手展开追溯分析,试图以历史和逻辑的方法,揭示会计审计理论中的相关真相,以期为完善我国会计审计和经济监管法规提供符合历史逻辑的、更为科学的理论坐标。

一、南海公司与《泡沫法案》②

在《1844年股份公司法》颁布之前,英国的公司必须通过皇家特许状(royal charter)设立为特许公司(chartered company),或者根据议会颁发的专营许可证(letters patent)设立为法定公司(statutory company)。也就是说,设立公司在那个时候属于只能通过皇家特许和议会批准才能获取的特权。在世界历史上声名显赫的东印度公司和南海公司(South Sea Company),就是两家特许公司。作为对比,1694年成立的英格兰银行就是根据议会的法令成立的法定公司。

---

① 我国立法机关1993年最终出台的《注册会计师法》没有采信"独立审计"的提法。
② 该法全称为(原文如此)"AN ACT for better securing certain powers and privileges intended to be granted by his majesty by two charters for assurance of ships arid merchandizes at sea, and for lending money upon bottomry, and for restraining several extravagant and unwarrantable practices therein mentioned"。

1600 年,伊丽莎白一世给东印度公司颁发了特许状,东印度公司此后成为特许公司,拥有在好望角以东和麦哲伦海峡以西的广阔海洋中的贸易垄断权。它虽然不是第一家特许公司,但它是第一家体现现代股份制公司主要特征的公司。1600 年也因此被视为英国公司诞生的年份。

100 多年后成立的南海公司也是一家特许公司。该公司在法律、会计和商业领域产生了深远影响。1720 年,围绕南海公司股票开展的一系列金融骗局或投机活动致使许多投资者破产,史称南海泡沫。南海泡沫是世界历史上最早的、规模最大的、被研究最多的股市泡沫和经济崩盘案例之一。

(一)南海公司的组建与南海泡沫的形成

南海公司由托利党(Tory)的罗伯特·哈雷(Robert Harley)于 1711 年 9 月 8 日依照议会颁发的特许状创立,用于替代辉格党(Whig)的金融建制。该公司全名为"大不列颠联合王国的总督和商人与南太平洋和美洲其他地区进行贸易并鼓励捕鱼业发展的公司(The Governor and Company of Merchants of Great Britain Trading to the South Seas and other Parts of America, and for Encouraging the Fishery)"。南海公司寄希望于在西班牙继承战争(1702—1713 年)结束之后迅速占领太平洋地区的奴隶贸易市场。然而,1713 年欧洲多国缔结的旨在结束西班牙继承战争的一系列《乌得勒支条约》(*Treaty of Utrecht*)所留下的贸易机会非常有限。依据该条约,西班牙国王每年对奴隶贸易征税,并且规定每年往来西班牙贸易的船只不得超过一艘。

转机始于 1718 年,英国国王乔治一世亲自出任南海公司的总督(governor)。1719 年,南海公司提议接管五分之三(约合 3 000 万英镑)的国家债务(national debt),该建议在 1720 年被英国议会接受。南海公司当即支付 700 万英镑给皇室,从而换得贸易特权,并在 1727 年前享有 5%的利息,自 1727 年后享有 4%的利息。这一独家垄断的重大利好消息引发公众疯狂抢购南海公司的股票,一大批政客和法官收受南海公司董事贿赂的股票,深度参与并主导了这一波载入史册的大行情。英国议会更是通过制定一部法律来进一步巩固南海公司垄断的南美贸易权,为南海公司打败一切竞争对手。这部法律就是史上著名的《泡沫法案》(*The Bubble Act*)。

(二)《泡沫法案》的出台及其影响

《泡沫法案》是在南海泡沫破裂之前两个月出台的。其实在南海泡沫破裂,甚至是在《泡沫法案》颁布之前,还有一场金融史上也很有名的泡沫案件,即法国的密西西比泡沫①（Mississippi Bubble）。从时间上看，密西西比泡沫是世界上第一个股市大泡沫。但南海公司泡沫的波及面更大，对法律制度、金融制度的影响更为久远。

1720年6月9日（即南海泡沫到达顶峰之前两个月），英国议会通过了后来被简称为《泡沫法案》的法律。与当代大多数出版物所传播的立法目的相反，该法的立法本意并不是为了抑制股市泡沫，而是为了限制其他投资机会，从而诱导资金进一步注入南海公司。② 南海公司是该法律的主要推动者，英国统治阶级中的许多成员都是南海公司股东。其实，《泡沫法案》这个具有一定误导性的简称，是19世纪初才形成的。

《泡沫法案》的长期影响是什么？普遍但错误的认识是，《泡沫法案》阻碍了英国公司制企业的发展，并使金融资本主义在英国推迟了一个世纪。但实际上，这种认识过分高估了《泡沫法案》的实施效果，该法在法律实践中可以说是微不足道的。首先，在该法通过之前，普通法不承认未注册为公司法人的公司。该法案的通过在这一点上并没有实质性改变。其次，该法案基本等同于一纸空文，英国法院在18世纪仅进行了一次涉及该法律的诉讼。最后，该法案并未能阻挡法律创新，18世纪英国照样成立了许多非法人公司（unincorporated companies）。

《泡沫法案》共有29条，有的条款仅一条就长达两三页。其中，前17条紧紧围绕两个特许状展开，宣布国王颁发两份皇家特许状，特许成立两家垄断经营海上保险业务的公司，即皇家交易所保险公司（Royal Exchange Assurance Corporation）和伦敦保险公司（London Assurance Corporation），每一家公司融资额不超过150万英镑。因此该法案又称《1719年皇家交易所和伦敦保险公司法》（*Royal Exchange and London Assurance Corporation Act of 1719*）。当然，若想获得特许资格，那是需要向王室进贡的。该法案第2条明码标价，每一家保险公司要支付王室经费30万英镑。这一条清楚地展示出法律是统治阶级意志的集中体现。

《泡沫法案》第18条规定，自1718年6月24日起，缺乏生效的议会法律或者

---

① 密西西比公司是法国政府接受金融天才约翰·劳（John Law，1671—1729）的策划，而设立的一间负责开发北美洲的公司。该公司的股票在1719年暴涨超过19倍，但从1720年1月起开始暴跌。5月，密西西比泡沫破裂，约翰·劳当即被解雇并软禁，后于年底仓皇逃离法国，落得个身败名裂的下场。

② 典型的如会计史学家迈克尔·查特菲尔德（Chatfield M，1977）所著的《会计思想史》和约翰·爱德华（Edwards J，2013）所著的《财务会计史》这两部经典著作。前者误以为，"这次疯狂的股票大投机所带来的最后结果，是1720年议会颁布了著名的《泡沫公司取缔法》"。后者误以为，"惊慌失措的政府反而通过了《泡沫方案》"来应对股市泡沫的破裂。这两部著作的相应观点存在时序紊乱、因果倒置的问题。爱德华在其著作的前言中承认，该书过多依赖于二手素材，一手素材较少。后来，爱德华在《英国财务报告史》中修正了他在《财务会计史》一书中对泡沫法案的评价。

皇家特许状作为法律依据的公司一律为非法、无效的。该法第 19 条至第 21 条规定了罚则,其中第 19 条规定,被依法认定为非法、无效的公司的相关当事人,将依法被追究公众滋扰罪(public nuisance)或蔑视王权罪(praemunire);第 21 条禁止针对依照该法设立的公司开展证券的经纪或交易行为,这一条无异于宣告了股票市场的终结。第 22 条至第 28 条是一系列豁免条款,其中,第 26 条针对南海公司、第 28 条针对东印度公司,这些公司不受该法拘束。

南海公司原本就拥有在南美洲垄断经营(奴隶贸易等)的特权,《泡沫法案》又进一步为其消除了潜在的竞争对手。由此可见,《泡沫法案》的立法目的究竟是什么。这是一部正义的法律吗?这是一部想要纠正股市泡沫的法律吗?恐怕很难再这么说。这启示人们千万不要一看到国外出台了一部法律,就忙于赞美、借鉴——还是矜持一点好。

(三) 南海泡沫的破灭

股市狂热使得南海公司的股票从 1719 年 1 月的每股 100 英镑,至 1720 年 8 月超过 1 000 英镑,其中,在 1719 年 10 月至 1720 年 7 月股价上涨了 820%。然而,天下没有不破的泡沫,即便有皇权和法律的恩宠,南海泡沫还是在 1720 年 9 月破灭了。到 1720 年年底的时候,南海公司的股价就跌回了 124 英镑,6 个月后几乎跌到一文不值。绝大多数投资者损失惨重,有的自杀,有的逃亡他国躲债。

1721 年的调查发现,英国国王乔治一世及其三位部长牵涉腐败案。三位部长收受贿赂并参与投机巨额南海公司股票,其中,财政大臣被判入狱,另外两个官员的财产充公。辉格党取代托利党,长期执掌英国政局。辉格党政治家罗伯特·沃波尔爵士(Sir Robert Walpole,1676—1745)决定将南海公司的部分股权转让给英格兰银行和东印度公司,以解决经济危机。

1750 年,南海公司将奴隶贸易权出售给了西班牙,该公司的主业改为在格陵兰岛从事捕鲸业。此后,南海公司一直存续至 1853 年。

二、牛顿对股市预期的评价及其启示

科学家艾萨克·牛顿(Isaac Newton,1642—1727)也不幸因南海泡沫而"跻身"损失惨重的散户之列。在当时的英格兰,可供投资的股票仅有英格兰银行、东印度公司和南海公司等少数公司,可投资的其他证券无非政府证券和银行债券。牛顿热衷于跟风购买南海公司的股票,甚至还出售英格兰银行的股票和债券来购买南海公司的股票,却被深刻地教育了一番。

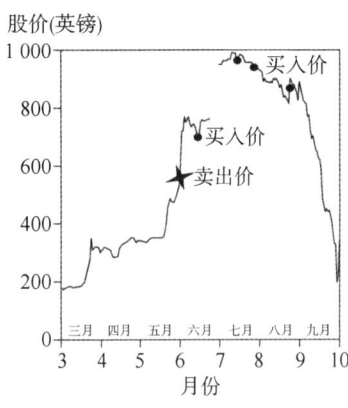

图 7-1 牛顿及其在南海公司股票上的投资概要

资料来源：Andrew Odlyzko(2019)。

有数学家核实了牛顿的长期投资账簿资料，计算出牛顿在南海公司股票上的损失至少为 1 万英镑，约相当于 2019 年的 1 000 万英镑。其实牛顿原本在南海公司的股票上大赚了一笔。牛顿是南海公司的早期投资者，最迟在 1713 年就已经投资南海公司。他在 1720 年年初卖出了大部分南海公司股票，净赚约 2 万英镑（而不是史料经常提及的 7 000 英镑）。但糟糕的是，几个星期后，牛顿眼看股价仍然在节节攀升，于是重返股市，以更高的价位（大约是卖出价两倍的价格）购回了相同数量的证券（图 7-1）。

牛顿曾被问起如何看待人们对南海公司股票的狂热，他的答复是，他无法计算人们的疯狂（"He could not calculate the madness of the people"）。① 这就是世界上最伟大的科学家对股票估值问题的看法。作为对比，如今宣扬证券应当按照公允价值记账的人们难道真的会比牛顿先生更明了证券市场的估值规则吗？

三、斯奈尔的会计服务

（一）斯奈尔受托对南海公司的子公司进行调查

南海公司股票暴跌以后，向其融资并参与坐庄的剑刃银行（Sword Blade Company）于 1720 年 9 月陷入资不抵债的境地。1721 年 1 月，英国议会下议院（House of Commons）指派保密委员会（Committee of Secrecy）对南海公司的账目开展调查，果然发现该公司账目存在"错误和伪造的会计记录"（"false and fictitious entries"）。南海公司当初为了确保英国议会能够批准该公司提出的接管国家债务的计划，向英国议会议员行贿的金额高达 100 多万英镑，这在当时是一笔天文数字。

鉴于社会传闻南海公司将一笔股票记录在财政大臣查尔斯·斯坦霍普（Charles Stanhope）名下，随后将之售出，使其不用亲自摸到股票就能净赚 2.5 万英镑，剑刃银行便聘请书法教员兼会计师（writing master and accountant）查尔

---

① 后人添油加醋地把牛顿的回答改成了这么一句话："我能够计算天体的运行，却计算不了人们的疯狂。"其英文表述有多个版本，绘声绘色且不失原意，令人忍俊不禁。

斯·斯奈尔(Charles Snell，1667—1733)对南海公司的子公司索布里奇公司(Sawbridge and Company)的账目进行核查。其中，要特别就与斯坦霍普有关的账簿记录提交报告。斯奈尔就此被域外会计界认为是第一位对公众公司的账目实施审计的公共会计师。

（二）斯奈尔提交的是专家意见书而不是审计报告

斯奈尔1721年提交的报告《基于对索布里奇公司账目的检查的观察结果》(*Observations made upon examining the books of Sawbridge and Company. By Charles Snell, Writing Master and Accountant in Foster-Lane, London*)（图7-2）称，与斯坦霍普有关的账簿记录在抵消往来款项以后，"我认为根据该公司的账簿资料来看，上述股票投资账户不存在任何价差，2.5万英镑的价差是不存在的"。斯坦霍普的受贿罪最终被判不成立，民众对该案判决的不满情绪弥漫全国。

图7-2　斯奈尔提交的核查报告

资料来源：Thomson Gale(2005)。

四、解读关于斯奈尔独立审计神话的相关事实

斯奈尔的这份报告长期被境外公共会计师行业过度美化，以致审计教科书常称斯奈尔是第一位审计师，他的报告也就是第一份审计报告，他从事的是独立审计，如此等等。但是，事实并非如此。

第一，从斯奈尔的身份来看，斯奈尔本身就是社会服务行业的从业人员，而不是审计师，他提供的是收费服务。能写会算的斯奈尔擅长写漂亮的圆体英文字母，出版过多部篇幅通常为几十页的书法教材，此外，他还善于传授记账方法。在18世纪上半叶，这种书法教员兼会计师的从业人员为数不少。斯奈尔出版了多部

书法和会计教材,如 1694 年的《书法家的宝藏》(The pen-man's treasury open'd)、1697 年的《商人简易记账法》(The tradesman's directory or a short and easy method of keeping his books of accompts)等。根据《商人简易记账法》的介绍,斯奈尔当时任教于"自由书法学校"。在 1721 年提交给剑刃银行的业务报告书中,斯奈尔明确将自己的业务头衔界定为伦敦福斯特里(Foster-Lane)街的"书法教员兼会计师"。斯奈尔能够跨行业提供专业服务,堪称众多服务行业人员中的佼佼者。

第二,从接受委托所从事的业务的性质来看,斯奈尔从事的不是独立审计业务,而是增信服务。斯奈尔接受剑刃银行委托,任务是提供南海公司及其子公司索布里奇公司是否行贿、财政大臣斯坦霍普是否受贿的证据。而剑刃银行是坐庄南海公司股票的庄家之一。南海泡沫是由南海公司、剑刃银行、英国国王乔治一世以及部分国会议员、内阁大臣等联手操作出来的。斯奈尔接受这项委托之后,"应该"提供什么样的"成果",这是不言自明的。因此,斯奈尔的行为乃是出于金融阶层的私利,而非出于社会公平正义,是出于为客户"洗白"的目的,而不是为了验证会计信息的真实性、合法性。从委托人的身份、委托的内容以及斯奈尔在业务报告中恳切的辩护倾向来看,这份报告离审计报告的定位相去甚远。因此,斯奈尔所出具的报告虽然确实是现存第一份公开的公共会计师的服务报告,但在本质上并不是审计报告,实质上它是"洗白报告",类似于犯罪嫌疑人邀请法律专家撰写的法律意见书,属于自辩性质的文书。如果真的是审计,应该是由下议院保密委员会或者南海公司受害股东来委托公共会计师。斯奈尔的职业角色,充其量也就是在刑事案件中为犯罪嫌疑人担任了一次专家证人。

第三,从斯奈尔的工作对象来看,既无可信的账目,也无合适的评价标准。下议院保密委员会在 1721 年 2 月 16 日提交的首份报告中指出,其调查活动遇到了重重困难。他们面对的账簿存在大量的伪造、虚构、缺失、涂抹、更改、隐匿、撕毁、灭失等严重问题,"整个调查过程都充斥着邪恶和腐败的气息"。斯奈尔所面对的就是客户提供的这样的账簿。

总之,斯奈尔的工作状态、服务目的、工作对象和工作内容等各方面的信息都表明,他的职业角色并不是审计师,而是服务于刑事辩护的专家证人。公道地说,斯奈尔在一桩举国关注的公案中,曾经应邀做过专家证人,仅此而已。这也解释了为什么会计史家约翰·爱德华在《财务会计史》一书中对斯奈尔的报告作出如此评价:斯奈尔提交的核查报告"并不是特别令人印象深刻的文件,它更像是一份特殊的辩解(a piece of special pleading),而不是一份独立的调查(an independent enquiry)"。

五、 工业革命的兴起与《泡沫法案》的废除

《泡沫法案》不是为了抑制泡沫,而是国王、议会和冒险家联手通过国家机器、谣言和法律来制造泡沫的工具,它深刻反映了当时英国法律和司法制度的本质。工业革命兴起以后,《泡沫法案》被宣告废除。

18世纪60年代,第一次工业革命发源于英国,可以用"机械化"来概括。以蒸汽机的发明和应用为代表,人类从此进入"煤和铁的时代"。工业革命是近现代历史上人类从农业和手工业向工业和机械制造转变的过程。自英国经济史学家阿诺德·汤因比(Arnold Toynbee,1852—1883)使用工业革命一词描述英国1760—1840年的经济发展以来,该术语成为人们耳熟能详的词汇。工业革命在不同国家的发展时期不大一样,但在英国,一般意义上所称的工业革命发生于1760—1830年。棉纺织业是英国工业化过程中的发动机和核心产业,是近代第一个向资本主义生产方式转变的大工业。1733年"飞梭"的发明开辟了棉纺织业技术创新之先河。

18世纪60年代被大部分历史学者认为是英国工业连续变化和发展的年代。1764年,纺织工、木匠詹姆斯·哈格里夫斯(James Hargreaves)发明珍妮纺纱机(Spinning Jenny);1768年,理发师出身的理查德·阿克赖特(Richard Arkwright)成功发明了水力纺纱机,英国棉纺织工业大步迈向机械化大生产。工业革命最直接的结果是工业生产的集中和工厂制度的诞生。理查德·阿克赖特被誉为近代工厂之父,是第一个真正对新生产要素执行整合职能的工厂主、企业家。现代意义上第一个真正的工厂就是在阿克赖特的创新整合之下于棉纺织工业中孕育而生的。1776年,格拉斯哥大学教学仪器技师詹姆斯·瓦特(James Watt)终于完成了他自1763年就开始进行的改良蒸汽机的工作,成功制造出第一批新型的、冷凝器与气缸分离的蒸汽机,并应用于工业实践。1782年,英国陶瓷巨人乔舒亚·韦奇伍德(Josiah Wedgwood)开始大规模采用蒸汽机和动力机床进行机械化陶瓷生产。棉纺织业的进步刺激着机械制造、煤炭、矿业、冶炼、交通运输等行业的发展,极大地改变了社会面貌,人类由此进入"煤和铁的时代"。1846年,曾被用来阻挠谷物进口以便保持高昂的粮价进而保证高额地租的《谷物法》被废除。工业资产阶级的这一胜利是英国近代化过程完成的标志,从此英国走上了完全经济自由的道路。

随着资产阶级的兴起,《泡沫法案》于1825年废除。当时给议会施加压力、主张废除该法案的主要是一批成立于19世纪初的火灾保险公司和人寿保险公司。

六、公共会计师行业的形成及其角色定位

从代理记账业务中成长起来的公共会计师(public accountant)①行业在工业革命中得到了迅猛发展。

(一) 公共会计师行业的形成

工业革命对人类社会经济生活产生了全方位的影响,会计的工作程序和工作内容也概莫能外。第一,工业革命推动了会计程序的变革,主要是成本核算方法、利润计算方法的普及化。1800 年以后,计提折旧在企业管理中越来越受重视,变得更加普遍。第二,工厂制度下生产的连续性决定了工业会计越来越倾向采用成本而不是价值作为固定资产和存货的计量基础。作为对比,在以前的小规模生产中,企业主往往会为每一批货物设置一个单独的账户,直到货物卖出去为止。在那种情况下,按照价值记账是可行的,也是很容易理解的,因为同一批货物的成本和市价的对比关系在同一个账户中能够清晰地予以呈现,不大容易出现理解上的混乱。第三,会计管理对企业管理的支持作用得到充分认可,公共会计师的服务价值受到充分认可。这也是一系列公司法比较重视会计审计规则的原因。当然,公共会计师行业积极在立法进程中发挥影响,同样功不可没。

1830 年,英国完成工业革命。1831 年,英国颁布《破产法院法》(*The Court of Bankruptcy Act*),该法授权会计师可以像律师那样担任官方清算人(official assignees)。② 英国公共会计师行业得以执行《破产法院法》为切入点,获得了法律的庇佑,取得了接近于律师的职业地位。③

此外,工业革命完成后,证券市场得到快速发展,这对公共会计师行业发展起

---

① 公共会计师在不同国家存有不同的职业称号,在英国最初被称作特许公认会计师(Chartered Accountant, CA),发展到美国后被称作注册会计师(Certified Public Accountant, CPA)。在加拿大,曾长期并存有特许会计师和注册通用会计师(Certified General Accounting, CGA)两种职业头衔(现已与 Certified Management Accountants Canada 合并为 CPA Canada,其中的 P 代表 Professional)。在澳大利亚并存有特许会计师和特许执业会计师(Certified Practising Accountants,简称 CPA Australia)。在我国,该行业的名称乃是从美国借鉴而来。

② 该法第二十二条规定,大法官(Lord Chancellor)可以选择商人、经纪人、会计师或者其他在伦敦或威斯敏斯特以及邻近地区从事贸易活动的人士,在破产法院所处理的破产案件中担任官方清算人,官方清算人总人数不超过 30 人。

③ 德勤会计公司的创始人威廉·W. 德劳伊特(William W. Deloitte)在 1833 年涉足公共会计师行业时就是从参与破产清算入手的,直至 1845 年在伦敦的破产法院的对门开设自己的会计师事务所。

到了刺激作用。伦敦证券交易所成为英国公共会计师行业的生意伙伴。① 1801年,伦敦证券交易所作为英国首家受监管的交易所开始营业,主要提供政府证券的交易。1825年,英国政府允许公司在伦敦证券交易所发行股票。19世纪30年代,伦敦证券交易所逐步将重心转移到公司证券上来。1844年,伦敦证券交易所开始公布重要公司的每日报价清单。

随着资产阶级的兴起和工业革命的完成,1832年的英国议会改革吹响了法律制度崇尚创新、追求进步的号角。正是在这样的时代背景下,《1844年股份公司法》(*The Joint Stock Company*② *Act of 1844*)出台了。据估计,当《1844年股份公司法》出台时,英国约有将近1 000家依照皇家特许状(royal charter)或者专利许可证(letters patent)设立的公司。该法出台后,大量涌现的公司设立、审计、清算等业务为公共会计师行业提供了源源不断的业务订单。

1846年,《谷物法》(*The Corn Laws*)被废除。该法出台于1815年,代表土地贵族的利益。该法规定,英国粮食价格低于每夸脱80先令时,禁止进口粮食。其目的是维持英国粮食的较高价格。《谷物法》的废除表明,资本成为英国的最高权力。此后的一系列公司法为资本开辟了道路,并逐渐成为英国公共会计师行业的最大靠山。

(二) 公共会计师行业的属性

最近100多年,市面上有不少关于注册会计师属于自由职业、独立职业的失当说法。其实,那些说法没有触及公共会计师行业的本质。会计师可分为有固定雇主的会计师和无固定雇主的会计师,前者可称为公司会计师(corporate accountant),后者即公共会计师(public accountant)。

公司会计师是服务于特定雇主的会计专业人士,即日常所称的"会计人员"。企业会计人员所从事的会计工作,是对财产权利和义务的分类统计,从而为企业经营管理和国民经济管理提供财产权利和业绩信息的管理活动。会计人员是企业管理层招聘的,当然要为企业管理层服务。企业管理要在法律法规的框架内运行,所以,会计人员也在为国民经济管理服务。在大陆法系下,民商法、经济法规定了会计管理的总体原则。这些总体原则需要通过会计的基本原则和具体规则(即国家统一的会计制度)来贯彻。可以说,公司会计师是特种律师,即商事律师。

---

① 1698年,经纪人约翰·卡斯特(John Castaing)在英国伦敦的乔纳森咖啡馆(Jonathan's Coffee House)制作了第一份印刷版证券清单。这是伦敦证券交易所的雏形。

② 在英式英语中,惯用"company"来指称公司,而不是"corporation"。对此的解释是,在英国,非社团法人的公司的历史超过一个世纪。

公共会计师的职业属性更是特种律师,其所服务的客户是不特定的,其提供服务的总体原则与公司会计师相同。在正当的情形下,公共会计师应当搜集并向委托人提供证据,供其作出特定的是非判断。无论从历史还是从现实来看,公共会计师都是以法律为立业之本的,他们是精通会计和法律的专业人士。如果偏离了法律这个根本,会计师就很容易被引向金融分析的道路。公共会计师行业之所以首先出现于英国,是因为破产法和公司法提供了发展会计和法律交叉业务的土壤,律师和公司会计师都能填补这个市场空白。于是,一批精通会计的律师和一批精通法律的公司会计师开始涌现。他们独立出来,自称"accountant"或"accomptants",这就是我们现在所称的公共会计师(图7-3)。

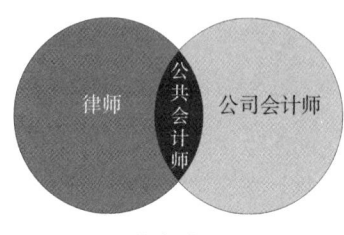

图7-3 公共会计师行业的属性

究竟律师和公共会计师谁能更方便地抢占这一业务领域,这取决于二者的职业门槛哪个更高。在当时的英国,律师的职业门槛更高,他们也就能很方便地抢占这一职业领地,前提是他们能看得上会计业务。实际上,其中有很多律师确实做到了精通会计,特别是在苏格兰,许多律师协会的领军律师同时也以会计师的身份执业。① 但在英格兰和威尔士,会计师的地位与拍卖人、租金收款人的区别不大。律师行业的精英认为,承接会计业务有损身份,破产案件属于律师行业的外围工作,不是特别值得尊重的工作。律师行业对会计行业的不屑一顾,使得公共会计师行业得以成为一个独特的群体,而不是律师行业的一个分支。此后,公共会计师行业顺从资本的意志而发展,与金融家建立了密切的联系,为金融家提供细致周到的服务。因此,会计惯例②的管辖权根植于并寄生于资本主义的增长和不稳定,并且与金融资本的分配和管理紧密相关。

公共会计师本质上就是法律和会计交叉领域的专业服务行业。境外之所以曾有注册会计师是独立职业的说法,只不过是因为在特定历史阶段该行业的工资薪金待遇(时薪)较高。同样的,笔者认为,也没有必要将会计师视为独立职业,服务行业怎么可能是独立的呢? 2012年10月1日,公众公司会计监督委员会(PCAOB)主席詹姆斯·R.道蒂在国际独立审计监管者论坛(IFIAR)上批评现行

---

① 在美国,注册会计师行业与律师行业也就业务领地问题产生过很大的争议,后来两个行业协会达成妥协。在我国,第一位注册会计师谢霖也面临过与律师争抢业务的情形。随着会计规则的日趋复杂化,公共会计师行业逐渐偏离法律轨道,律师与注册会计师之间的争议也随之减少。

② 在英美会计文献中,原则(principle)、惯例(practices或conventions)常常互换使用,最终,原则一词的用法变得更为普遍。

审计机制缺乏合理逻辑。美国证监会前首席会计师林恩·特纳（Tumner L,2020）在《注册会计师杂志》上撰文提出，在现行的"客户—审计师"关系下，注册会计师审计制度没有起到预定的作用。美国《财富》杂志2020年6月25日刊文发表了类似的看法。如何完善审计监督机制，更好地发挥注册会计师行业的积极作用，成为迫切需要研究解决的问题。

七、结论与政策建议

综上所述，南海泡沫是英国贵族和议会联合"坐庄"炮制出来的股市泡沫，《泡沫法案》则是英国议会、英国贵族和官员们哄抬南海公司股价的工具。斯奈尔的业务报告是为高官脱罪提供的专家意见书，并不是独立审计之滥觞。独立审计这一概念不符合历史事实，它仅仅是英美公共会计师行业炮制的神话。这一系列事实真相与英美会计审计论著所推广的观点截然相反。当然，由于对事实的解读常常不可避免带有解读者的偏见，因此，本章的解读权作抛砖引玉，希望能够引起业界同仁对学科基础理论的大讨论。

林林总总的论著仍在宣扬斯奈尔签署的业务报告是独立审计报告，借此来论证独立审计的悠久历史。这一现象表明，经济管理和法学领域仍存在依赖于域外经验的惯性。因此，为了建设更加科学合理的审计监督体系，立法机关需要进一步验明立法蓝本的来源，厘清域外规则的来龙去脉，按照"四个自信"的总体要求着力建设符合我国法律原则的审计监督体系。

主要参考文献

[1] 丁平准. 风雨兼程：中国注册会计师之路（法制卷）[M]. 大连：东北财经大学出版社，2008：89-91.

[2] 潘序伦. 会计师业概况：研究职业分析之一[M]. 上海：中华职业教育社，1928.

[3] 潘序伦. 中国之会计师职业[J]. 立信会计季刊，1933（2）：216.

[4] CHATFIELD M, VANGERMEERSCH R. The history of accounting：an international encyclopedia by Michael chatfield；Richard Vangermeersch[M]. Amsterdam：North Holland，1998.

[5] BROWN R. A history of accounting and accountants[M]. London：Routledge，2014.

[6] CHATFIELD M. A history of accounting thought[M]. R. E. Krieger Pub. Co.，1977：81.

[7] DALE R, JOHNSON J E V. Lessons from the south sea bubble[M]. Princetown：

Princetown University Press, 2004: 73-139.

[8] EDWARDS J. A history of corporate financial reporting in Britain[M]. London: Routledge, 2018: 23.

[9] EDWARDS J. A history of financial accounting (RLE accounting)[M]. London: Routledge, 2013: 89-90.

[10] ODLYZKO A. Newton's financial misadventures in the South Sea Bubble[J]. The Royal Society, 2019, 73(1): 29-59.

[11] PREM S, et al. The power of "independence": defending and extending the jurisdiction of accounting in the United Kingdom[J]. Accounting Organizations & Society, 1995, 20(6): 547-581.

[12] TURNER L E. Reforming the Auditing Profession: Improving Quality, Transparency, Governance, and Accountability[J]. The CPA Journal, 2020, 90(2): 48-53.

[13] WELLS H. Research handbook on the history of corporate and company law[M]. London: Edward Elgar Publishing, 2018: 121-141.

[14] WORTHINGTON B. Professional accountants: an historical sketch[J]. Gee & Company, 1895: 19.

[15] BERNARD C I, RICHARD S, WESTFAL L. Never at rest: a biography of Isaac Newton[M]. London: Cambridge University Press, 1980: 861-862.

[16] CARRUTHERS B G. RICHARD D. The first crash: lessons from the South Sea Bubble[M]. Princeton: Princeton University Press, 2004.

(中国人民大学商学院　周华;中国人民大学财政金融学院　代志新)

第八章

中国注册会计师行业百年历史考察

一、中国注册会计师行业百年发展回顾

中国注册会计师行业迄今已有100余年的历史,回顾行业发展历史,总结行业历史经验,致敬前辈,展望未来,有着非同寻常的意义。

清末民初,外国资本和会计师进入中国,中国民族工商业迅速发展。1918年,谢霖等一批爱国会计先驱积极倡导,推动创建了中国的会计师制度。1949年中华人民共和国成立,大陆开始实行高度集中的计划经济,会计师行业发展一度中断,改革开放以后恢复重建,称为注册会计师制度。1992年10月,党的十四大明确了中国经济体制改革的目标是建立社会主义市场经济体制。为适应市场经济发展的需要,注册会计师行业逐步走上规范化、法制化的发展轨道。1998年至1999年年底,在国务院支持下,财政部组织推进,注册会计师行业全面开展并完成了会计师事务所脱钩改制工作。会计师事务所管理体制和发展机制的革新,有力推动了行业管理体制、诚信建设和监管机制的创新,成为行业走向繁荣的新起点。加入世界贸易组织以来,中国经济国际化特征日益凸显,中国企业加快实施"走出去"战略,积极参与国际合作,在全球范围内配置资源和拓展市场。为顺应中国经济发展和注册会计师职业国际化的大趋势,中国注册会计师行业确立了国际化发展的战略目标,并启动实施行业人才培养战略、准则国际趋同战略、事务所做强做大战略、新业务拓展战略和行业信息化战略,行业发展由此进入国际化发展的新阶段。

中国注册会计师行业发展至今,追梦不止,砥砺前行。特别在改革开放和明确建立社会主义市场经济以来,中国注册会计师行业不断发展壮大,在服务改革开放、维护市场经济秩序、促进政府职能转变、保障资本市场健康发展和社会诚信公正等方面作出了重要贡献。当前,注册会计师行业已经成为中国市场经济监督体系重要的制度安排、高端服务业的重要组成部分、社会管理创新的重要力量、社会

组织和非公经济党建探索的重要领域。

二、中国注册会计师行业百年发展经验总结

回顾行业发展的历史,我们要向为行业发展作出贡献的前辈们致以崇高的敬意!同时为了谋求行业持续健康发展,更好地面向未来、走向世界,我们有诸多行业发展的经验值得总结。

首先,在人类经济社会发展的宏观历史背景下考察注册会计师行业产生与发展的原因,其归根结底是经济社会发展的客观需要,其中资本市场发展对行业影响尤其显著。同时由于经济社会发展的国度性特征,注册会计师行业的产生和发展必然紧密依存于特定国家和地区经济社会发展进程,并受当地历史文化传统的影响。因此,行业改革发展既要本着实事求是的态度,又要有与时俱进的精神,处理好借鉴与继承、国际化与国度性之间的关系。

从本质上说,市场经济是产权经济,产权的界定、交换与保护构成了市场经济主要内容。注册会计师审计是市场经济发展到一定阶段,基于企业所有权与经营权的分离的产物。它萌芽于意大利合伙企业,在英国股份公司出现后形成制度,伴随着美国资本市场的发展而逐步完善。第二次世界大战后,跨国公司的空前发展和国际资本的流动推动了注册会计师审计的跨国发展,形成了一大批国际会计师事务所,并在竞争中经历了不断合并而逐渐发展壮大。进入21世纪,由于安然事件的发生,最终形成了现在的普华永道、毕马威、德勤和安永"四大"会计师事务所。当前资本市场空前发展,两权分离不断深化,资本国际流动规模扩大且日益频繁,经济关系比以往任何时期都更为复杂,注册会计师审计比以往任何时期都更加重要。独立性是审计的基石,注册会计师审计因其独立性最强,也常被称为独立审计。历史不断印证"经济越发展,会计越重要,独立审计更重要"这一论断的正确性。

就中国而言,独立审计进入中国并能生根发芽,历经百年不断发展壮大,一方面是因为民族工商业和市场经济发展的现实需要;另一方面是因为中国自古以来既有独立审计的历史传统。中国独立审计的历史源远流长。早在西周时期,宰夫审计已经走在世界的前列。唐朝于刑部之下设置比部,行使司法审计之权,对于中外独立审计建制具有重要影响。北宋的"审计司"、南宋的"审计院",是世界上较早以"审计"命名的专职机构。明清时期审计部门隶属都察院,集中体现了我国古代监察与审计合一的审计组织建制特色。

辛亥革命时期,孙中山先生以实现"民主共和"为目标,中体西用,有因有革,建

立起"五权分立"的政权体制。在此历史背景下,适应当时民族工商业发展的客观需要,借鉴西方独立审计制度,中国开创了本民族的注册会计师事业。民国期间,政局不稳,会计师行业发展缓慢。新中国成立初期,由于实行计划经济体制,会计师行业存在的社会经济基础不复存在,一度退出历史舞台,直到改革开放后恢复重建。之后,随着社会主义市场经济发展和对外开放深化,会计师行业逐步走上规范化、国际化发展轨道。纵观行业百年发展历程,我们不难看出:行业从产生到发展所走过每一个阶段都是适应经济社会发展做出的符合实际且与时俱进的适应性渐进性调整。反过来,行业发展也有力促进经济社会的发展。同时我们还可以清楚地看到,行业要发展,既离不开对外开放和学习借鉴,也不能脱离现实国情和文化传统。

其次,国家法律和政府的推动对行业发展至关重要,行业自身的努力则是行业发展的内在决定力量。民国初年,谢霖向北洋政府建议设立会计师制度,申请当月即获北洋政府农商、财政两部批准,部门间也没有发生扯皮、推诿、拖延等现象,反映了北洋政府对于行业积极支持态度和办事效率。改革开放初期,国务院和财政部出台了一系列扶持政策和措施,如考核选拔注册会计师、制定注册会计师条例、成立注册会计师协会等,使行业迅速恢复重建。党的十四大确立建立社会主义市场经济体制目标后,国家颁布注册会计师法,确定考试成为选拔注册会计师唯一途径。中国注册会计师协会(以下简称"中注协")随之制定独立审计准则,使行业迅速走向规范发展的道路。当前,随着企业"走出去"战略实施,行业也把事务所做强做大和国际化发展作为行业发展重要目标,尤其是从 2007 年开始,中注协连续发布了"行业走出去"系列工作文件,并制定了《中国注册会计师协会推动注册会计师行业走出去工作方案》,确定了战略规划,展开了政策协调,实现了国际信息交流,使培育中国会计师事务所做大做强工作进入新阶段。与此同时,会计师事务所自强不息,在走向国际化道路上积极作为,自 2010 年天职国际会计师事务所加入全球第八大国际会计网络 Growe Horwath 国际,实现了全球网络服务无缝对接问题,到 2014 年年底,中国非"国际四大"成员所已有 37 家在美国公众公司会计监督委员会(PCAOB)登记,获取为中国企业在美国证券市场上市融资及开展其他业务服务的权力。2015 年 3 月 11 日,由天健会计师事务所根据中国会计准则与审计准则,经由中国注册会计师签字承担申报责任,确认北京春立正达医疗器械股份有限公司在香港联交所成功上市,这是中国注册会计师行业在境外资本市场拓展服务新领域的历史性突破,是中国会计师事务所"走出去"的一个里程碑。同年 10 月 1 日,《国际会计公报》公布中国的信永中和会计师事务所获得 2015 年度"国际会计网络新星奖"。这不仅是中国会计师事务所加入国际会计网络品牌以来的首获奖项,而且是到2015年亚洲国家此类专业服务机构唯一的一次获奖。更难得的是,信永中和会计师事务所同时获得"可持续发展事务所"最终提名,它的合伙人张克先生获"终生成就奖"最终提名。这两个提名都是国际会计评价的高标准:第一,必须是国际公认品牌。第二,必须具有国际上公认的会计网络品牌。这两大评价标准便足以表明,中国的信永中和会计师事务所已经登上了世界独立审计的舞台,它揭开了中国的会计师事务所"走出去"向国际化推进的新篇章。

由上可知,注册会计师行业发展的关键在于:其一,确立自己的社会地位,得到社会公认,必须首先得到政府和法律的认可与支持。其二,维护行业合法权益必须建立健全自己的行业组织,做好行业自律。其三,保证注册会计师队伍的素质,必须建立科学的考试和培训制度。其四,保证行业高质量服务和执业规范化,必须制定完善的执业准则体系和道德规范体系。其五,行业要发展,会计师事务所必须建立健全内部治理机制,充分发挥主观能动性,在提高执业质量的前提下积极拓展服务新领域。

最后,行业发展的历史经验证明,人才是行业发展的根本,诚信是行业发展的基石与核心价值。行业要实现持续健康发展,必须始终坚持以诚信建设为主线。

人才兴事业兴,无论古今中外,历朝历代,各行各业,概莫能外。对于注册会计师行业这一依靠高端智力服务的行业,人才重要性更是不言而喻。笔者认为,无论站在历史角度和现实角度,人才建设中最关紧要的还是注册会计师队伍的诚信建设。

从历史看,诚信在我国古代被认为是立身处世之本、治国为政之道。在《论语·颜渊》中,有孔子答子贡问政一节:"子曰:'足食,足兵,民信之矣。'子贡曰:'必不得已而去,于斯三者何先?'曰:'去兵。'子贡曰:'必不得已而去,于斯二者何先?'曰:'去食。自古皆有死,民无信不立。'"这里孔子把诚信看作立国行政的根本,看得比吃饭和国防还重要。民间流传着"狼来了"的传说,史书上"烽火戏诸侯"的故事,一再印证诚信对于做人做事乃至国家治理的根本性作用。事实上,中西方虽然文化差异明显,但在重视诚信方面毫无二致,堪称人同此心,心同此理。亚当·斯密在《道德情操论》一书中明确指出:"诚实、守信、公平以及公共道德等,所有这些都是人们在前往市场之前必须拥有的。"斯密从经济交换的角度推演出经济行为得以发展的一个基本前提就是交换双方的诚实守信。马克思也说,竞争和信用是资本集中的两个最强有力的杠杆。显然,无论处在何种历史阶段,也无论在什么国家和体制下,都必须讲道德,讲诚信。总之,诚信不仅是建立和谐稳定的社会秩序的道德基础,也是市场经济良性运转和发展的基本准则。一种欺诈成风、失去信用的经济,最终必然陷入互相伤害的丛林状态,不仅那些自作聪明损人利己者难逃因害人而害己的厄运,还会殃及后世子孙。

注册会计师行业作为市场经济和社会诚信的维护者,其本身必须首先是诚信的持守者。维护诚信是这一行业的天职,持守诚信是这一行业最基本的道德品质。行业要实现持续健康发展,就必须始终坚持以诚信建设为主线。惟其如此,才能履行好其维护诚信的社会责任,促进经济社会健康发展。从这个意义上讲,注册会计师行业发展的历史必然也是一部诚信建设的历史。

回顾注册会计师行业发展的历史,注册会计师行业从一开始就是为了维护社会诚信和公众的利益而生的。对此,美国著名的会计学家 A. C. 利特尔顿（Ananias Charles Littleton）在 1933 年出版的《20 世纪之前的会计发展》一书中认为,英国审计制度就萌芽于 16 世纪英国庄园和城市财政中对掌管会计事项者"诚实性"的检查。毫无疑义,当时意大利合伙企业需要合伙人之间的真诚合作才能生存下去,英国的股份公司的股东必须得到真实可信的财务报告,才能据以对公司各项事务作出决策,反过来如果得到虚假信息,股东就会受到不应该受到的损失,南海公司欺诈案就是典型案例。而会计师查尔斯·斯奈尔对此欺诈案的审计鉴证就是为了强化社会诚信的重要性。相反,发生在 21 世纪初安达信对安然公司审计失败事件,正是由于安达信逐渐放弃了其创始人亚瑟·安德森（Arthur Andersen）开创的"诚信高于利润"的执业理念,而错误地奉行"诚信服从利润"路线。

三、中国注册会计师行业未来发展与诚信建议

注册会计师制度自 1918 年引入我国,当时老一辈会计学家非常注重行业诚信建设,"中国现代会计之父"潘序伦先生曾说:"学识、经验及才能,在会计师执行事务之时,故无一项可缺,然根本上究不若道德之重要……会计师之职业,实为商界保障信用而设,苟有不道德行为,而自丧信用,则此项职业,即失其根本存在之理由。"又言:"会计师应具美德,断难缕述,而诚信二字,最为重要。成功失败之机,实可谓全在于此。""立信,乃会计之本。没有信用,也就没有会计。"由此可见,诚信对于会计行业具有重要意义,后来立信会计事业蓬勃发展的历史事实,正印证了诚信对于行业发展的根本性作用。潘序伦先生于 1927 年在上海创办会计师事务所,该事务所在"立信"精神引领下,业务迅猛发展,综合实力很快成为民国四大会计师事务所之首。立信事业的成功无可辩驳地说明,要想发展自己,必须诚信待人。

改革开放后,朱镕基非常注重行业诚信建设,2001 年他在视察国家会计学院时,为该校题词"诚信为本,操守为重,坚持准则,不做假账"。他要求,国家会计学院要把诚信教育放在首位,培养出来的人才不仅要有一流的专业知识水平,更要有

一流的职业道德水平。

习近平总书记亲临行业视察,并作出"紧紧抓住国家建设这个主题和诚信建设这条主线"的重要批示。

中注协作为行业组织,始终把推进行业诚信建设列为协会的中心工作和保障行业健康发展的基础工程,特别是2002年9月18日,确立了以诚信建设为主线的行业工作思路,并制定发布了《行业诚信建设纲要》,系统提出行业诚信建设的指导思想、目标、主要任务和实施措施,将行业的人才建设、标准建设、继续教育、执业质量监管等各项工作纳入诚信建设的框架,形成了以职业道德准则为核心、以诚信信息监控系统为技术支持、以相关制度机制为保障的行业诚信体系。2004年,中注协又进一步发布《中国注册会计师协会会员诚信档案管理暂行办法》,全面建立行业诚信档案制度,夯实行业诚信建设的基础。2006年,中注协提出建立以"注册"为枢纽的行业诚信信息监控体系的工作目标。该监控体系现已全面建成并上线运行,具有"全面记录、实时监控、有效披露"三大功能。

该监控体系一方面为加强行业监管创造条件,敦促注册会计师保持应有的专业能力和诚信品质;另一方面,将注册会计师执业的相关信息展示在"阳光"下,为社会公众监督行业提供便利。截至目前,在行业诚信信息系统中,全国所有会计师事务所和注册会计师的相关信息已经上网供公众查询。把注册会计师的基本信息公之于众,接受公众的监督,既是诚信的一种体现,也是行业监管的有效途径。

2009年10月,中注协全面总结以往职业道德规范建设的实践经验,充分研究借鉴国际会计师职业道德准则建设成果,发布《中国注册会计师职业道德守则》和《中国注册会计师协会非执业会员职业道德守则》,全面规范注册会计师的职业道德行为;2010年建立起与国际会计师职业道德守则趋同的中国注册会计师职业道德守则,为规范我国注册会计师的执业行为,加强执业质量监管和诚信建设,提供了有力的专业技术支撑。

"信为道源功德母,长养一切诸善根。"诚信建设洞察到了行业本质,抓住了行业发展问题的关键,触及了行业的灵魂,为行业持续健康发展提供了强大精神动力。

从古丝绸之路到发现新大陆再到今天的"一带一路",人类从来没有停下全球化的脚步。如今,中国提出"一带一路"倡议,主动走出国门,使包括生产、分配、交换与消费各种关系在内的社会再生产过程进一步扩大到世界范围,必将把经济全球化水平推向前所未有的高度。注册会计师行业作为"一带一路"全球性经济管理的一个有机部分,为走出去的中国企业和"一带一路"相关国家和地区的经济发展切实做好服务,无疑将是全行业面临的一个严峻考验。随着"一带一路"倡议得到越来越广泛的响应和世界经济一体化程度不断加深,中国注册会计师行业迎来了越来越广阔的发展前景。我们坚信,中国注册会计师行业只要不忘初心,始终以维护公众利益为宗旨,坚持以服务国家建设为主题、以诚信建设为主线,尊重和遵循行业发展的客观规律,坚守独立、客观、公正的职业立场,弘扬专业、勤勉、诚信的职业精神,必将在服务经济社会发展的使命担当中凸显行业的职业价值,阔步走向辉煌,为中国也为世界作出更大贡献!

主要参考文献

[1] 郭道扬.英美的注册会计师制度(上)[J].当代财经,1995(6):52-56.
[2] 郭道扬.英美的注册会计师制度(中)[J].当代财经,1995(7):52-58,27.
[3] 郭道扬.英美的注册会计师制度(下)[J].当代财经,1995(8):44-51.
[4] 陈毓圭.我国注册会计师行业发展的四个阶段[J].财务与会计,2008(23):17-21.
[5] 郝莉莉,郭道扬."一带一路"下独立审计适应性改革研究[J].会计研究,2017(12):3-11,96.
[6] 潘序伦.中国之会计师职业[J].会计学报,1928(1):227-238.

(绍兴文理学院 杨智杰)

第九章

中国近代企业会计报告体系演进
——以轮船招商局为例

一、引言

我国会计报告最初为文字叙述形式,后改进为数据组合形式,再进阶到目前通用的表式报告形式。在整个发展过程中,会计报告在形式方面越来越丰富,在会计思想方面则越来越科学(郭道扬,1989)。从《周礼》中"致事上其计簿"体现的会计报告雏形,至秦汉时期"上计簿"所确立的中式会计报告基本形态,再到唐代的"国计簿"、宋代及宋代以后的"会计录",它们都是中国古代会计报告的重要发展阶段。从会计报告行文结构的具体形式来看,以文字叙述为主的会计报告一直使用至魏晋时期,并在秦汉以后呈现出以"四柱式"为核心的会计报告形式。隋唐至清代中期,由于科学技术和社会经济的发展,我国会计报告进入了数据组合式时代,其结构条理逐步清晰,模块布局具有重要变化,成为古代重要的会计报告形式。从明清时期商帮会计史料的相关考证和研究来看,不同区域的商帮在组织管理和会计报告体系上存在较大差异(Zhang,2009),晋商的会计报告体系融入了盈余考核、效益激励、股权股息、信用担保等创新性业务形态(Guo 和 Wu,2012),使得会计报告趋向于更为复杂的数据组合式报告形式,促进了四脚账、龙门账等会计报告方法的产生。

近代,由于我国政治经济形势的变化,以及西方会计簿记体系的影响和西方会计思想的冲击,我国会计经历了从旧式传统会计到新式会计的演进,由数据组合形式进入表式报告阶段(赵友良,1996),会计报告名称、种类方面明显由"状""册"等字样演变为"表","贷借对照表""损益计算书""资产负债表""损益表"等会计报表随着引入和推广西方借贷复式簿记而被逐渐采纳使用,我国一直使用的旧式会计报告体系同时被逐步替代(朱鸿翔,2008)。轮船招商局作为近代典型的民族企业,其会计工作也经历多次改革,从早期官厅会计和民间会计相结合到逐步接受西方会计影响,再到采用西式会计核算体系,渐趋完善,每一阶段的会计工作都反映着各时期的经济特色和轮船招商局管理者的改革思想(交通部财务会计司,1994)。轮船招商局对于会计报告的要求随着会计工作的改革而逐步系统化、科学化,同时也反映出近代会计报告不断进步与逐步完善的发展历程。

本章以近代轮船招商局会计业务领域的相关史料为研究依据,按照轮船招商局会计报告体系演进的不同阶段进行划分,以轮船招商局对旧式会计和新式会计的应用作为分类依据,分析和梳理了轮船招商局从创办至国营所涵盖的六个不同历史时期的会计报告史料内容,并对史料进行了符合性筛选和整理分析,总结出近代企业会计报告体系演进的历史特征。

二、轮船招商局旧式会计报告体系演进

(一) 创办时期(1873—1884年)引入传统中式会计报告体系

轮船招商局创办于晚清,当时会计方法虽采用传统的中式会计,但也具有独特之处,如轮船招商局将重要的账簿设置了草账、流水、清簿三种,在此基础上通过四脚账和龙门账的组织体系进行分类、分项结算和编报,从而构建了轮船招商局创办时期的会计报告编制基础(康均,2007),具体如图9-1所示。

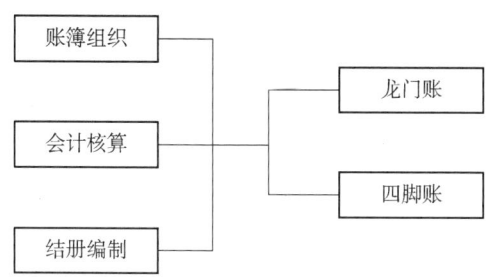

图9-1 轮船招商局创办时期会计报告编制基础

编制会计报告的过程在当时被称为会计结册,按照会计期间的不同,可以将该结册类型分为月结和年结(郑汉中,1994),编制产生的会计报告有红账、红册、彩账等形式。月结需编制"存核月结草总""生意彩结草总"两种结册,实际结算时间一般会推迟数月,结算内容涵盖资产、负债、存欠及杂类等各类账目,各账汇结后得出全月结余或结亏,再将上月底结余或结亏数计入,从而得到损益总额。年结又分草结和账略,草结含上下两册,上册为资产负债项目,下册为损益账目。草结反映了企业资本来源、资本占用状况与整体经营活动过程,编报时间一般在年后4个月

内。草结上册先开具账户目录,办理结账节略,概括财产增减变化情况,再生成综结提纲,将资产、负债各账逐项开列,并列示相关原委与变化说明;而下册核心是将各项收益和开支损失逐项列示,每项一页,综列收支账目,形成整体损益列报。账略作为草结的汇总,在项目分类方面与草结完全相符。轮船招商局自创办第一年开始就编制账略,每年一届,并将账略印制成册,将企业全年的经营情况和结账结果上报至上级主管及全体股东审阅(林华,2006)。

从报告体系来看,结册是报告的基础与核心,是编制账略的主要依据。创办时期轮船招商局的账略基于旧式账,主要内容围绕盈亏的计算与分配。同时由于轮船招商局是封建官厅控制的企业,账略中还加入了禀报、奉批、经营活动、规章制度等内容,篇幅较长。

(二) 官督商办时期(1885—1911年)对中式会计报告体系的局部性改进

在官督商办时期,轮船招商局依然使用传统中式簿记。它在账簿组织、记账法则、核算方法以及结账编册等方面基本沿用了四脚账和龙门账的相关规定。账略也依然作为结账形式体现年度会计报告的职能,决定着企业分配。随着经营业务的发展和社会的变化,从第13届账略开始,轮船招商局的账略增加了盈利分配内容,由企业概况说明、资本和资产情况、经营收支盈亏结算、盈利和余利的分配等四个部分组成。从第18届账略起,又增加了股商报挂失票禀批,用以解决股票保管不善、被偷、被抵押及股利分配发放等问题。到第36届,账略开始建立查账制度,从而构建了完善的中式簿记报告和管理体系。

官督商办的后期,晚清政府经济衰退,轮船招商局的经营管理受环境变化和封建政治影响越来越弱,促使企业内部出现了许多立志发展资本主义的有识之士。他们力图改良或改革传统中式簿记报告和管理体系,引进西方先进的经营管理方法,逐步使用西式会计记账方法。

(三) 商办时期(1912—1927年)对中式会计报告的改良

在辛亥革命的直接影响下,轮船招商局实现完全商办,众多行业和领域掀起了改良振兴浪潮,会计方面也不再恪守传统方法或官厅会计的体制(宋丽智,2009)。轮船招商局针对交通航运自身的特点,实行了区别于普通会计的航政特别会计,其中账簿设置分为草账、清账和辅助账三类,再根据不同业务经营活动分别记账,最终完成结册。这一时期进行的改良账簿设置,明显表现出将西式簿记优点融入中式会计的演变过程,既体现了中式会计中已有的"三账"结构,也有西式簿记主次划分的形式;既有中式会计对往来账目的分割,也有借贷复式簿记以性质和用途为标准的分类,明显表现出吸收复式记账先进方法的趋势。

商办时期的改良后的账略编制基本定型,账略形式也已非常简明,有将纯粹的会计结账与会计分析分开的趋势,基本内容一为股票挂失章程,二为结账概况,三为综合部分,四为彩结(交通部财务会计司,1994)。其中,第二项是以草结为基础的总结;第三项与西式簿记中"借贷对照表"的用途一致;第四项的作用等同于"损益计算书",既应用了西方会计思想的会计报告,又保留了四脚账的配平原则。草结、账略二者组成了轮船招商局最终结账报告。另外,查账制度有了进一步完善。企业章程中规定,结账时应由查账人详细查核并签押,以使报告合法,且要在每届董事会上宣读账略报告,告知股东本年企业经营成果,还需要概括说明收支分配、业务开展等情况,让股东详细了解经营详情。

三、 轮船招商局新式会计报告改革演进

(一) 国营初期(1927—1934 年)对会计报告体系的改革

1927 年,国民政府成立,随之将轮船招商局收归国有,同时为了去除企业旧式经营中存在的弊端,开始对轮船招商局使用的旧会计制度进行改革。1928 年,新会计方案在轮船招商局内实施。账略作为轮船招商局自创办以来特有的会计结算报告,与旧会计核算体系密切联系,经历多次改良后已经较为完备。但轮船招商局进行重大会计制度改革,从会计科目到簿记形式都有较大变革。所以从 1928 年起,账略这种形式在新会计制度中消失,"决算报告书"成为会计报告的新形式。

从 1928 年起实施的"会计规程"是轮船招商局第一部"会计规程",明确了会计报告的主体责任和年终决算的办法,特别对损益、有价证券亏损、欠账、财产折旧等账务的处理作出了明确规定。

"会计规程"要求年终决算时,会计科应编制完整的报表体系(图 9-2),涵盖借贷对照表、财产目录、损益计算书、分类清册及各类精算表等 8 大报表。报告程序是首先送交总管理处,其次转呈监督及董事会,并做好报告全体股东会议的准备。这种会计报告新形式克服了旧制度记账方法混乱、核算容易出错、报告体系不明确等缺点,提高了会计管理的严密程度和科学程度,同时大幅提高了会计报告的准确率。整体上看,轮船招商局新会计制度的改革吸收了中式记账法中的合理因素,并在基本框架上采用西式会计方法,表现出轮船招商局会计改革的适应性和综合性。

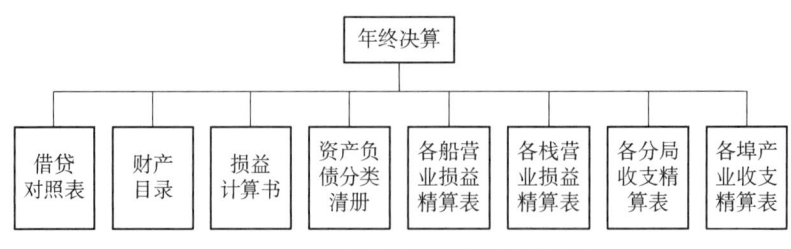

图 9-2 1928 年会计新规年终决算内容

(二) 国营中期(1935—1945 年)会计立法背景下全面会计报告制度与战争危机应对

随着国民政府时期经济发展水平和生产水平不断提高,政府会计制度面临改革需求,于是 1935 年《会计法》应势而生,这对于已经执行了数年的轮船招商局新会计制度来说是一场重要的改革机遇,也是制度依据。《会计法》第二章详细罗列了 18 条会计报告规定,并且对会计报表按照静态和动态进行分类,具体相关要求如图 9-3 所示。此外,该法还在第八章详细规定了会计报告程序。

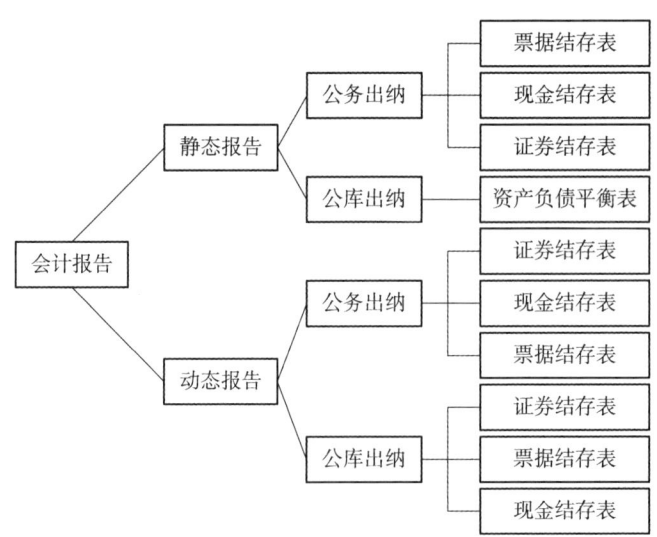

图 9-3 1935 年《会计法》中对会计报告的规定内容

随着轮船招商局生产发展和企业管理水平不断提高,会计工作越来越受到重视。1936 年,轮船招商局对新会计制度进行了一次系统性修订和完善,会计报告部分有了较大改动,从原来的 8 种增加到 19 种,且开始实行全面会计报告制度。具体表现在会计报告的编制期间确立为日报、月报、年报完整报告期,以及针对不同内容规定了不同的编制种类,并且不同会计报告呈现的重点也存在差异。

1937年抗日战争全面爆发,此后,轮船招商局的生产经营受到较大影响,会计报告完整性和执行效率也随之降低。在这种特殊情况下,国民政府加强了对轮船招商局的控制,轮船招商局需要根据国民政府"战时国家总预算编制办法"的要求编制预算、决算上报。为适应战时形势,轮船招商局需要编制两套会计决算报告,其中营业报告、岁入门决算书、岁出门决算书、资本支出门决算书是为了适应国民政府战时国家总预算的需要而编制;而资产负债平衡表、损益表、费用划分、盈亏拨补表是企业经营管理中需要的财务决算报告。值得注意的是,该时期财务报告的编制方法大多继承了国营初期"会计规程"的编制要求,存在中式会计的历史遗迹和西式会计方法的应用,也体现了中式会计方法与西式会计报告体系的适应性结合。

(三) 国营后期(1945—1948年)科学的会计报告体系和编制方法

抗日战争胜利后,轮船招商局依靠国民政府扶持,经济实力得到加强,接收了许多敌伪船舶,并在国外购买大批剩余船舶,运输能力和资产数额急剧增加,使原有的管理机构、会计体系无法适应,迫使轮船招商局再次进行变革,最终于1947年年底完成会计制度改革草案。该草案对会计科目、报账方法、记账手段、账务处理、成本核算和会计报告等业务进行了详细的修订和规范,如对战后经济业务采用集汇总账法,并根据行业的特殊性设置了相应会计科目(分为资产、负债、收入、支出四类),使烦琐的会计事务得以简化。

从会计报告层面来看,该草案主要对会计报告的种类和格式及说明进行了明确和规范,具体包括"资产负债平衡表""盈亏拨补表""损益表""费用划分表""成本计算表"等,有时空界限上的静态与动态之分,也有日报、月报和年报之分,部分代表性报告如图9-4所示。这一时期会计报告体系正确且全面地反映了轮船招商局的财务状况、成本水平、财务成果和预算执行情况及其结果,能够帮助管理层更好地监督管理,从而发现经营中存在的问题并及时改进。

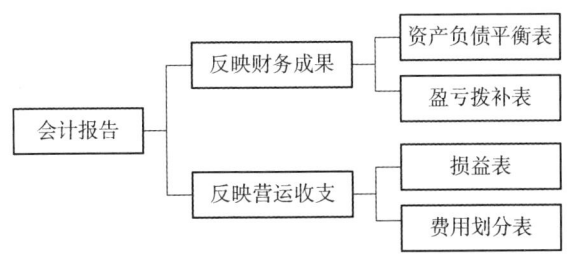

图9-4 1947年会计制度改革草案会计报告内容

在这一时期会计报告的编制过程中,虽然不同报表格式和内容存在一定差异性,但会计科目类型和结构具有较强的统一性,并且存在"资产"和"负债与净值"的上下、左右列示格局,"收益"和"损益"的逐项列示核算,"利润盈余"和"利润拨补"的左右列示设置,这些均表明在这一时期轮船招商局会计报告执行"去除传统中式会计的痕迹,全面采用西式会计报告编制方法"的改革原则,确立了科学的会计报表体系和编制方法。

四、轮船招商局会计报告演进特征分析

(一)经营治理模式和经济环境是影响会计报告组织体系的重要因素

轮船招商局在发展中,采取了官督商办、商办和国营等不同的治理模式,会计报告组织体系也从我国的旧式会计向新式会计改进发展,再向西方会计报告体系的方向改革。因此,近代以来,每经历一次经营治理模式的改变,会计报告组织体系也会同时完善,程度从最初改革结构体系演进到后期会计制度、会计方法的改变,甚至是会计报告应用体系的变革。会计报告组织体系一直受经营治理模式的影响。另外,会计报告组织体系同样受经济环境的影响。轮船招商局创办于封建社会,受到封建官厅控制,会计报告组织体系中存在着禀报、奉批等内容。官督商办后期晚清封建制度的瓦解以及洋务运动的推进,导致轮船招商局会计报告组织体系开始向西方会计报告体系演进。国营时期受战争因素的影响,轮船招商局的会计报告组织体系也经历大变革。因此,经营治理模式和经济环境成为影响会计报告组织体系的重要因素。

(二)制度环境和行业发展对会计报告体系改革具有重要的促进作用

鸦片战争爆发后,中西方经济文化逐渐交融,各种改革、变法不断实施,中国社会在这个过程中跌宕起伏,政局混乱。为了缓解这一局面,北洋政府被迫改良落后的会计制度,我国第一部较完善的会计法——"民三会计法"由此诞生。轮船招商局的会计报告组织体系的改良也以这部会计法为参考。随着1935年《会计法》的出台,会计报告体系在制度层面经历大范围改革,轮船招商局同样面临重要的改革要求。法规制度是会计报告体系改革的重要依据,由于1915年"民三会计法"没有应用西方会计思想,轮船招商局早期会计报告体系只是经历改进与改良阶段,而1935年《会计法》是对西方思想的全面应用,导致轮船招商局的会计报告体系出现全方位的改革。所以,制度环境的健全对会计报告体系的完善具有促进作用。

行业的发展同样也会促进会计报告组织体系的改革。轮船招商局见证了交通运输行业的发展,随着轮船招商局经营不断发展,其业务范围不断扩大,而轮船招商局一直采用旧式账法,严重阻碍了自身发展,使其不得不改良传统的会计报告体系,新会计制度在基本框架上开始采用西式会计方法。但旧式会计中的合理部分依旧被使用,导致这次大规模会计改良工作并没有使轮船招商局彻底摆脱旧式会计的束缚。但是轮船招商局的会计报告组织体系在改良过程中逐渐系统化,会计报告反映的信息内容也越来越丰富。

(三) 会计报告体系的改革具有适应性和综合性特征

轮船招商局会计报告体系的整个演进过程,反映出会计报告体系的改革不是突然之间发生的,而是经历了漫长的适应过程。传统中式簿记在整个封建经济发展过程中留下了根深蒂固的烙印,让整个社会快速接受经济发展背景下的新式会计报告体系是非常困难的,所以会计报告体系的改革必然有一个适应过程。正如轮船招商局经历的会计报告组织体系的演进,它从最初会计报告的局部改良改进到后来的大范围深度改革,同样反映出会计报告体系改革具有适应性特征。

轮船招商局会计报告组织体系的演进过程还反映出综合性特征。在官督商办时期,轮船招商局账略增加了盈利分配内容和股商报挂失票禀批等内容,属于会计报表体系科目层面的改进;在商办时期,轮船招商局针对账簿编制进行改良,属于会计报表体系业务层面的改良;在国营时期,轮船招商局开始对会计报告整个体系实行改革,会计报告的种类也越来越丰富。会计报告体系的整体演变过程从简单的科目改良进阶到会计报表全方位改革,反映出改革过程中的综合性特征。

(四) 科学规范的会计报告体系具有很强的统一性

国营时期,轮船招商局会计报告体系演进到最科学规范的阶段,同时也反映出很强的统一性,主要体现在从上到下执行的统一性,上至《会计法》对于会计报告体系的规范要求,下至以轮船招商局为代表的企业对于会计报告的规定。具体表现为会计方法的统一性、会计制度的统一性、会计科目的统一性以及业务流程的统一性。轮船招商局发展到国营时期形成了最科学规范的会计报告体系,也是统一性表现最明显的时期。

五、研究结论和史证讨论

(一) 研究结论

轮船招商局作为中国近代创办的民族企业典型代表,从1872年创办开始就表现出具有历史使命与文化特征的企业形象,经历了中国近代以来社会性质和经济条件的系列变化,同时见证了中国会计方法和报告体系的演进历程。轮船招商局的管理体制经历从官督合办到商办,再到官督商办,最后演变为国营,其会计报告体系和思想也呈现出不同历史时期的适应性或改革性特征。通过梳理可见,轮船招商局从创办以来所经历的六个阶段会计结算方法和会计报告体系变化特征,已反映出近代企业会计报告的演进过程。轮船招商局在创办时期采用中式会计方法和报告体系,后对中式会计方法和报告体系进行改进,再到学习引进西方复式簿记方法,对中式会计体系进行改革,实施新会计制度和会计方法,从而建立科学的报告体系。

轮船招商局在不同时期面临不同的社会环境,其发展背景和企业规模差异明显,管理者、股东以及各机构对轮船招商局的需求也在不断变化,这些都构成推动会计改革的动力。经营治理模式和经济环境成为影响会计报告组织体系的重要因素,制度环境和行业发展对会计报告体系改革同样具有重要的促进作用,使得各时期呈现的会计报告各有特点。同时,会计报告体系的改革具有适应性和综合性特征,越具有科学规范性的会计报告体系也越具有很强的统一性。

(二) 史证讨论

1. 会计报告形式与内容的史证讨论

会计报告在形式方面呈现出由繁化简的趋势,随着轮船招商局规模的扩大,虽然会计报告变得更加精简、系统和条理,但是在内容上却反映出更多的经营情况和经济信息。会计报告的作用不再仅仅是简单地汇总上报一个年度期间的资金流动、业务往来等流水情况,越来越多的是要反映出企业的经营状况,让股东和管理者明确下一年度的经营需求和管理方向。另外,导致会计报告以及会计体系不断完善的原因也同样有迹可循。这些都表明虽然近代会计报告甚至会计制度一直经历大大小小的改革,但是这些改革都与企业发展、社会环境密切相关。正是一次又一次的演变完善,使轮船招商局在不同经济社会环境下得以发展壮大,建立了完整的企业会计业务方法和报告体系。

2. 会计方法与思想演进的史证讨论

轮船招商局从创办开始采用传统中式会计报告形式,会计方法基本沿用"官厅会计"和"民间会计"相结合的模式,在会计报告方面采用"账略"的形式,结算过程采用了四脚账、龙门账等传统方法。传统记账方法在原理上与西式簿记相接近,所以一直没有推翻立新。随着会计改革运动的发展,轮船招商局逐步修改中式簿记,并在某些方面借鉴西式簿记的科学方法,尤其在当时许多银行和大公司已经盛行西式会计理论,而轮船招商局如果继续采用传统中式记账法,将严重阻碍自身发展。新会计制度在基本框架上开始采用西式会计方法,传统中式会计中的合理部分依旧被使用,而后续的会计改良工作也暂时没有使轮船招商局彻底摆脱传统中式会计的束缚。对于西方资本家在我国开办的工厂、商行以及受外资控制的中国企业而言,它们的会计体系都以西式会计为主,导致西方复式簿记和报告体系对国内企业会计方法和报告体系的影响越来越深,最终得以全面采纳与应用。因此,西方会计思想对我国近代企业会计的影响过程,是从最开始的简单借鉴到之后在生产经营中的广泛应用,再到后续得以全面采纳应用,并由此发展出适合我国近代企业自身情况的西式会计方法和报告体系。

主要参考文献

[1] 付磊. 会计史研究三十年[J]. 会计研究,2008(12):24-30,93.
[2] 郭道扬. 回首千年话沧桑:公元11—20世纪会计发展述评[J]. 会计研究,2000(1):3-9.
[3] 郭道扬. 会计百科全书[M]. 沈阳:辽宁人民出版社. 1989:97-101.
[4] 郭道扬. 会计发展史纲[M]. 北京:中央广播电视大学出版社,1984:74.
[5] 交通部财务会计司. 轮船招商局会计史[M]. 北京:人民交通出版社,1994:172.
[6] 韩东京. 中国会计思想史[M]. 上海:上海财经大学出版社,2009:181.
[7] 康均. 中国古代记账方法的发展(7):"四脚账"的基本账理(续)[J]. 财会学习,2007(8):71-73.
[8] 康均. 中国古代记账方法的发展(6):清代的记账方法[J]. 财会学习,2007(7):71-73.
[9] 林华. 财务报告的历史演进和发展趋势[J]. 华东师范大学学报(哲学社会科学版),2006(1):94-99.
[10] 宋丽智. 民国会计思想研究[M]. 武汉:武汉大学出版社,2009:32-58.
[11] 王开田. 近代会计进化论:第二次科技革命与近代会计的历史演进[J]. 当代财经,2005(7):97-102.
[12] 赵友良. 中国近代会计审计史[M]. 上海:上海财经大学出版社,1996:279-292.
[13] 郑汉中. 中式会计结算方法的演进[J]. 财会月刊,1994(6):37-38.
[14] 朱鸿翔. 西方会计思想对近代中国会计发展的影响[J]. 财会通讯(综合版),2008(3):110.

[15] GUO Z G, WU Q S. Research on financial ideology of Shanxi merchants in Ming and Qing dynasty: based on organizing financial activities and dealing with financial relationships[J]. Journal of Shanxi Finance and Economics University, 2012, 34(9): 1-6.

[16] LEE T A. Reflections on the origins of modern accounting[J]. Accounting History, 2013, 18(2): 141-161.

[17] WALLEY P, BLENKINSOP S, DUBERLEY J. The adoption and non-adoption of modern accounting practices: a study of 20 manufacturing firms[J]. International Journal of Production Economics, 1994, 36(1): 19-27.

[18] ZHANG X Q. A comparison of the organization and management between Shanxi merchants mortgage and Huishang mortgage[J]. Academic Journal of Jinyang, 2009(4): 19-23.

(云南财经大学会计学院　牛学岩　曾军)

第十章

中国本土文化情境下的企业内部控制思想及制度溯源探究*
——以明清时期为例

一、引言

内部控制一词最早出现在西方,随后又经过多次修改补充,现在世界上普遍推崇的是西方的内部控制思想和制度框架,尤其是将美国反虚假财务报告委员会下属发起人委员会(COSO)发布的《内部控制整合框架》研究报告(以下简称"COSO报告")视作权威和经典。但随着我国内部控制研究成为热点,越来越多的学者注意到我国的内部控制思想与西方是不同的,COSO报告形成具有特殊背景和理论基础,如经济人假设、以法律为中心、个人主义、明确而非含蓄的管理控制方式等都与我国文化传统和国情特点不相符(李志斌,2012;李心合,2013),而中国传统文化中有关人性和人行为基本层面的教化与引导,使个体与组织从灵魂深处认同并自觉自愿接受共有价值观的约束,是中国内部控制文化对世界内部控制独一无二的贡献(张萍和杨雄胜,2018),探索中国古代传统文化和商业实践中的内部控制思想及制度,对构建适合中国国情和文化传统的内部控制制度具有重要作用。近有学者开始从史料中探索中国本土文化情景下存在的内部控制思想及制度,如张萍和杨雄胜以明朝龙江船厂为案例,发现了明代工厂内部存在独具特色的内部控制思想和较为成熟的内部控制体系。但该研究只针对一家企业而言,没有结合不同时期、不同商业组织的特点进行对比分析,根植于中国本土文化情景下探寻我国企业内部控制模式的相关研究仍乏善可陈。

---

* 本章系国家自然科学基金地区项目"审计费用、审计师更换与内部控制缺陷披露"(71262017)和教育部人文社会科学研究规划基金项目"内部控制有效性判断偏差研究:基于管理层与审计师的双重视角"(18YJA790067)的研究成果。

我国内部控制思想起源于西周,关于我国古代内部控制思想的研究也大多集中于研究内部控制在加强统治者维护政权中的体现(陈元芳,2007;王思睿,2013;陈熹,2021),较少有文献研究古代商业组织中的内部控制思想及制度。明清时期便商政策实行、雇佣劳动出现、商品流通快速发展和"士农工商"的社会阶层逐渐打破,给商人大展宏图提供了政治、经济、文化上的可能性。内部控制以引导和控制个体行为服从于组织目的为目标,探索明清时期商业组织中的内部控制思想和制度,首先要寻找明清时期有先进代表意义的组织。因此,本章从明清时期商业组织角度出发,梳理明清时期不同阶段下具有代表意义的商业组织中孕育出的内部控制思想及制度。研究发现,我国本土文化情境下产生的内部控制思想及制度具有与中国传统文化相结合、注重建设企业文化、强调承担企业社会责任以及因时因地制宜的特点。

本章的贡献在于,一方面拓展了古代内部控制思想及制度的研究,从研究政治、国家治理角度的内部控制切换到研究商业组织中的内部控制思想及制度;另一方面通过追溯我国古代优秀的内部控制思想及制度,有助于冲破西方内部控制思想及制度的限制,进一步构建适合中国国情和文化传统的内部控制理论及制度。

二、 明清时期的商业环境

自春秋时期管仲提出"四民分业"论再到战国商鞅变法,"抑商"思想一直在我国古代盛行,目的皆在于维护封建政权的统治。明代商业由恢复到发展,其繁荣程度已达到或超越宋代全盛时期的水平。明代前期曾有过许多便商措施和商贾之法,都积极地促进了商业的发展,如减税、公买公卖,度量衡"三日一校"以及为过往行商建造塌房等。明代后期张居正实行"一条鞭法"的经济政策,对农商关系提出"厚农而资商""厚商而利农"的主张,并要求"轻关市"之征(减轻各种苛捐杂税),而不主张"言权利"(反对官僚和特权商人专利的商品买卖),这些思想都是符合当时商品经济发展要求,并有利于促进资本主义因素发展的进步观点。

清初统治者在减轻田赋的同时,照例下令恤商。所谓恤商,包括"市籴皆因商民之便,时地所直,度物货平市价,抑豪强禁科派"等内容,其中一个重要的目标就是要减轻商税。康熙、雍正、乾隆时期都实行"恤商"轻税政策,"刊刻木榜,遍行晓谕,不许额外征收,宜其商民均沾惠泽,行旅各安牧圉"。清代前期,清政府制定了市场交易政策和相关法律法规等来治理垄断行为、欺行霸市行为,稳定物价,打击制造、贩卖伪劣商品行为等,维护正常的市场秩序。明代航海运输发展兴盛,官府也有专门的保商措施,譬如向近海邻国发函"收养解送"中国商船和难民等。

明清时期,"重农抑商"的思想有所松动,商人地位得到提升。明清之际思想家黄宗羲"工商皆本"论问世;王阳明提出"四民异业而同道"的观点,认为"切为民用"的工商业是不该抑的。明清文人作品中也有体现,"商贾大于农工,士大于商贾,圣贤大于士",反映社会阶层已成为士、商、农、工。正是明清时期这种自由宽松的经商环境才为中国封建社会的商品经济、商业组织的发展提供了机会。

由于明清时期中国人口成倍增加,而考中功名的机会越来越小,"士而成功也十之一,贾而成功也十之九";"平阳、泽、潞,豪商大贾甲天下,非数十万不称富",商人的成功对士人具有很大的诱惑性。多种原因之下,明清时期出现了"弃儒从商"的现象,而商人群体的整体受教育水平也因此得到提升。商书大量出现,为从商者提供必要的知识,如《商贾便览》《客商一览醒述》《士商要览》《生意世事初阶》等,从朝代职官到天文地理,从语言风俗到物产道路,商业算术、商业伦理等都有涉及,进一步推动了经商群体的壮大。

三、我国本土文化情境下产生的内部控制思想及制度

(一) 本土文化下产生的内部控制思想制度概述

明清时期商业发展的一大特色是产生了由各个地区的商人组成的地方性商帮,商帮相较单个的商人来看,经商人数更多,活动范围以及经营项目更广,商人以及商号内部通过一定的组织形式联系并能够发挥商人群体的作用,具有集团化的倾向(吴慧等,2005),更容易产生让组织协调运转的内部控制的思想及制度体系,因此,从商帮视角来探究基于中国本土文化产生的企业内部控制思想及制度更有代表性。无论从经商的地域广度还是经济实力上来说,晋商、徽商都是众多商帮中的佼佼者,"新安大贾,鱼盐为业,藏镪有至百万者,其他二三十万,则中贾耳。……富室之称雄者,江南则推新安(徽商),江北则推山右(晋商)"。

从本土文化产生的内部控制思想来看,徽商、晋商都深受儒家思想的影响,讲仁义、讲诚信,秉持行义举、做善事的经商态度,注重商业组织与宗族、国家之间的紧密联系,强调承担社会责任;靠信奉朱熹或是关公来树立精神标杆,消除争端、提倡和谐,保持凝聚力。从本土文化产生的内部控制制度方法来看,明清时期晋商、徽商多从加强内部管理入手,靠乡宗情谊维持紧密的关系;同时又结合自身实际情况建立合适的管理制度,赏罚分明,并制定合理的激励措施,使得商帮组织上下勤力同心,能够共同抵御外部竞争。

（二）徽商——"家族式"企业内部控制的代表

徽商因举族经商，往往以一个商人家族而闻名，譬如休宁的吴氏家族、婺源的朱氏家族和歙县的汪氏家族等，在明清时期的众多商帮中具有独特性。徽商经营多以宗族扶携提拔，新安商人的商业经营归结起来是立足于血族乡党的结合关系上面的（藤井宏等，1959）。明代徽州人金声云："歙、休两邑民皆无田，而业贾遍于天下……大两邑人以业贾故，挈其亲戚知交而与其事，以故一家得业，不独一家食焉而已。"徽商通过举族经商增强了身居外乡经商人的人力、物力和竞争力，扩大了经商的业务范围和地域范围，形成了较早期的家族式的商业集团，徽商的内部控制也体现了一种家族式的特点。

徽商利用宗法制度控制商业组织人员，在组织内部形成严格的长幼尊卑的等级制度。宗族的首领往往是徽商的领导者。徽商通过建宗祠、修族谱等措施来强化宗族认同意识。徽商在用人上只选用、提携有宗族血缘的人，"诸子诸弟从之游，分授刀布，左提右携，咸愿与之代兴，各致千万有差"。在族长集权式领导下，商帮中各商业组织的经营方式、人员组织、营业方针等方面都力求趋同，追求"合志同方，营道同术"，形成了紧密的徽商体系和稳定的内部控制环境，便于内部统一经营管理和资金调配。

徽商在经营管理中已经形成了一定的内部分工，体现了内部牵制的思想。徽商的组织架构一般为财东、代理人、副手、掌计、雇工、学徒等层次，代理人受财东委托代理商务；副手是财东的助手、耳目，起到帮助财东监督日常商业经营以及联系财东与掌计的作用；掌计是店铺的具体管理人员，都是由族人乡党或佃仆担任。在内部人员控制方面，由于其家族性特征，徽商一方面通过宗法族规来约束管理从商子弟，还表彰捐建祠堂、购置义冢等义举义行以及能够为宗族发展作出其他贡献的人，这对于徽商子弟构成一种隐性的声誉激励（蔡洪滨等，2008）；另一方面，得到赏识的族内子弟作为副手帮助财东经营一定时间后还可分得一定红利并自立门户，"（大贾）则有副手而助耳目者数人……他日计子母息，大羨，副者始分身而自为贾"。这对员工具有一定的激励作用，形成了一种具有宗族式特点的提高员工忠诚度和积极性的内部控制方式。

徽商内部控制体现出一种文化的软约束，引导宗族子弟从根本上减少道德风险和逆向选择的可能性，从而与宗法族规的硬约束相辅相成，形成徽商完整的内部控制体系。徽商视朱熹为圣人，各地徽州会馆都崇祀朱子，"三纲五常为大体"，朱熹制定的"家礼"成为徽商各族订立族规的依据，这进一步加强了宗族统治。徽商深受儒学影响，贾而好儒，鼓励子孙读书，明代仅流寓扬州、淮安的徽商子弟进士及第的有71人,有许多人"先儒后贾"或"先贾后儒",徽商也被人称为"儒商""儒贾"。徽商之家,多延师课子,如鲍柏庭教子,"延名师购书籍不惜多金。尝曰:'富而教不可缓也,徒积资财何益乎?'"徽商喜宗族子弟通过读书科举入朝为官,一方面,这是为了光耀门楣,同时也为经商的同族人提供特权上的便利;另一方面,读书能够提高商帮的文化素养和道德水准,加强自律和道德约束。徽州绩溪人章策,父卒后,弃儒就贾。他不仅运用儒家教育所得知识经商成功,"所亿辄中,家以日裕",同时在经商时又继续学习先儒语录,加强自律与自我管理,"取其益于身心以自励,故其识量有大过人者"。徽商的经营理念也深受儒家思想影响,强调以诚待人,如婺源人朱文炽经营茶叶贸易,每年新茶过期时,在销售时必注明"陈茶"二字,讲究市不二价、童叟无欺,很重视商业道德。

受儒家文化影响,徽商的内部控制还体现一种"家国一体"的社会化思想。李志斌(2012)认为,社会控制是企业内部控制发展的必然延伸。许多徽商经商致富后会为故乡宗族建祠兴学、修桥筑路、抚孤恤贫,同时为徽州地区的文化事业发展提供物质保证,有力推动了徽州教育、徽派经学、建筑、园林、篆刻、版画、新安画派、新安医学等富有地域特色的文化发展。不一味追求利润最大化,积极主动地去承担社会责任是徽商在整体内部控制思想上的一部分。徽商积极投资赞助徽州教育事业,明清两朝徽州书院兴盛,据《徽州府志》统计,乾嘉数十年间,扬州歙商共捐书院银7万余两,其中两淮总商鲍肯园独捐银11 000两。徽商十分注意密切与朝廷的关系,虽然带有官商色彩,但通过积极地向朝廷捐纳捐输(谓之报效),给清政府在河工、军需、庆典、赈灾等方面提供的财政支持也间接使徽商承担了较多的社会责任[①]。

(三)晋商——"两权分离"下现代企业内部控制制度的萌芽

晋商票号在中国历史上存续近100年,实现了"汇通天下",其成功与独特的企业内部控制思想及制度密切相关。总体来看,晋商的内部控制设计中"人"占据非常重要的地位。从宗法约束、号规规定到对员工的道德教化,晋商建立了一套完备且互相补充的内部控制体系。

晋商内部控制首先注重对人的约束,从人员选拔到人员激励都有特定的内部控制措施。由于晋商所经营业务的特殊性,跨地域的远程贸易和金融服务业务使其最先打破了家族血缘关系在经商中的地位。中国第一家票号日昇昌票号

---

① 两淮盐商从康熙十年(1671)至嘉庆九年(1804)130余年间因各种原因捐款达3 900余万两、米2.1万余石、谷32万余石,以徽商为主。

(1824—1914年)在成立之初就实行了使所有权(东家)和经营权(掌柜)相分离的委托经营管理体制。由此,如何在交通、通讯都极其不发达的情况下保障票号有效运营、减少委托代理问题显得尤为重要。

晋商在人员聘用上有着严格且公正的制度,无论是掌柜还是学徒,"只限于山西籍,如属可能,并只限于小同乡"(蔡洪滨等,2008),并且需要保荐人,"然经理同人,全须有殷实商保,倘有越轨行为,保证人负完全责任"。票号分号的重要员工也经由总号选拔或聘用并派遣到各分号,称为"上班",休假时可回到总号,称为"下班"。

号规规定员工"上班"时"不可携带家眷且不可异地娶亲",使得员工的家眷成为商号监督、约束其在外行为的质押与保障(蔡洪滨等,2008),一旦发生损害票号利益之事,可向其家眷追讨且保荐人要负连带责任;"毫厘有差立攒之,他号亦不录用,以是作奸者少",晋商通过同乡同族这一选聘条件加强了对员工的宗法约束。经理的选拔与徽商大不相同,虽以同乡为选取人才的原则,但更加注重避嫌,不用宗族关系亲密之人,更不允许世袭,需经过学徒、伙计、顶生意阶段,才升为掌柜。大德通票号号规(1904年)中规定:"不准徇情庇护;各连号不准东家举荐人位,如实在有情面难推者,准其往别号转荐。"这样一套选人机制能确保晋商员工不仅业务能力强,道德素养也能得到基本保证。在号规等约束下,这样可以减少员工滥用权力、以权谋私甚至背叛东家和商号的概率。

此外,晋商还实行了一套激励员工的顶身股制度(张正明和张舒,2010),"出资者为银股,出力者为身股,身股和银股共同参加分红"。顶身股制度是我国最早的员工持股股权激励案例(陈啸,2008;梁洪学和吴施,2018)。表现突出的员工工作3个账期以上,经掌柜向财东推荐认可后,即可登记在万金账上享有顶身股;持顶身股者的家属还可在其去世后继续从商号分得一定时间的红利,称"故身股"(葛贤慧,1996)。顶身股分红机制十分有利于激励员工和保证员工的忠诚度,激励伙计们全心全意地为东家工作,使其个人利益与组织整体利益捆绑在一起,提升了员工忠诚度。另外,每个账期分得的红利一般要在1~3个账期后才可领取,这一定程度上提高了人员的稳定性。

相比徽商,晋商的一大显著特点是其拥有严格且细致全面的、书面化的号规来对票号日常经营管理和人员行为作出规范,如不准私自捎物;不准私行囤积,放人名贷款;不准奢侈滥费以耗财物;不准花酒赌博至堕品行;不准吸食鸦片;不准亲友浮挪暂借;不准向财东和掌柜送礼;下班归里,不准私先回家,后到柜上;等等(黄鉴晖,1990)。书面化的号规是晋商在内部控制制度实践上的一大进步,严格细致的规章制度使其在管理票号上"有章可循",避免或减少人为因素影响,提供了良好的制度氛围和内部控制环境。

与徽商类似的是,晋商同样强调对经理和员工伦理道德方面的软约束,内部控制的首要控制点仍在于"治人",辅之以制度、规定的约束。晋商委托代理制的尝试是建立在儒家文化价值体系下东家对掌柜和伙计的信任以及掌柜和伙计对东家的忠诚之上的,通过儒家思想"诚信仁义"的潜移默化,减少产生道德风险与逆向选择的可能性。例如,大德通票号"命阖号同人皆读《中庸》《大学》,盖取正心、修身,而杜邪教之人"[①]。晋商还会对员工进行道德修养的考核,"远使之而观其志……近使之而观其敬……烦使之而观其能……卒间以观其智……急期以观其信……委财以观其仁……告危以观其节……派往繁华而观其色。……如测验其人确实可用,分配各分号任事"。

山西会馆突出崇敬关羽,晋商将其作为义利观的精神偶像,重信重义,重视商业信誉,以此作为经商的价值观和道德观。此外,晋商同样注重承担社会责任,这一点不仅体现在其创立经营票号"汇通天下"的初衷中,还体现在其扶危解困、救助灾民的仁义中。据《祁县志》记载:光绪三年(1877),山西遭遇一场持续3年的大旱灾,为救济灾民,晋商乔致庸规定家人节衣缩食,拿出家产在街上置粥锅来救济饥民,所熬粥"插上筷子不倒,解开布包不散"。

晋商作为"两权分离"下现代企业内部控制制度萌芽的代表,其在内部控制制度设计上有其先进性。从组织结构上看,晋商各票号都实行联号制,总号统辖分号,分号负责所在地的业务经营,与西方资本主义企业的母子公司类似。总号对分号设有内部监督机制,"每年正月初八日,选派稽核一二人,分巡各庄稽核。稽核之事有:专查内外事件;账簿折据;本号人位优劣;审查社会之情形,定进退之标准。……如有违章情事,若系伙友所犯,稽核员与首领权事之轻重,有黜陟之权,不待商总号,勒令回总号出号",且最大程度上保证了稽查人员的独立性,"稽核员往返各处用资旅费,一切零用,开单结总号,齐庄不得酬送分文"。

晋商十分注重组织内部信息的传递与沟通。为及时掌握全国各地分号和市场的动态,票号要求分号要以口头和书面方式向总号汇报业务状况。口头汇报主要是通过总号派人巡视各分号时的当面报告,还有分号经理休假返回总号时的汇报。书面报告可分为正报、复报、附报、行市和叙事报等。值得注意的是,晋商的书面报告不仅要求分号向总号报告,还要求各分号之间互相通报营业收付银两数字和业务情况,"酌盈济虚,抽疲转快",起到相互了解、相互扶持的作用。

晋商在风险管控上也独具创新。商号分红之前要先从利润中提存公积金,称

[①] 大德通票号,《光绪十四年三月初六日合账重议号规款录——第一次修改章程》。

为"公座"。公积金制度为保证商号的存续发展起到重要的风险防范作用。例如，大盛魁有严格的号规要求，上自东家经理，下至顶身伙友，任何人都不得在公积金内借款或挪用（葛贤慧，1996）。由于票号的特殊性，晋商还设有专门的保密管理制度，有专用信封、信纸以及格式规则，行文采用密押，并有先进的水印防伪技术和票号内部人才知晓的各种暗号，有效保证了票号汇兑的资金安全。另外，晋商注重合作伙伴的信誉风险，如祁县乔家在选择"相与"（即生意伙伴）时非常谨慎，只有在查清此家商号的信誉后，才决定是否与其合作。

四、"中西结合"产生的内部控制思想及制度

（一）"中西结合"产生的内部控制思想制度概述

由于晚清特殊的社会环境，西方冲击、维护清政府的统治以及"实业救国"的现实状况迫切需要创办现代化的企业。从内部控制制度特点上看，协调好官与商之间的关系，避免官员凌驾于内部控制制度之上，是营造良好内部控制环境的前提；通过中西结合，设计适合国情、适合企业自身发展的内部控制制度是这一时期内部控制实践成功的关键。

官督商办企业开启了中国创办近代企业的先河，其初期内部控制框架设计是特殊背景下的企业运行的一种可行的路径，是具有进步意义的尝试，在一定程度上为之后创办商办、民族资本主义企业提供了一定的经验。这一时期的内部控制思想仍体现了受传统文化的影响，但又进一步突破了官商之间的传统关系，萌生了具有进步意义的我国近代企业内部控制思想，即重视政府在企业内部控制框架设计中的作用。大生纱厂正是得益于张謇在政商关系上的创新及其自身作为科举状元身份上的特殊性，这为大生纱厂的成功经营提供了一个较稳定的内部控制环境，使得企业规章制度能够有效运行，为大生纱厂成功运行奠定了基础。

（二）官督商办企业的尝试

官督商办企业是晚清时期从组织形式上效仿西方成立的股份公司，企业的兴办由官款垫支部分资本，由官方委派商人向社会"招商"募集资本，后以企业分红形式将先期垫付的官款陆续返还（许晓明和刘金华，2006）。郑观应对当时办企业的经济社会环境作了分析，"全恃官方，则巨费难筹；兼集商资，则众擎易举。然全归商办，则土棍或至阻挠；兼倚官威，则吏役又多需索。必官督商办，方能各有责成"，可见这是一种在特定时期特殊背景下适应当时社会和文化环境产生的过渡型经济

组织形态(胡勇华,2006),有积极的时代进步意义。但受传统的封建政治环境限制,它在模仿与实际探索中出现了一些问题。

从内部控制环境看,由于官商之间权责界定不清晰,官商之间缺乏信任,产权存在纠纷,官督商办企业易陷入不知应以公司章程还是官方指令为行动指南的泥潭,缺乏一个稳定的内部控制环境。

以洋务运动时期的第一家官督商办企业——轮船招商局为例,官方在创办初期是一个投资借款的债权人定位,只收取官利"总其大纲,查其利病",商董则承担经营风险"查轮船招商局之设,系由各商集股作本……盈亏全归商认,与官无涉"。根据现代产权理论,官督商办企业控制权应归承担经营风险的商人股东,但清大臣弹劾轮船招商局的奏折中说到"分五年提还后,局务归商而不归官",必致"局务漫无钤制,流弊不可胜穷,亏累日增,终至败坏"。李鸿章据此辩道,"事虽商办,官仍督察","(在商不在官)盖专指生意盈亏而言,非谓局务即不归官也",认定了官方对企业的督察和实际控制权。

在企业产权关系不清晰的情况下,商董的职责权限也受到限制,公司治理机构形同虚设。对于人事任免和经营管理权,《轮船招商局规》第三条规定,"选举董事,每百股举一商董,于众董之中推一总董","遇有紧要事件……征邀在股众人集议择善而行,弗得偏执己见"。但此类规定并未得到执行,轮船招商局没有独立的人事任免权和经营决策权。实际上,总办唐廷枢,会办盛宣怀、徐润等人均由官方代表李鸿章任免,"商董若不称职,许商总禀请大宪(李鸿章)裁撤","遇事禀商该局督办主持一切"。其他官督商办企业的情况与此相似,如上海机器织布局章程规定,四位董事"凡有大事,邀集咨商",后重新修订章程中又改为"稽核月结";漠河金矿章程规定,"凡入股之友……只可在厂查察账房侵亏浮员等弊,他处公事不能与闻"。商人股东都只被赋予了监察核算账目的权限而不能参与企业经营决策,却又要承担企业经营失败的风险。

清政府的行政干预破坏了股份制企业原有的权力约束和制衡机制,官场不良风气侵入企业,贪污腐败、挪用资金、中饱私囊者众多。"公积则虚有其名,余利则不能过问。人人知有二三分息,而仅得八厘。是不啻取大众之悭囊,以饱一二人之私囊也。"轮船招商局创办初期的管理费用"实大于西人",郑观应也曾指出,中国创办企业,每年耗资无数,但"其中浮支、冒领、供挥霍者不少,肥私囊者尤多,所以制成一物价比外洋昂率过半"。公司股东会流于形式,"公事未说,先排筵席……迨至既醉既饱,然后以所议之事出以相示。其实则所议早已拟定,笔之于书,特令众人略一过目而已"。即便后期李鸿章通过政治权力加强对官督商办企业的行政整顿以期能够遏制腐败现象,但收效甚微。

由于官督商办企业产权未厘清,官商间互不信任,经营目标无法达成一致,"中体西用"未能有效融合,企业内部控制失效。官员争利、商人挪用公款进行个人投资等行为屡见不鲜,官督商办企业更成为官方的备用金库,被迫承担了过多的"企业社会责任"。例如,轮船招商局会办徐润借职权之便私自挪用公款进行个人房地产投资;李鸿章为北洋海军购买铁甲兵舰竟临时从轮船招商局的账目上调支100万两;甲午战争时期,清政府向轮船招商局借款41.1万两,为慈禧的寿诞报销5.5万两;轮船招商局被强制规定从1896年起每年捐助北洋大学规银2万两、南洋公学及达成馆6万两等。内部控制环境是整个内部控制的基础,官商权利与义务关系的不清晰造成内部控制环境混乱,这是导致官督商办企业的早期现代股份制公司内部控制实践失败的基本原因。

(三)民族资本主义企业——大生纱厂的实践

在中国近代工业发展初期,由于办企业筹资难又缺乏经验等,"官办""官督商办"企业占据绝大多数,而由张謇创办的大生纱厂是清末第一个成功的规模较大的民族资本企业,它是采纳西方科学管理方法并结合中国实际进行的较早的实践。张謇不断探索建设公司内部治理机构和管理机制,在实践中创造出独具特色的"大生"模式,标志着"官办"模式占主导时代的终结和民营企业的主流时代的到来(陈争平,2007),代表了清末企业在内部控制思想与制度上的进步和成就。

大生纱厂的运行模式基本是模仿西方股份制形式进行的,早期的大生纱厂内部治理结构为总经理集权制(张忠民,2016),下设四位董事,分管进出货、厂工、杂物以及银钱账目,董事下设执事,负责监督员工工作。企业"举措董事,稽察进退,考核功过,等差赏罚"等都完全掌控于总经理手中,虽与现代企业内部控制强调"不相容职务分离控制"不同,但在当时缺乏现代企业治理知识和经验,缺乏职业经理人的历史条件下,为大生纱厂的成功运营提供了稳定的内部控制环境。

建厂伊始,张謇比照和仿效现代企业制度的基本做法,运用章程化治理。《厂约》明文规定总经理和各董事的职责,"各任一事以专责成,事有权限,无溢于权限之外,无歉于权限之内"。大生纱厂章程十分全面细致,包括银钱总账房章程、进出货处章程、拣花厂章程、稽查章程、火险章程等21项章程,共195条规定,对纱厂各道工序和各个岗位的人、财、物管理作了详细的规定,并要求这些章程"书揭于版,悬各处所",避免人浮于事,达到"人人有事做,事事有人管"的目的。如《工料总账房章程》规定:"机账房设遇机器损坏补购,会同物料所查明后,应补何物,由物料所单报工料总账房核明,备函寄沪添购。俟沪办到,先由物料所照原来号讯过磅点数。相符者,加复核讫戳记,送总账房;不符者,亦于单上注明,由总账房函至沪账房查问"。可见,大生纱厂内部控制流程十分明确,"便于办事,便于查察"。《厂约》还明确规定了各级员工的工资待遇、利润分配和定期考核制度、功过赏罚办法等事项,定期考核功过并与奖酬花红直接挂钩(常宗虎,1998)。

张謇重视监督控制,建立查账员定期查账制度,并向董事会报告查账结果,类似内部审计。大生纱厂有较为透明的信息披露制度,每年都有"说略"(企业的年度总结报告)、"账略"(企业的年度财务总结报告)公之于众,接受股东的监督,具有很高的透明度。张謇还在《厂约》中建立了对自己的监督机制,鼓励各级员工对自己和对厂务提建议(陈争平,2007)。此外,在风险控制上,张謇一方面十分注重内部控制流程中的备案管理,办事必定都记录在案,甚至连一些书信、字条都妥为保管,以保证事后都有案可稽,大生档案也因此成为近代中国民族资本家创业档案中保存较为完备的档案;另一方面强调企业公积金的重要作用,"公积者,凡商业之命脉也,愈厚愈固"。

在创办民族工业的探索中,张謇也有结合国情和实际情况做出的创新。"张謇的企业经营管理思想比他的前人更为丰富,在若干问题上他的见解独特而有理论价值"(钟祥财,1992)。为避免官办或官商合办造成的企业商人管理权丧失、投资人对官办企业的不信任等问题,张謇在创办大生纱厂时创造性地实行了"绅领商办"的委托经营方式,"名虽为官商合办,一切厂务官中并未参与"。官方仅提供资金或生产资料,但不派官董,只享受类似优先股权力的官利,以此成功筹到了办厂资金,并为大生纱厂之后的运营提供了有利的内部控制环境。此外,在对员工的控制管理上,张謇创新性地实行了更人性化的"工耕结合"的劳动制度,工人到农忙季节可回乡忙农活,解决了在纱厂早期经营不稳定时工人的后顾之忧(陈争平,2007),这也是在特殊时期采取的有利于企业稳定的内部控制制度安排。

大生纱厂在接受西方科学管理思想的同时,仍然从中国传统文化俭、忠、诚、信、和、礼、仁、义等伦理思想中吸取大量有益的精神养分,将传统文化与现代理念有机融合在一起。张謇在经营理念上贯彻儒家义利观,提倡节俭,"全厂上下内外数十人,除洋工师外,一切俸给食用开支,未满万金耳"。任人唯贤,重视品行和能力,"不问贵贱,不问年龄,不问所操何业,不问男女",打破了晋商、徽商等用人的地方限制。诚信经营、知人善任等都是张謇对大生纱厂提高内部控制有效性的措施。

张謇虽然没有提出"企业文化"的概念,但是他在亲自制定的《厂约》中表明,办厂的目的是"为通州民生计,亦为中国利源计",在办厂实践中身体力行"实业救国"的价值主张,使得全厂上下一心,无不兢兢业业,恪尽职守。大生纱厂早期的高层管理者,大多具有丰富的布棉纱生产、销售、经营核算的旧式管理经验,对大生纱厂的成功运营起了重要作用。如厂工董高清,"督工甚勤,竟日无懈"。对比光筹办就长达15年的上海机器织布局、"未开车以前坐食糜费十万余两"的苏纶纱厂,大生纱厂的内部控制明显有其独到之处。

张謇兴办实业是为了"通州民生"、为了"实业救国",其爱国爱民之心从大生纱厂的命名可见一斑。张謇说,"我们儒家,有一句名言'天地之大德曰生',即一切政治及学问最低的期望要使得大多数的老百姓,都能得到最低水平线上的生活……是儒者应尽的本分",纱厂"大生"二字由此得名。张謇先后创办投资了教育、慈善、交通、文化、卫生、水利、食品、重工等实业,形成了一个以大生纱厂为核心的民族资本企业系统,极大地推动了通州(今南通)发展。张謇追求社会效应和"以天下为己任"的创业观,是其作为清末状元的抱负,也是特殊历史时期深受儒家文化熏陶下的中国人"中西结合"进行现代化企业探索的典范。

五、明清时期内部控制思想与制度特点

明清时期商业组织对内部控制思想和制度的探索,可以较为清晰地分为基于传统文化与社会环境孕育出的内部控制思想制度体系,以及借鉴西方管理思想并与我国特定历史环境等特点相融合产生的内部控制管理思想制度体系两个阶段。通过梳理这一时期商业实践中的内部控制思想及制度可以得出以下结论:一是我国企业内部控制思想及制度实践早于内部控制理论产生。二是不同阶段体现出的内部控制思想及制度一方面由于时间上的相对连续性,呈现出的内部控制思想及制度特点具有一贯性,如内部控制思想受到儒家传统文化的影响等;另一方面又有各自的时代特点,内部控制思想呈现出随着时代变化而变化的适应性。三是明清时期商业组织中内部控制思想及早期实践经验对构建更适合我国现代企业的内部控制制度具有一定启示。明清时期的企业内部控制探索都有着适合我国国情的特点,主要体现在以下几个方面。

(一)与中国传统文化相结合,将儒家思想融入企业内部控制

现代管理学之父德鲁克认为,管理越能利用社会传统、价值与信念,则成就也越大。明清时期我国商业组织中的内部控制思想及制度体现了儒家文化特点。首先,儒家思想注重对人的教化和培养,"修身、正己""仁义礼智信",强调人的自我修养,无论是对士大夫还是经商者而言,其内涵是一致的。它构成了中国人文思想的重要内涵,也是商人经商的内部控制原则。对外坚持诚信经营、和气生财;对内用人唯贤、强调人与人之间和谐相处、对员工进行文化熏陶等内部控制指导思想,是明清时期内部控制思想的一大特点。

其次，弃儒从商的风潮使得众多有知识的文人将政治体系中的内部控制思想及制度运用到经商之中，"舍儒就商，用儒意以通积著之理"，"儒意"即指儒家思想中"治人、治事、治国"的道理。《履园丛话》有云："苏州皋桥有孙春阳南货铺，天下闻名。案春阳……弃举子业为贸迁之术。……其为铺也，如州县署，亦有六房，售者由柜上给钱，取一票，自往各房发货，而管总者掌其纲，一日一小结，一年一大结。自明（万历）至今（清乾隆）已二百三四十年……其店规之严，选制之精，合郡无有也。"可见，弃儒从商的文人充分利用了自己所学知识来经商，大大促进了商业经济中内部控制制度的发展。

(二) 把企业文化作为内部控制的首要条件，先"育人"后"治人"

由于信息的不完全性及经营环境的不确定性，从实践来看，无法拟定完备的内部控制制度（辛明洲和骆良彬，2014），且用制度、程序来约束的企业内部控制仍存在较多问题，程序烦琐的内部控制体系往往难以堵住舞弊、腐败以及重大风险的漏洞。中外一系列的内部控制失败事件表明，企业内部控制的失效并非由于其硬规定的不足，更多的是由于文化与价值观等软控制的缺失，要提高企业文化在内部控制中的重要性（王竹泉和隋敏，2010）。现代企业内部控制多沿用COSO报告的内部控制框架体系，我国也借鉴COSO报告框架体系，发布了我国企业的内部控制规范，但李心合（2013）指出，COSO框架并不具有普适性。企业文化具有激励、约束、凝聚和导向等作用，在内部控制中有越来越重要的作用（刘明辉，2003），包括内部控制在内的任何制度设计与执行均离不开"人"的因素（张萍和杨雄胜，2018）。因此，在设计寻找中国背景下的适合中国企业内部控制体系时，要更加考虑结合我国传统文化背景，建设对员工职业道德和对企业的社会责任有引导价值的企业文化，避免照搬国外基于私有制、个人主义等明显区别于我国的社会形态下产生的COSO框架，减少企业内部控制的形式主义和僵硬化、模板化。

明清时期，晋商票号遍布全国各地，由于当时的交通条件、通信条件的限制，总号的掌柜或东家难以监察各地分号的员工行为，因而员工的自我控制就显得非常重要。票号的运作与管理是通过提高全体员工的道德素养达到自我控制、严格遵守票规的目的来实现的。张謇创办大生纱厂的成功，很大程度上得益于其"为国为民""实业救国"的责任感，这使其有别于其他企业的经营管理者，产生了独有的企业文化，使各董事勤力同心、尽心尽力地为企业出谋划策，保障了企业章程和内部控制的有效实现。这是我国本土文化中孕育出的内部控制特征，与COSO报告的框架不同。COSO报告不谈社会文化对内部控制的影响，也忽略了传统文化对企业文化的影响。然而目前我国许多企业是缺乏企业文化的，未来应该更加注重企业文化、社会主义核心价值观在内部控制设计与实施中的旗帜和无形纽带作用。

(三) 企业内部控制外延到企业外部的社会责任,具有"家国一体"思想

在我国,社会主义公有制经济占主体地位,国有企业始终占据主导地位。国有企业的社会责任目标占据非常重要的位置,其内部控制的设计更加需要注重企业的社会责任。COSO框架并没有探讨政府在内部控制理论框架中的作用,但这并不符合我国国情,中国的企业内部控制研究无法绕开政府这一外部因素,因为不仅国有企业与政府有着紧密的联系,私营企业等也会面对政府的干预或管制,这势必会影响中国企业内部控制流程等的设计(李心合,2013)。通过梳理明清时期商业组织的内部控制思想及制度可以发现,无论是基于本土情境产生的内部控制思想及制度,还是受到西方经济、文化冲击下产生的"中西结合"的内部控制思想及制度,都体现着"家国天下"的共性特征,企业的内部控制外延到企业外部,将更多的社会责任纳入企业内部控制范围。不同时期的企业内部控制设计都有与国家政策、政府需求等相吻合的特征。

徽商和晋商的起家都是依靠朝廷盐运的相关政策,明初由于边境战事粮饷问题实行"开中制",准许商人替政府运送军需物资换取盐引贩卖食盐,晋商由此发家(杜正贞,2008);至明弘治五年(1492),户部尚书叶淇提出"开中折色制",打破了须运粮至边境才可参与贩盐生意的局面,徽商崛起正得益于此政策,并迅速发展起来(郑民,1982)。受益于政府的"特许经营权"发家致富,为维系与官方关系,徽商倾向于向朝廷示好,主动或被动地不断向朝廷捐纳捐输(谓之报效),承担社会责任,在河工、军需、庆典、赈灾等方面给予大量财政支持。晋商靠票号"汇通天下",在自身获利的同时,为社会资金流通作出了贡献,达到了"双赢"的效果。晋商乐善好施,在旱灾时救济灾民、为国家收购矿权出巨款等都体现了其爱国之情与承担社会责任的积极性。清末公司制企业承担了许多非营利的职能和责任(刘长喜,2009),官督商办企业在特殊社会环境下承担了更多的国家责任。大生纱厂的企业社会责任更是体现得淋漓尽致,大生纱厂的"绅领商办"模式开启了政企关系的新起点,"实业救国"的企业文化使大生纱厂集团极大地促进了南通城市的发展,南通也在当时成为具有示范作用的区域经济发展样板。

(四) 内部控制设计秉持"因时、因地制宜"的适应性原则

不同商业组织内部控制设计要与其自身经营环境、业务范围和人力资源水平等相适应。越缺乏稳定的外部环境,企业越需要不断调整内部控制以适应外部环境,从而使得企业能够稳定发展。从明清时期较成功的商业经营案例可以看出,它

们都在随着外部条件的变化而不断调整。

现有的史料表明,晋商主营业务范围包括盐、茶、典当以及票号,徽商则为盐、茶、典、木等,晋商的贸易范围比徽商更广也更远,常涉及远距离的贸易。两者在经营业务和范围上的不同也决定了其适合的内部控制制度体系也不同(蔡洪滨等,2008)。徽商由于其举族经商的特点和发达的宗族制度,其内部控制体系多依靠宗族内部的声誉、奖赏等作为隐性的、非正式的激励和约束,以宗法族规作为显性的约束和惩罚机制,二者相互补充,并能够对商帮中宗族成员进行有效的管理。而晋商票号采取联号制,分号遍布全国各地,并不适合徽商那种以血缘关系为基础的家族式治理模式,因而选择了与徽商不同的内部控制方式,如注重建立严格的规定、强调公事公办、禁止家族和私人关系介入以及激励制度等,这种更加硬性的规定与显性化的约束和激励才更方便在不同地点的总分号之间进行内部管理。

大生纱厂在办厂之初面临着筹资困难等难题,由于缺乏经验,包括张謇在内的高层管理者都是"摸着石头过河",甚至多数股东只关心分红而对企业经营兴致缺失(卢征良,2007),所以大生纱厂一开始就奠定了总经理负责制的基础。这也与徽商的族长制、晋商的经理负责制一脉相承,是在中国集权制传统土壤上培育出来的具有中国特点的企业治理模式,但大生纱厂的这一模式却是十分适合当时外部环境的高效的内部治理模式。这一点也普遍存在于中国许多民营企业和家族企业中(卢征良,2007),相应的内部控制设计也要考虑到这一点,要加强对企业经理层的内部控制监督和牵制,避免出现晋商经理负责制模式下票号经营深受掌柜个人能力品格的影响以及张謇私自挪用公款投资创办其他企业而严重损害大生纱厂经营能力等情况。而未及时根据内部控制实施状况和外部环境变化而相应调整内部控制的后果就是背离内部控制设计初衷,甚至使得内部控制失效。以轮船招商局为例,原先支持官督商办的郑观应后来也不得不感叹"名为保商实剥商,官督商办势如虎"。

六、结语

以史为镜,可以知兴替。通过探索明清时期我国内部控制思想和制度的创新与发展,一方面,我们了解到中国商业组织中早有较为完善的内部控制思想及制度体系,这种内部控制思想及制度体系完全基于中国传统文化产生而有别于西方的内部控制制度,更加强调对人的内在约束和道德教化功能,同时辅之以外在的规章制度等硬性约束以达到控制的目的,且更加注重企业与政府关系、企业社会责任在内部控制中的体现。另一方面,我们发现,明清时期受到外来经济文化冲击,借鉴西方文化并结合我国国情是内部控制创造性发展的前提。我们要坚定文化自信,积极探索根植于中华优秀传统文化并结合中国国情,适合我国经济发展的内部控制制度。

未来在设计企业内部控制制度时,应遵循组织内部个人与组织整体的基本价值观相一致,企业内部控制目标与国家、社会整体目标相结合的原则,避免内部控制制度设计只有利于追求企业利益最大化而做出违背社会整体利益最大化的行为。古往今来,能够将国家利益与企业利益较好结合的企业往往都更能获得企业内外部的积极评价,能够获得更好的发展。唤醒现代企业家"实业强国"的自觉,将企业社会责任融入企业内部控制设计,创建更有社会属性的具有中国特色的企业内部控制模式。

主要参考文献

[1] 蔡洪滨,周黎安,吴意云.宗族制度、商人信仰与商帮治理:关于明清时期徽商与晋商的比较研究[J].管理世界,2008(8):87-99,118,188.
[2] 常宗虎.南通现代化(1895—1938)[M].北京:中国社会科学出版社,1998:55.
[3] 陈元芳.我国内部控制的起源与发展[J].财会月刊,2007(5):65-67.
[4] 陈熹.《主术训》中的内部控制思想探究[J].财会通讯,2021(5):168-171+176.
[5] 陈啸,丰宝丽,甄珍,等.晋商企业制度与经营管理[M].北京:经济管理出版社,2008:79.
[6] 陈争平.近代张謇的企业制度创新及其现实意义[J].清华大学学报(哲学社会科学版).2007(1):73-79.
[7] 重田德.清代社会经济史研究[M].东京:岩波书店,1975:179.
[8] 杜正贞.浙商与晋商的比较研究[M].北京:中国社会科学出版社,2008:132.
[9] 戴圣.礼记[M].钱玄,等.注译.长沙:岳麓书社出版社,2001:791.
[10] 范椿年.山西票号之组织及沿革[J].中央银行月报,1935,4(1):1-11.
[11] 葛贤慧.商路漫漫五百年[M].武汉:华中理工大学出版社,1996:109-110.
[12] 顾炎武.肇域志[M].上海:上海古籍出版社,2004.
[13] 何心隐.何心隐集:卷三[M].北京:中华书局,1981.
[14] 翰墨林编译印书局.通州兴办实业之历史[M].南通:翰墨林编译印书局,1910:37,64-103,150.
[15] 胡勇华.官督商办企业:由传统向近代企业制度演进的过渡性组织形态[J].江汉论坛,2006(6):78-80.
[16] 黄鉴晖.山西票号史料[M].太原:山西人民出版社,1990:61,75,595-603.
[17] 黄鉴晖.晋商兴盛与境内商品经济的关系[J].山西文史资料,1996(2):37.
[18] 交通部铁道部交通史编纂委员会.交通史航政编:第1册[M].上海:民智书局,1940:143,145.

[19] 经君健.清代关于民间经济的立法[J].中国经济史研究,1994(1):47-49.
[20] 李鸿章.李文忠公全集:第36卷[M].上海:上海古籍出版社,1995:21.
[21] 李心合.内部控制研究的困惑与思考[J].会计研究,2013(6):54-61,96.
[22] 李玉.晚清"官督商办"企业制度的"跷跷板"效应[J].南京社会科学,2016(4):146-153.
[23] 李志斌.国家文化视角的内部控制研究[J].会计研究,2012(10):49-53.
[24] 梁洪学,吴施.混合所有制企业股权激励制度建设的价值取向:以经理人股权激励为例[J].江汉论坛,2018(10):39-45.
[25] 刘长喜.企业社会责任与可持续发展研究基于利益相关者和社会契约的视角[M].上海:上海财经大学出版社,2009:126.
[26] 刘厚生.张謇传记[M].上海:上海龙门联合书局,1958:251-252.
[27] 刘明辉.内部控制未来的变革方向[N].中国财经报,2003-11-26(5).
[28] 卢征良.早期大生纱厂内部治理结构的发展及其特征研究[J].山东科技大学学报(社会科学版),2007(2):76.
[29] 毛成刚,乔南.晋商文化与家族商业研究[M].北京:经济管理出版社,2008:40.
[30] 钱泳.履园丛话[M].北京:中华书局,1979.
[31] 刘锦藻.清朝文献通考[M].杭州:浙江古籍出版社,1988.
[32] 孙毓棠.中国近代工业史资料[M].北京:科学出版社,1957:728-729,1054.
[33] 藤井宏,傅衣凌,黄焕宗.新安商人的研究[J].安徽史学通讯,1959(1):11-41,10.
[34] 汪道昆.太函集[M].合肥:黄山书社,2004:52.
[35] 王思睿.中国内部控制新五年[J].财会通讯,2013(19):11-14.
[36] 王竹泉,隋敏.控制结构+企业文化:内部控制要素新二元论[J].会计研究,2010(3):28-35,96.
[37] 卫聚贤.山西票号史[M].太原:三晋出版社,2017:57-58.
[38] 吴慧.中国商业通史:第3卷[M].北京:中国财政经济出版社,2005:751,775.
[39] 吴慧.中国商业通史:第4卷[M].北京:中国财政经济出版社,2008:46.
[40] 夏东元.郑观应集[M].北京:中华书局,2014:718.
[41] 谢肇淛.五杂俎[M].上海:上海古籍出版社,2012.
[42] 辛明洲,骆良彬.儒家思想与内部控制文化建设研究[J].财会通讯,2014(4):27-30.
[43] 徐建生,徐卫国.清末民初经济政策研究[M].桂林:广西师范大学出版社,2001:32.
[44] 许晓明,刘金华."红顶商人"与企业短寿:近代早期中国企业成长的宿命[J].学习与实践,2006(12):46-53.
[45] 徐珂.清稗类钞:第五册[M].北京:中华书局,2017.
[46] 徐元基.从《商务叹》看郑观应对官督商办的态度[J].历史研究,1984(5):35-47.
[47] 杨在军.晚清公司与公司治理[M].北京:商务印书馆,2006:204.
[48] 余英时.中国近世宗教伦理与商人精神[M].桂林:广西师范大学出版社,2004:210.
[49] 俞玉储.再论清代中国和琉球的贸易:兼论中琉互救飘风难船的活动[J].历史档案,1995(1):98-99.
[50] 张爱民.山西票号兴衰过程中的组织与管理因素研究[D].郑州:郑州大学,2004.
[51] 张海鹏,王廷元.明清徽商资料选编[M].合肥:黄山书社,1985:453-454.
[52] 张海鹏,王廷元.徽商研究[M].北京:人民出版社,2020:381.
[53] 张季直先生事业史编纂处.大生纺织公司年鉴1895—1947[M].张謇研究中心,等.校注.南

京:江苏人民出版社,1998:34,41-42,73.
[54] 张謇研究中心,南通市图书馆.张謇全集[M].南京:江苏古籍出版社,1994.
[55] 张萍,杨雄胜.中国本土文化情境下的内部控制模式探索:基于明代龙江船厂的案例研究[J].管理世界,2018,34(2):161-175.
[56] 张孝若.南通张季直先生传记[M].上海:中华书局,1930:373.
[57] 张一农.中国商业简史[M].北京:中国财政经济出版社,1989:257-261.
[58] 张彦.试论儒学对张謇的影响[J].中华文化论坛,2003(3):81-85.
[59] 张正明,张舒.晋商兴衰史[M].3版.太原:山西经济出版社,2010:146.
[60] 张忠民.晚清大生纱厂的早期企业制度特征[J].清史研究,2016(3):75-83.
[61] 张后铨.招商局史(近代部分)[M].北京:中国社会科学出版社,2007:205.
[62] 郑观应.盛世危言[M].郑州:中州古籍出版社,1998.
[63] 郑力民.徽商与开中制[J].江淮论坛,1982(2):10-14.
[64] 中国史学会.中国近代史资料丛刊[M].上海:上海人民出版社,1961:39-40,53-55.
[65] 佚名.中西公司异同说[N].申报,1883-12-25(1).
[66] 钟祥财.中国近代民族企业家经济思想史[M].上海:上海社会科学院出版社,1992:83.
[67] 朱寿朋.光绪朝东华录[M].上海:上海集成图书公司,1909.

(云南财经大学会计学院 佘晓燕 何静怡)

第三篇

会计变革
与
国家治理

第十一章

中国近现代会计的变革与展望

改革开放以来,我们通过引进和借鉴国际会计惯例,建立了当今中国的企业会计、政府会计、注册会计师审计、内部控制、管理会计体系。中美全面冲突导致了一系列对我国不利的局面,如世界经济深度衰退、国际贸易和投资大幅萎缩、国际金融市场动荡、国际交往受限、经济全球化遭遇逆流、一些国家保护主义和单边主义盛行、地缘政治风险上升等,这引起了笔者对中国今后与世界关系的重新思考。一些人主张中国不再参与国际经济循环,减少与西方国家的往来,走自我发展的道路;也有的人持反对意见。面对动荡不安、复杂多变的国际形势,中国会计的路今后应该怎么走?是否也要断绝与国际会计界的合作,停止执行与国际会计惯例趋同的政策?这是当前需要慎重考虑和妥善处理的大事。本章以中国近现代会计的发展过程为鉴,讨论中国会计与国际会计惯例的关系。

本章所称中国近现代会计,指的是鸦片战争(1840年)以来的中国会计。在中国近现代会计发展过程中有三次历史性变革,这些变革决定了中国会计的走向。

一、中国近现代会计的三次变革

中国近现代会计的第一次变革发生在清末至民国期间。清末以前,中国长期采用传统的中式簿记;清末西方会计传入后,中国会计逐步向现代会计转变。西方会计传入中国的路径分为几条:一是通过西方人在中国占据的机构、设置的工厂传播西式会计。中国近代某些由西方人占据的机构(如海关、税务机关、邮政部门)和企业(如部分银行、铁路)早在19世纪中后期即已使用借贷记账法,在这些机构和企业中工作的中国人接触并学会了借贷记账法,随后将这一方法运用到其他单位,传授给其他人员,这是借贷记账法在中国传播的有效的渠道。最先实行西式会计的这些机构为其他单位提供了示范,培养了人才,推动了西式会计在更多单位和企业的实行。二是教育文化传播西式会计。在中国近现代会计的第一次变革中,西式会计的教育发挥了重要的作用。据记载,清末已经有西式会计教育。例如,1881年9月,《申报》曾刊登"上海账目同书学堂"的招生广告,称教授华人学习外国账目。尽管尚不清楚该学堂的具体授课内容,但可以肯定举办的是西式会计职业培训。除了"社会办班",大学也开设了西式会计的课程。光绪二十八年(1902)《钦定京师大学堂章程》商科主课中首列"簿记学"。尽管另有人提出,京师大学堂(北京大学和北京师范大学的前身)的簿记学课程没有开讲,但至少说明当时有了开设簿记学课程的计划,且计划讲授的是西式会计,主要是由于中式簿记缺乏系统性,作法不统一,且无教材,难以设立于引进了西方资本主义文明和近代科学文化的大学课堂。与此同时,公开出版的介绍西式会计的书籍、报刊发表的文章则更为广泛地向社会传播了西式簿记,其中代表性的有光绪三十一年(1905)在湖北出版的《连环账谱》(蔡锡勇)、1907年在东京出版的《银行簿记学》(谢霖、孟森)。虽然直到新中国成立前西式会计仍没有在全中国普遍推行,但西式会计的引入,动摇了长期以来中式簿记的主导地位,使中国的会计发生了千年未有的变革,开始走上了与世界会计潮流一致的现代化道路。

中国近现代会计的第二次变革发生在新中国成立之初至改革开放前。这次变革使中国会计转向了计划经济体制下的会计模式。新中国成立之前,中国以传统小农经济和小商品经济为主,现代工商业不够发达,民众受教育程度低,社会对产生于工业化和现代商品经济的新式会计的要求不迫切,中国近现代会计第一次变革的时间跨度很大,过程漫长。新中国的成立,迎来了全社会的社会主义改造,社会生产方式发生了巨大变化,促使会计再次发生了变革。为了恢复被战争破坏了的经济,巩固新生政权,新中国成立之初实行经济中央集权,统一管理全国经济资源、统一财经体制。统一财经的一项重要内容是统一会计制度。1950年3月9日,中央人民政府政务院财政经济委员会发出《关于草拟统一的会计制度的训令》,很快便在13个中央企业系统实行了运用新式现代会计方法的统一会计制度。之后几年内,其他国营企业、公私合营企业也实行了统一的新式会计制度[①]。

经过数年的努力,国民经济得到了全面恢复,国家的经济社会状况比起新中国成立之初已有了很大的变化。国民经济的发展和国有经济在国民经济中所占地位的上升,为指令性计划为主、指导性计划为辅的计划经济体制提供了基础,集中统一的经济管理体制逐步建立。1954年9月20日第一届全国人民代表大会第一次

---

① 1956年12月发布《中央级公私合营工业企业会计核算制度》,1957年12月发布《地方级公私合营企业会计核算制度》。

会议通过的《中华人民共和国宪法》序言指出:"我国人民在过去几年内已经胜利地进行了改革土地制度、抗美援朝、镇压反革命分子、恢复国民经济等大规模的斗争,这就为有计划地进行经济建设、逐步过渡到社会主义社会准备了必要的条件。"该宪法的总纲则规定:"国家用经济计划指导国民经济的发展和改造,使生产力不断提高,以改造人民的物资生活和文化生活,巩固国家的独立和安全。"刘少奇在第一届全国人民代表大会第一次会议上所作的"关于中华人民共和国宪法草案的报告"中宣布:"从1953年起,我国已经按照社会主义的目标进入有计划的经济建设时期。"为了适应计划经济的需要,1954年之后我国加大了学习苏联的力度,对前段时间制定的统一会计制度进行了改造。学习苏联的会计模式,最具代表性的是1956年前后颁布的《国营工业企业基本业务标准账户计划》(财政部1955年11月14日颁布)、《国营工业企业基本业务统一会计报表格式和说明》(财政部1955年12月14日颁布)、《国营工业企业凭单日记账核算形式标准账簿格式和使用说明草稿》(财政部1955年12月8日颁布第一稿,1956年12月24日颁布第二稿)。这几个会计制度从会计科目(账户计划)、会计报表到核算形式(凭单日记账核算形式),基本都是苏联会计的复制品。"现行的标准账户计划,是在学习苏联先进经验结合我国实际情况的基础上制定的。无论在账户编号、分类和名称方面,在内容和编写形式方面都有了较大的改进。"为了配合学习苏联会计,社会上也发行了一些介绍苏联会计的书籍和资料,一时掀起了学习苏联会计的高潮。后来,由于中苏关系恶化及意识到苏联会计模式过于烦琐、机械的弊端,中国部分扭转了全面学习苏联会计的做法,并经历了几次"简化、放权",但一直维持了这次变革中建立起来的计划经济体制会计基本模式,并成为新中国成立后40年内的会计框架。对于这次会计变革的意义,经历和领导了变革的原财政部会计司负责人杨纪琬先生评价说:"建国后40年所制定的分行业、分所有制的会计制度是对旧中国会计方法的彻底否定,是中国会计史上第一次点面皆俱的革命,它系统、全面,并形成了独特的会计理论。客观地说,在当时的历史条件下,这次会计改革对于在全国范围内统一会计方法、建立会计秩序、提供会计信息、培养会计人才,是起了积极作用的。改革结果:建立了一套门类齐全的与计划经济体制相适应的会计制度。"

中国近现代会计的第三次变革发生在改革开放之后。这次变革使中国会计转向了适应中国特色社会主义市场经济体制需要的会计模式。党中央于1978年召开了"建国以来我党历史上具有深远意义的伟大转折"的十一届三中全会。会议"果断地停止使用'以阶级斗争为纲'这个不适于社会主义社会的口号,作出了把工作重点转移到社会主义现代化建设上来的战略决策",完成了政治路线上的拨乱反正,实行了改革开放的政策,中国开始走上了民族振兴之路。中国的经济体制改革从最初的农村家庭联产承包责任制到城市的扩大企业经营自主权,实行经济责任制,转换经营机制,从股份制改造到建设现代企业制,从有计划的商品经济到建立社会主义市场经济,改革开放成为不可逆转的历史潮流。随着经济体制和国家治理体系的改革,中国会计改革很快铺开,逐步深入。为了实现"建立健全与社会主义市场经济相适应的会计体系"的会计改革与发展总体目标,在会计法治、企业标准、政府及非营利组织会计、内部控制、管理会计、会计服务市场、会计信息化等方面开展了前所未有的全方位改革,摆脱了计划经济体制下的会计模式,"解放思想,开拓创新,会计改革与发展取得了显著成绩",取得了大跨度的进步。中国实施的企业会计准则与其他国家和地区等效(相互认可)工作,降低了中国企业财务报告的转换成本,提升了国际社会对中国企业的认可度,使中国企业能够在同一平台上参与国际资本市场竞争,促进了对外贸易和国际资本流动,推动了我国经济社会的健康发展,提升了中国在国际会计规则制定中的话语权。

二、对中国近现代会计三次变革的认识

中国近现代会计的三次变革,也是中国近现代会计的发展过程。这些变革说明了一些问题:

第一,变革是形势发展的必然。中国近现代会计的三次变革,每次都是形势发展的需要,也是会计生存和发展的需要。第一次会计变革时,西方资本和生产方式进入中国,冲击了中国传统的自然经济,在中国历史上存在了数千年适应中国传统自然经济的中式簿记与现代工商业的要求相去甚远,不能适应现代工商业的需要,为了顺应社会潮流只能接受产生于现代工商业环境下的西式会计。虽然现代西式会计替代传统中式簿记的过程漫长,直到新中国成立前仍有大量中小企业采用传统簿记,但不断涌现的现代生产方式使现代会计的推广成为不可抗拒的历史潮流,传统中式簿记最终被现代会计所替代。第二次会计变革发生在中国革命取得胜利并逐步实行社会主义计划经济的形势下。此前流行的西式会计和残留的中式簿记不适应计划经济的需要,形势的变化导致只能采用计划经济下的苏联会计模式。第三次会计变革,是由于中国实行改革开放,放弃计划经济体制,建立社会主义市场经济。这就要求改变原有的计划经济体制下的会计模式,实行适应社会主义市场经济的会计模式。从根本上说,中国近现代会计的三次变革,均顺应了中国社会经济的发展,是中国社会经济发展的必然结果,具有不可抗拒的必然性。

第二,变革需要引进借鉴国外经验。中国近现代会计的三次变革都是通过引进借鉴国外会计经验完成的。第一次变革是西方现代会计进入中国的结果,第二

次变革仿照苏联建立起的计划经济体系下的会计模式,第三次变革则是通过引进借鉴世界通行的市场经济会计方式实现的。

所谓变革,就是扬弃过去,走新路,会计变革同样如此。会计变革是因为社会政治经济发生了变化,新的会计模式必须适应新经济体制的需要,而适应新经济体制需要的会计,不会在原经济体制的土壤上自发产生,因此不能不引进借鉴产生于准备实施的那种经济体制下的会计,这就是会计变革需要引进借鉴更为适当的会计模式的逻辑。当旧有的东西不再适用时,必然需要从外部引进,包括国际财务报告准则在内的国外会计经验,确实有很多值得我们学习和借鉴的内容。这些值得学习和借鉴的内容是人类的共同财富,我们不应该也不可能拒绝。历史证明,积极的引进借鉴不是坏事,并非一定置原有文明于死地,而是可能唤起旧文明在新层次的浴火重生。

第三,会计变革是将国外经验中国化的过程。引进借鉴国外会计经验是为了使会计适应新的经济体制,而各国的经济环境不会没有差异,适合别国经济环境的会计不一定完全适合引进国,引进借鉴国外会计经验也就不能简单照搬、全盘模仿,而需要根据本国的实际情况对国外经验选择使用、改造使用。事实上,在中国近现代会计的三次变革中,对引进借鉴的国外会计经验都是这样处理的,没有一味地照搬照抄。可以想象,如果简单地照搬照抄国外经验,一定不会有中国会计的变革与发展。

第一次变革中,政府是采用西式会计的大户,一些政府机关、官办企业的会计制度是按照西式会计方式制定的,但又根据中国的具体情况和习惯对借用的西式会计进行了改造,与原来的西式政府会计、企业会计不完全一样。例如,辛亥革命前后一些向中国贷款的西方国家参与接受贷款企业的经营管理,其中铁路是西方国家重点参与经营管理的企业之一。"一些外国的专家,则各以其本国的会计为蓝本,施行于中国铁路会计,以至各铁路局的会计科目、报表不一致,所反映的财务状况,不能作为考核比较之用。交通部(北洋政府交通部)于1914年设立了'统一铁路会计委员会'(另有资料显示该委员会成立于1912年),以研究制定适合中国铁路管理的统一铁路会计制度(这些铁路会计制度制定出来后,亦为国民政府铁道部继续采用)"。该委员会自成立以来,致力于将西方国家先进的铁路会计与中国的实际情况相结合,开发制定适合中国使用的铁路会计。该委员会在1914年发布的《交通部统一会计委员会陈报筹备经过及决议实行铁路建筑账目办法详》中,一方面肯定了借鉴外国铁路会计的必要;另一方面也清晰地指出,"中国路事已历二十余年,无论办理是否得法,亦必有其独到之处及特具之点。此次从事改良(对以前不统一的各铁路会计方法实行统一管理),若只将外人之良法,移而植之吾国,则不啻削足适履,何能应用"。"该会于民国二年至三年(1913—1914)开议多次,所订各项,皆根据各国学术上经验上研究所得,并参酌中国情形审慎议定。"再如,国民政府接受美国会计学家爱格尔斯敦的建议,在 1932 年编制《中央各机关及所属统一制度实例》中采用了复式簿记制度,但也没有完全按照西方会计的作法行事,表现之一是"受当时改良中式簿记的影响,只吸收了西方借贷会计的长处,根据中国的特点,采用了以收付为记账符号的复式簿记制度"。此外,1939 年 11 月公布的《暂行公有营业会计之一致规定》及 1942 年制定的《公有营业会计制度设计要点》中规定的会计报告、会计科目簿记组织、成本会计事务处理通则,都采用了与中国企业实际情况结合的、中国人习惯的做法。在国外经验中国化的问题上,潘序伦先生总结说:"历史的经验告诉我们,引进并认真学习国外的先进经验和先进技术是必要的,无论是自然科学或社会科学都是如此。但必须是实事求是,切合我国国情,才能取得最佳效果。"

第二次变革是由政府主导的,这是与第一次变革的不同之处。第二次变革中,为了适应计划经济体制的需要,引进了苏联会计模式,实现了中国近现代会计的又一次大变化,但并不是从头至尾、完全照搬苏联的做法。

新中国成立之初建立的一系列会计制度由苏联专家参与制定,参考了苏联的做法,但在很大程度上遵循着西方企业会计的惯例,对苏联的做法"有学一点、搬一点、用一点的情况"。对新中国会计与苏联会计模式的关系,当时财政部负责制定会计制度的会计制度司司长安绍芸曾表示:"现在的统一会计制度(1954 年前的会计制度),虽然基本上还能适应计划经济的需要,但是在很多方面是不够完善的,它们不够完善,是有历史根源的。基本上它是在 1951 年和 1952 年制定的。那时,无论在学习苏联先进经验方面,在结合中国具体实践方面,在配合计划管理和财务管理方面,都是不够深入,不能达到成为定型的水平。"而导致这一结果的原因之一是西方会计对部分会计制度制定者的深刻影响。"国营企业的会计制度,经过会计工作同志们的努力,苏联专家的帮助,更重要的是经过了思想改造,三年以来,正在逐渐排除英美资本主义国家输入的腐朽会计理论及实务而逐渐靠近苏联的办法。但是,截至现在,还没有完全跳出资产阶级会计理论及实务的圈子。这是不可否认的事实。""四年多来,我们在会计核算工作上学习苏联先进经验是有一定的成绩的,但是也存在着不少问题,其中主要的是在我国会计界中尚存在着一定程度的资产阶级会计理论残余的影响和我们的学习迄今为止还是十分不够的。""1951 年和 1952 年所初步制定的统一会计制度,基本上是以苏联先进经验为蓝本,只不过当时因限于客观条件,钻研的不够深入,又过多地保留了我国旧社会固有的会计基础。"这些情况说明,当时一部分会计制度制定者对苏联会计模式采取了有选择地引用的做法,没有全盘照搬。1954年后风向发生了变化,是否学习和接受苏联会计成为立场问题,这才加大了学习苏联的力度,更多地套用了苏联的会计做法。然而,对照搬苏联会计模式的批评和纠正并没有停止。1956年苏共"二十大"后中苏关系破裂,苏式经济建设路线的弊端也充分显现出来,消除了中国对苏联经济建设模式的迷信,并开始考虑如何根据国情走自己的路。在这样的政治经济背景下,我们开展了对学习苏联会计模式过程中出现的一些烦琐僵化做法的批判,先后开展了会计"简化、放权",继而"恢复、整顿"的运动,在不触动基本框架的前提下进行了几轮会计改革,拉开了与苏联会计模式的距离。会计的这些变化和改革,重点体现在1958年6月财政部《关于改革企业会计制度办法》和《关于下放拟定地方企业会计制度权限的通知》、1961年11月国务院批转财政部拟定的《国营企业会计核算工作规程(草稿)》、1962年5月第一次全国会计工作会议、1965年7月财政部发出的《企业会计工作改革纲要(试行草案)》等文件中。这一历史过程表明,第二次会计变革通过引进借鉴苏联经验建立了计划经济体制下的会计模式,但"从根本上讲,我国实行了40余年的会计制度是根据我国计划经济管理的实践逐步摸索出来的,与前苏联的会计模式并不完全一致"。

  第三次变革也是在政府主导下完成的。这次变革的特点之一是采取了与国际会计先进经验(以国际财务报告准则、内部控制整体架构、国外政府会计改革理论成果、管理会计为代表)趋同的政策,但是在实施这一政策的过程中始终坚持了将国外会计经验与中国实际情况相结合的原则。变革初期,为了找到改革的参照,会计界大量介绍了当时以欧美国家为代表的西方会计做法,曾有过如何对待西方会计惯例的讨论。多数人认为,会计改革需要引进借鉴国际先进的会计做法,但不能照搬照抄,而要结合中国国情,有选择地引进借鉴国外的经验。此后,更将原来中国会计与国际惯例"接轨"的提法改为"趋同",表明了不能与国际惯例无缝对接,而应合理地保留自己特点的认识。在公布与国际财务报告准则基本趋同的2006年企业会计准则之际,财政部又明确地提出了"趋同"的四个原则(趋同是进步,是方向;趋同不是简单地等同;趋同需要一个过程;趋同是一种互动)和处理中国特色与国际趋同关系时的具体措施(国际财务报告准则中与中国经济环境和法律不冲突,又能与中国实际情况相结合的,予以采用;只在发达市场经济环境和条件下才能有效运用的,适度采用;不符合中国经济实际情况和监管环境的,暂不采用;中国会计准则采用中国人熟悉的和习惯的形式)。2008年全球金融危机发生时,国际会计准则委员会发布了允许金融工具重分类的特别规定,而中国经过分析并结合中国的实际情况,采取了"不跟风"的对策,避免了盲目调整会计政策造成的会计工作混乱,也是不盲从国外会计做法的一个史例。

事实上,中国近现代会计的三次变革都理性地处理了中国特色与引进借鉴国外经验,否则不会有中国会计的进步。

三、 对中国会计发展的展望[①]

回顾中国近现代会计的三次变革,我们看到的是,变革推动了中国会计的发展与进步,变革离不开对国外经验的引进与借鉴,引进与借鉴国外经验与中国的实际情况相结合促成了会计变革。按照这样的历史经验审视今天尚在进行中的会计改革,可以肯定地说,中国会计应当继续执行对外开放的政策,保持与世界各国的合作和对国外经验的引进与借鉴,推进会计改革的进一步深化。

从根本上说,中国会计走什么路,是由中国的政治经济环境所决定的。2020年习近平总书记在中央全面深化改革委员会第十五次会议上的讲话中指出:"要继续用足用好改革这个关键一招,保持勇往直前、风雨无阻的战略定力,围绕坚持和完善中国特色社会主义制度、推进国家治理体系和治理能力现代化,推动更深层次改革,实行更高水平开放,为构建新发展格局提供强大动力。"在坚持改革开放的基本国策下,中国的社会主义市场经济会计模式不会改变,会计改革必将继续深化。

从中国与世界的关系看,面对当前动荡的世界形势,一些人看到现实中部分国际交往被阻断,认为中国会重新闭关锁国,这是一种片面夸大历史前进中的风波,看不到历史前进方向,割裂历史连续性的思维。就世界大势而言,经济全球化仍是历史潮流,各国分工合作、互利共赢是长期趋势。国际经济联通和交往仍是世界经济发展的客观要求。面对国际新形势,党中央提出了"以国内大循环为主体"的新发展格局,但"以国内大循环为主体"不是放弃"国际循环",而是"国内国际双循环,相互促进"。习近平总书记在不同场合反复强调,以国内大循环为主体,绝不是关起门来封闭运行,指出中国开放的大门不会关闭,只会越开越大。历史事实说明,我国经济持续快速发展的一个重要动力就是对外开放。对外开放是基本国策。习近平总书记还在经济社会领域专家座谈会上谈到了六方面重要问题,其中之一是"以高水平对外开放打造国际合作和竞争新优势"。他强调,我们要全面提高对外开放水平,建设更高水平开放型经济新体制,形成国际合作和竞争新优势。要积极参与全球经济治理体系改革,推动完善更加公平合理的国际经济治理体系。习近平总书记在第七十五届联合国大会一般性辩论上的讲话中又一次指出:"面对经济全球化大势,像鸵鸟一样把头埋在沙里假装视而不见,或像堂吉诃德一样挥舞

---

① 本部分内容参考了新华网、人民网的评述资料。

长矛加以抵制,都违背了历史规律。世界退不回彼此封闭孤立的状态,更不可能被人为割裂。"世界退不回彼此封闭孤立的状态,经济全球化不可阻挡,对与全球化和多极化相适应的国际通行规则不能视而不见。中国是国际社会的重要成员,考虑到中国参与国际会计治理和在国际会计规则的制定中维护自身的权益,发挥负责任大国的作用的必然性,对会计国际也应该继续采取"接触""了解""协作"的态度,而不能"脱钩"或"对抗"。中国会计需要奉行对外开放的政策,保持与世界各国的合作和对国外经验的引进与借鉴的路线,这是为中国近现代历次会计变革证明了的。中国能够在引进借鉴国外会计经验的过程中处理好中国国情与引进借鉴的关系,也是为中国近现代历次会计变革证明了的。

总结会计发展的历史经验,能够使我们坚定改革开放的道路自信,保持定力,深化会计改革,维护好已取得的成果,沿着被实践证明了的正确方向继续前进。

主要参考文献

[1] 付磊,崔新婷.《商法调查案理由书》与清末会计[J].江西财经大学学报,2017(3):90-97.
[2] 王建忠.会计发展史[M].2版.沈阳:东北财经大学出版社,2007:117-118.
[3] 董辅礽.中华人民共和国经济史:上册[M].北京:经济科学出版社,1999:229.
[4] 中共中央文献编辑委员会.刘少奇选集(下卷)[M].北京:人民出版社,1985:144.
[5] 安绍芸,张新周.介绍"国营工业企业基本业务标准账户计划1957年补充规定"的内容[J].工业会计,1957(1):1.
[6] 中国管理科学研究院财政经济研究所.社会主义市场经济与会计制度改革[M].北京:中国财政经济出版社,1994:62.
[7] 中国会计学会,中国第二历史档案馆.中国会计史料选编[M].南京:江苏古籍出版社,1990:1499-1634.
[8] 赵友良.中国近代会计审计史[M].上海:上海财经大学出版社,1996:127.
[9] 潘序伦.潘序伦回忆录[M].北京:中国财政经济出版社,1986:40.
[10] 杨时展.1949—1992年中国会计制度的演进[M].北京:中国财政经济出版社,1998:12-33.
[11] 黄寿宸.为在会计核算工作中进一步深入学习苏联先进经验而努力[J].工业会计,1954(8):5.
[12] 安绍芸.为标准账户计划所做的说明[J].工业会计,1955(12):1.
[13] 杨纪琬.当代中国的会计改革[M]//中国管理科学研究院财政经济研究所.社会主义市场经济与会计制度改革.北京:中国财政经济出版社,1994:62.

(首都经济贸易大学　付磊)

第十二章

国家治理现代化视域下会计的演化逻辑与定位

"会计是一个信息系统"的思想根植于西方市场经济国家治理的土壤,服务于西方公司治理和资本市场监管,也可以说是服务西方国家经济治理。中国国家治理的逻辑与西方不同,很可能是导致中西会计差异的根本原因。中国政府应对新冠病毒的成功反映了中国国家治理制度的有效性和优越性,增强了对中国治理制度和治理能力的自信。我们感兴趣的问题是:国家治理通过什么途径对会计产生影响?其理论逻辑是什么?国家治理下会计定位和发展逻辑是什么?中西方国家的不同的国家治理逻辑对会计发展的影响是什么?这对揭示现代会计本质、把握会计发展趋势、创新会计研究和推动会计改革非常重要。

一、缘起

(一)中西方关于会计本质的认识差异源于认识论的差异

会计本质是西方会计建构会计理论、确定会计演化方向的关键概念。会计信息系统论观点是西方会计学教科书中对"什么是会计"的最常见的表达。从会计信息系统论出发,构建的财务会计概念框架逻辑严谨,是认识会计、指导会计实务发展的会计基础理论。将会计视作一个独立信息系统的好处是,相对脱离了社会环境,会计活动的逻辑就凸显出来,由此便于比较会计准则的差异,推动会计的国际化。刘峰在《当代会计评论》2018年第1辑刊首语《寻找会计理论基础》中说,"现有的会计理论,总体上是从会计学科的内在规律性特征出发,就会计论会计","目前的会计理论,特别是财务会计理论,总体上是不关注会计与社会的关系,或者没有将其纳入会计的基本理论体系"。

整体论是中国古典哲学的认识论,是指导我们分析问题、认识问题和解决问题的逻辑基础。在中国五千多年文明史中,会计在助力组织运行、维护经济秩序、保障政治清明、推动经济发展中发挥着重要作用。能否像中医一样,从整体论视角认识会计,在社会体系中找到会计的合理定位,建构会计理论的大厦?

老一辈会计学家基于中国实践提出了会计管理活动论。在改革开放之前,会计是按照财务制度和会计制度运行的,服务于经济管理。会计学是一门专业技术,教师按照制度规定在学校教授会计实务。改革开放后,会计活动环境和内容发生变化,会计界开始思考会计的基本理论问题,包括会计本质、会计对象、会计目标和会计职能。1982年杨纪琬和阎达五合作,通过中西方会计理论的比较和对中国会计实践的分析,提出了"会计管理活动论"的观点。1985年1月,杨纪琬在此基础上,又撰文讨论与会计相关的基本问题。他提出"会计的本质就是一种管理活动",并建议"遵循马克思对会计职能的认识,在《会计法》中将会计职能表述为核算和监督,从重要性来说,控制或监督的职能是第一位的。会计监督是会计工作的核心"。"会计管理活动论"是杨纪琬和阎达五以马克思主义理论为指导,从中国计划经济时期以及计划经济向社会主义市场经济过渡时期的社会实践出发,根据会计在社会经济中的功能而概括的会计本质。

会计管理活动论与会计信息系统论的不同之处在于对会计研究方法不同。会计信息论是将会计嵌入在组织内部对会计定位,聚焦于会计活动,由此可看出财务会计、管理会计和税务会计三个子系统之间的分野。这是采用科学研究的"放大镜"探索会计本质。"会计管理活动论"采用"显微镜",观察会计与其所嵌入的组织和社会体系中的联结方式和功能。但是,这种观点受限于当时的社会实践,没有建构起类似西方财务会计概念框架的理论体系,建构中国会计理论的尝试是没有成功的。

"会计是一个信息系统"的思想根植于西方市场经济的土壤,服务于西方国家治理。财务会计概念框架就是基于资本市场会计治理需求,从会计信息系统论出发,逐步发展起来的一套逻辑自洽的会计理论体系。会计准则属于治理主体之间会计治理的公共契约。20世纪90年代以后,在会计改革与国际化进程中,我国全面学习西方会计准则和会计理论,也接受西方的关于会计是一种商业语言和一个企业信息系统的观点,自然接受西方财务会计理论和学术研究范式。

(二)思辨国家治理现代化视域下的会计本质很有必要

理论是对实践规律的理性认识,会计理论需要与时俱进,会计学术研究纠偏迫在眉睫。第一,遵循不同的认识论,会形成不同的理论逻辑。会计理论是指导会计改革、组织会计教学内容的依据,是界定会计学术研究边界的标尺。中国哲学的整体论必然总结出与西方不同的会计理论。第二,当下会计活动所嵌入的环境正在发生变革。一方面,大数据、智能技术、移动互联、云技术、区块链等技术的发展快速改变会计工作的方式,引起会计在经济社会中职能的改变。会计参与管理的广度和深度在拓展,会计与更多业务活动和治理活动交融。另一方面,经过多年的探索,中国新发展阶段的高质量发展理念已经形成,并在这一理念下构建了社会主义市场经济体制下的国家治理框架。国家治理理论和实践改变着会计的社会地位,并提出了新的发展需求。第三,会计学术研究有所偏离中国实践需求。改革开放40余年,中国会计学术国际化进展迅速,许多青年一代的学者接受西方会计教育,研究方法的精致性与研究选题切实性之间的矛盾越来越明显。如果任由会计界新一代遵循西方的会计基本理论,做西方学界喜欢的学术主题,其结果是会计学术研究不仅仅是自娱自乐和缺少历史使命感(杨雄胜,2012),而且误导了西方社会对中国治理体制、治理机制和效果的理解,增强了西方社会对其自身体制和理论的盲目自信,甚至对中国会计思想和理论的质疑与不屑。

中国会计研究一定要结合中国实践,服务于中国的社会主义事业。杨雄胜从1986年起,先后在《会计研究》上就会计基本理论和会计学术研究发表8篇论文,一再呼吁"冷静分析现代会计发展至今的历史,审视中国传统会计所体现的独特风格,在中华民族伟大复兴实践中实现中国会计强国之梦"。杨雄胜(2021)呼吁从会计在维护人类社会文明中作用的角度审视会计基本理论,界定会计的本质。他以会计史和学术研究的发现为证,指出"会计在一定程度上真实反映了经济活动的善恶,借助于对每一个交易引起的经济业务善恶状况确认、计量并系统记载,再现了经济活动善恶状况是如何变化的,通过报告为了解经济活动在一定时间后整体善恶状况变化提供了可靠证据,进而利用业绩评价与市场机制,实现整个社会'扬善弃恶'这一文明进步的基本要求"。[①]周华(2016—2021)以专著和论文连载等方式,从经济发展、法律制度等视角研究西方会计规则演变,揭示国际会计准则发展趋势和西方会计准则的矛盾及问题,为发展中国会计基本理论和会计准则提供证据支持。王竹泉等(2021)从国家治理需求角度,提出构建并实施多维衔接、持续发布的"中国宏观会计信息质量综合指数",为财会监督和高质量发展提供坚实的基础平台支撑,更好发挥会计信息的国家治理功能。

这些会计学者的思考给予我们有益的启发。我们在致力于研究中国会计相关问题时,比较容易看到中国的现象与现有的理论学说之间的距离,但是要实现理论

[①] 杨雄胜建议立足于会计实务层面,对现代会计履行对人类文明进步职责状态与质量作出客观理性评估,从而为现代会计发展找到正确的方向与实施路径。

创新,必须弄清楚:中国与西方的区别是什么?这些区别通过什么途径对会计理论产生影响?

新冠病毒的发生帮助我们找到了这个关键词:国家治理。中国政府应对新冠病毒的成功不仅向世界展示了中国政治体制的优势,而且反映了中国国家治理制度的有效性,由此增强了对中国治理制度和治理能力的自信。会计学术界不应再彷徨(杨雄胜等,2020),从国家治理现代化的视角,重新审视什么是会计,并展开会计思想和基础理论的辩论,为中国当代会计赋予实践的灵魂,是会计研究的当务之急,也言正逢时!

本章的贡献在于从国家治理视角诠释会计定位和发展逻辑。从整体论出发,采取逻辑论证、历史分析的方法提出并论证会计治理论的观点,揭示国家治理与会计的关系;采取比较分析方法,重新定位国家治理现代化视域下会计本质和功能,建构新的自我检验、持续迭代的会计发展框架,揭示国家治理视域下中西方会计发展的差异,论证中国国家治理优势对会计发展的影响。

本章主要内容安排如下:首先,论证会计在公司治理与国家治理的互动中,从公司契约上升为国家经济治理的制度安排,为国家治理提供信息支持,有利于提高国家治理能力,因此,会计逻辑应与国家治理逻辑相协调。其次,在国家治理体系和治理能力现代化视域下讨论会计本质和会计职能,并与信息论相比较,重新对会计进行定位。最后,遵循会计与国家治理逻辑相调适的原则,对比会计信息系统论下会计发展逻辑,建构国家治理现代化视域下会计演化的逻辑框架,揭示中西方不同的国家治理视域下会计发展的差异,并讨论了国家治理与会计治理、会计信息趋同与国家治理和全球治理关系等相关问题。

二、 国家治理模式与会计架构的协调性:历史分析与理论概括

(一) 现代会计是一种服务于国家治理的制度安排

国家治理体系和治理能力是一个国家管理的制度体系和制度执行能力的集中体现,属于上层建筑的范畴(张波和李群群,2020)。但治理区别于统治,治理主体是多元的、分散的,统治主体是一元的、集中的,国家治理旨在拯救政府失灵和市场失灵(陈进华,2019);统治是单一向度的管理,治理则是一个上下互动的管理过程,治理的实质在于建立在市场原则、公共利益和认同之上的合作(俞可平,1999);治理的目标是实现多元利益主体的利益均衡和决策科学,治理的关键是顶层设计(李维安和李元祯,2020)。国家治理的顶层设计涉及国家治理的价值标准选择和制度

建构。国家治理的制度体系即国家治理体系,包括正式制度和非正式制度[①],具有国家性、时代性、整体性、系统性和协调性。

1. 会计信息是国家治理的基础

其一,会计信息是公司治理基础。公司会计信息披露之所以重要,是因为公司利益相关者之间存在信息不对称和利益诉求的差异,在公司内部出现代理问题,在公司外部出现逆向选择的现象,影响了资本市场发展。高质量会计信息有利于规避治理风险,避免市场失灵。其二,会计信息是政府治理的基础。政府是企业社会资本的投资主体(王竹泉,2020)、公共产品的提供者、社会资源配置主体和经济调控主体。政府与治理对象之间同样存在信息不对称,可能产生资源错配、公共政策失误、效率低下、被寻租行为扭曲治理效果等系列问题。公司会计信息披露,行业、地区和国家汇总会计信息和其他经济信息同样是政府治理的基础。高质量的会计信息有利于避免政府管理失灵,并有效地履行政府的治理职能。其三,会计信息是社会组织治理的基础。社会组织是介于政府和企业之间的中介组织,是社会治理体系的最重要主体。社会组织既承接了部分政府转移的职能,又弥补了市场供给的部分不足,促进了资源配置的合理性和公共利益的实现(李维安等,2018)。会计信息有利于缓解社会组织和利益相关者之间信息不对称,提高其治理效能。其四,会计信息为国家治理提供了决策支持。国家治理是由政府、企业、社会组织和个体等多元利益主体谋求可持续发展过程,会计信息犹如国家机体的经络系统,引导社会资源的投入、循环和输出效能。无论国家治理机制如何选择,协调不同主体私人利益和公共利益的冲突是国家治理的要务。会计提供了治理活动沟通和互动的基础,建构了治理秩序,因而成为国家治理的基础。

2. 会计是国家经济治理的制度安排

会计信息越重要,越需要通过集体理性选择,建构其法律规范和标准体系。会计发展史表明,公司治理和国家治理是互动发展的,会计在这一互动过程中从公司内部契约安排演变成为国家的制度安排。

在公司制度产生以前,会计主要是服务于特定组织和个体的管理活动。公司作为不同资源所有者共同缔结的法人组织追求合作共赢,具有持续价值创造能力。但不同利益相关者需要通过一系列制度安排保护其产权,建构公司治理秩序,协调利益冲突,保证公司决策科学。从理念和原理看,会计是维护资本制度、保护产权

---

① 治理制度体系包括非正式制度。例如,全球治理委员会发布的《我们的全球伙伴关系》(1995)研究报告指出:"治理是各种公共的或私人的个人和机构管理其共同事务的诸多方式的总和。它是使相互冲突的或不同的利益得以调和并且采取联合行动的持续的过程。这既包括有权迫使人们服从的正式制度和规则,也包括各种人们同意或以为符合其利益的非正式的制度安排。"

关系的精巧设计，是公司治理的基础。借贷记账法是一种会计核算方法，当会计等式从业主产权关系式演化为法人产权关系式时，会计记录和报告了公司利益相关者之间的交易，为公司制企业明晰产权、计量产权收益提供技术和信息支持。会计主体、持续经营和会计分期等会计概念出现，为会计信息生成提供理论保障，是财务报告披露和审计的理论基础。

会计信息在公司治理和市场发展中的纽带作用，在国家治理层面制定信息披露相关治理规则体系是会计发展的自然选择。会计报表及其审计制度被写进英国最早的公司法，为股份公司和资本市场发展提供了制度保障。美国早期未能像英国一样制定统一的公司法，会计信息供给和披露缺少统一的法律依据，公司治理和市场治理缺少会计制度保障。直至 1929—1933 年的美国经济大萧条让社会各界认识到会计行为的社会后果，以及对会计实施管制的必要性，美国才率先将会计信息披露纳入《证券法》和《证券交易法》，并设立证监会专门负责监管。此后，有关会计的制度安排就从公司治理层次上升到国家治理层面。虽然美国公认会计原则是授权民间机构制定的，但改变不了其作为会计标准体系的制度功能。财务报告审计制度是会计中介参与国家治理的写照，政府审计的制度属性更无需论证。新中国成立后，会计制度一直是国家规范的范畴，是国家经济制度的组成部分。因此，现代会计是政府、企业和社会组织等治理主体进行治理活动的制度安排。没有会计规制和会计活动，国家治理秩序无法建立，国家治理制度体系也是不完整的。现代会计的演化史也是会计思想和规制随着公司治理和国家治理需求不断完善的历史。会计在维护资本市场秩序，引导社会资源配置，保障社会经济安全和维护国家权益中发挥了重要作用[1]，证明了会计提高了国家治理能力，乃至全球治理能力。

（二）中西方国家治理模式不同，会计的制度性安排有所不同

一个国家的治理体系和治理能力根植于社会制度的土壤，不可避免地受到历史传承、文化基因、经济发展阶段和上层建筑的影响。正如习近平总书记（2014）所说，一个国家选择什么样的治理体系，是由这个国家的历史传承、文化传统、经济社会发展水平决定的，是由这个国家的人民决定的。不同的国家治理遵循不同的治理逻辑，表现为不同的治理模式。会计作为制度安排内嵌于国家治理体系，会计架构应具有国家特点。

---

[1] 会计信息披露影响投资者信心，关乎资本市场秩序和健康发展，会计准则制定决定企业盈利计量，如商誉摊销还是不摊销，影响企业盈利，如果摊销可能导致企业亏损，影响投资者和社会对企业未来预期和经济形势的判断，甚至引起社会恐慌。另外，会计准则国际化也是国家利益之争。

国家治理按照其治理本位可分为个体本位和集体本位;按照政府地位可分为市场主体主导和政府主导。治理本位、治理主体结构、治理机制、治理原则和治理目标等差异,形成不同治理模式。国家治理逻辑是政治制度(国家权力的归属配置)与公共生活(国家权力的运作与规范)之间构筑紧密关联而又相互调适的联结机制(夏志强,2020)。治理本位选择,以及政府、市场和社会在公共生活中地位不同,治理机制和原则不同,国家治理逻辑不同。

按照以上标准,中西方治理模式不同。夏志强(2020)将西方国家治理界定为市场逻辑主导,坚持以个人本位和市场本位原则处理各方面关系,治理目标是保护个人权利和财富增值。这一模式的法律基础是西方私有财产保护制度和政府有限权力。自由竞争经济学是其理论基础。俞可平(2019)指出,自20世纪90年代兴起以来,西方治理理论在其论证和实施过程中是以消解国家权威,促进治理多元化、去中心化为旨趣的。这与西方国家建构历史有关。中世纪政教分离,有限权力和个人自由权利成为西方国家建构的基础理念。随着资产阶级革命成功,产权保护制度、自由竞争的市场机制和去中心化的多元治理成为资本主义国家权力运行基本范式。

国家治理的市场逻辑决定会计制度的基本特征,市场逻辑的演变影响了会计制度的变迁。在19世纪末期以前,美国经济一直处于自由放任状态。1873年西方经济危机导致大批中小企业破产,频频发生公司合并和巨型公司垄断行为,西方市场经济由自由竞争转向垄断。大企业提高了抗风险能力,也因垄断市场发生了对消费者利益的掠夺问题,引起了社会的强烈反响。美国政府开始出台反垄断法,对市场经济实施政府管制,管制经济学应运而生。1929—1933年的美国经济危机宣告自由竞争市场机制失灵,催生了凯恩斯的政府干预理论,凯恩斯经济学下的美国政府通过立法、监管和财政货币政策对社会经济进行干预。但是,在市场逻辑主导下的西方国家治理中,政府作用只是弥补市场失灵、保护市场竞争。20世纪70年代西方经济滞胀并存,政府干预的缺陷被社会所关注,俘获理论强调政府被利益集团所俘获,政府管制遭受批评,新自由主义经济学说顺势取代了凯恩斯经济学对美国政策的影响力。相较于古典自由主义经济学,新自由主义经济学主张政府保护市场竞争,维护市场秩序,以保障社会主体的平等地位。因此,20世纪80年代以后,在"放松管制"和"管制改革"的辩论中,西方社会接受了管制改革,管制经济学引入意识形态因素,在利益集团博弈中寻求管制均衡。在这一过程中,政府并非完全退出,而是要参与治理过程,并为促进市场主体合作治理提供支持。因此,在市场逻辑主导的国家治理下,强势市场主体的影响力在博弈规则完善中得到合理化保护,注定了这种治理缺少社会整体利益观和协调发展能力。

西方会计运行的制度框架是西方国家治理模式下的产物,会计的每一次变革结果与西方治理逻辑的演化相协调。美国公认会计原则产生和演变过程为此提供了一个强有力证据。第一,会计管制出现在凯恩斯经济学影响美国政策时期,其初衷是弥补市场机制失灵。在资本市场兴起之前,会计是企业业主和股东主导的内部事务,会计信息披露和审计在公司法下属于股东的权利,会计是维护企业产权制度的契约安排,服务于公司治理。公众公司出现后,会计信息表现出公共物品特征,通过公司内部解决信息不对称问题是不经济的,"搭便车"现象更容易导致公司监管缺位,会计信息自我治理机制失灵,最终会计信息质量被认定与1929—1933年的美国经济危机有关。为了弥补市场机制失灵,美国政府于1933年制定并通过《证券法》,1934年颁布《证券交易法》,并依法成立证监会,维护资本市场交易,会计信息披露作为影响市场交易的信息,被纳入证监会监管范围,从此西方会计进入国家治理时代。第二,公认会计原则制定主体始终坚持市场主体本位。会计准则制定机构历经多次改革,从会计行业协会下属的会计程序委员会到会计准则委员会,公认会计原则从由会计主体制定转向由市场主体合作制定之路。1938年美国证监会把证券市场审计权、会计原则制定权赋予会计师行业,这正是自由竞争市场体制下国家治理的体现,也是会计强势利益集团主导会计原则制定的证据。之后所谓独立会计准则制定机构美国会计准则委员会(Financial Accounting Standards Board,FASB)开始出现,其成员包括会计职业界、工商界、会计学术界和政府部门等多方面的代表,这恰恰证明了会计治理是多元合作的治理,与西方国家去中心化的多元治理结构一致。第三,财务会计概念框架和公认会计原则只是会计理论与技术标准,是市场主体合作博弈的结果。美国会计师协会下属的会计程序委员会在1939—1959年颁布了51份会计研究公报(Accounting Research Bulletins),从会计实践惯例中归纳出的会计程序和方法,难免受到了强势利益集团的影响,采用了迎合客户诉求的弹性化会计规则。"会计程序委员会这种罔顾理论上的合理性,竭力为客户操纵财务数据提供便利的做法引起了证券市场的激烈争议,甚至在注册会计师行业内部引起了内讧。"美国会计原则委员会1962—1973年发布的31份《会计原则委员会意见书》,致力于解决会计规则弹性过大,也未能满足资本市场投资者信息诉求的问题。1973年由美国会计准则委员会替代会计原则委员会,发布了财务会计概念框架,制定了公允的会计准则制定程序。但是美国会计准则制定历史表明,这一程序为利益集团的博弈提供了合理渠道,会计准则制定实际很难完全按照理论逻辑选择,最终会计准则反映了强势市场主体的利益诉求。

传统中国的国家治理逻辑是权力逻辑,权力逻辑是以中央集权制度为依托,以官本位垄断资源分配,是以广大民众无条件服从为条件的(夏志强,2020),根本没有形成多元治理主体,也称不上真正的国家治理。新中国成立后,在中国共产党的领导下,确立了中国现代国家治理的制度框架。习近平总书记于2014年1月1日在《人民日报》发表题为《切实把思想统一到党的十八届三中全会精神上来》的文章,他指出:"国家治理体系是在党领导下管理国家的制度体系,包括经济、政治、文化、社会、生态文明和党的建设等各领域体制机制、法律法规安排,也就是一整套紧密相连、相互协调的国家制度;国家治理能力则是运用国家制度管理社会各方面事务的能力,包括改革发展稳定、内政外交国防、治党治国治军等各个方面。"新中国国家治理逻辑有别于西方,中国现代国家治理模式是集体和国家本位的,这一模式的核心是中国共产党领导,坚守人民利益至上原则,是党领导下以政府为主导的多元主体合作治理模式。但这一现代国家治理体系经历着改革完善的过程,会计也随着改革变迁。

从新中国成立至改革开放前,中国国家治理模式是集体和国家本位的,是政府主导逻辑下的国家治理,实质上是国家管理。在计划经济时期,法制不健全、市场不健全、多元治理主体尚未形成,政府以国家发展计划和行政命令代替市场机制。在这种国家治理模式下,个人和企业等社会主体地位式微,企业没有自主权,也没有制定会计规则的权力。财务会计核算制度由政府制定,会计报告格式和内容取决于国家管理的需求。政府计划在资源配置和收入分配中发挥主导作用,会计在计划执行中发挥统计和重要监督作用。资金占用等于资金来源的会计平衡式就很好诠释了会计地位。正如杨纪琬先生所言:"从重要性来说,控制或监督的职能是第一位的。会计监督是会计工作的核心。"

改革开放以后,随着所有制改革和外资引进,企业主体的地位凸显,资本市场的恢复和要素市场的发展彻底改变了社会经济环境,中国建立了社会主义市场经济体制。在这一经济体制下,集体和国家本位没有根本改变,但是政府和市场关系发生了变化,多元市场主体涌现,政府在资源配置中主体地位让渡给市场主体,市场机制在资源配置中发挥决定性作用,政府在资源配置中主要起引导作用和调节作用。在依法治国改革过程中,市场主体参与治理的机制已经建成。与此同时,会计架构发生了根本变化,但没有改变政府主导下市场治理逻辑。第一,会计制度和会计准则始终属于国家规范。20世纪90年代以来,中国资本市场恢复,股份公司和证券交易越来越多,资本市场运行制度从无到有。从20世纪90年代开始,我国制定中国会计准则,到2006年会计准则取代会计制度。尽管准则的内容实现了国际趋同,但是没有改变会计准则的规范性质,甚至西方财务会计概念框架的内容也是以基本会计准则形式发布的。第二,中国会计制度由财政部门制定,会计准则由财政部会计司制定改为会计准则委员会制定,也采取了公允的制定程序,征求各方意见,这也体现中国政府主导下合作治理模式形成。第三,会计信息服务主体是政府和市场主体。中国政府与企业之间存在着产权和政权双重关系,因此,中国会计准则从来都将满足政府需求纳入会计目标。2006 年公布、2014 年 7 月修改的基本会计准则第四条,沿用国际会计准则对会计目标的定义,但又指出"财务报告的使用者包括投资者、债权人、政府及其有关部门和社会公众"。

(三) 会计的逻辑演变与国家治理逻辑演变的适应性是会计发展的必然选择

要理解会计本质属性问题,就必须联系会计制度赖以存在并发挥作用的政治、经济、科技、社会、法制诸领域,综合形成能力水平(杨雄胜,2021)。从中外历史角度看,国家治理逻辑决定会计架构特征。这表现在以下方面:

(1) 国家治理逻辑特点决定了会计发展的动力和理论假设。国家治理的核心问题是政府和市场关系,社会主义市场经济与西方市场经济国家治理的区别是政府的地位和作用。在西方市场经济主导逻辑中,政府作用仅是弥补市场机制失灵。因此,西方会计发展的动力在于市场需求,会计理论的逻辑前提是市场有效性。在中国国家治理中,政府要引导市场,促进市场经济健康发展。所以,会计发展动力在于政府和市场的双重需求,会计理论的逻辑前提是有效市场和有为政府假设。

(2) 国家治理的利益导向影响会计目标。国家治理是治理主体保护其权益、实现其利益追求的制度体系。西方个体本位的国家治理追求经济效率和个体经济利益最大化。资本所有者是西方国家治理主体中强势利益集团,西方会计目标是为投资者和债权人提供决策有用的信息,效率优先和争取公平是其基本原则。中国国家治理基于国家集体本位的利益诉求,追求效率和公平的统一,既要发挥市场机制决定性作用,又要发挥政府引导和调节作用。所以,我国会计目标不仅要服务于投资者和债权人的决策需求,也要满足政府作为国家治理主体的新发展理念的需求,满足人民利益的追求。

(3) 国家治理结构决定了会计准则制定模式。对于去中心化多元治理和中心化多元治理模式,会计准则制定模式会有区别。美国由独立于政府的会计准则委员会制定公认会计原则,政府部门只是其中的参与主体,这与其市场治理主体结构和参与治理方式一致。中国会计准则委员会作为财政部下属准则制定机构,其他主体都是参与主体,这是由政府在国家治理中主体地位决定的。

(4) 国家治理主体的治理方式决定了会计职能。公司治理主体采取用手投票,会计主要目的就是决策支持,提供满足资本所有者决策需求和社会组织治理需求的信息。中国国家治理除了要满足市场机制配置资源的信息需求,同时也要发挥政府在资源配置和社会发展中的引导作用、监督和控制作用,以及社会经济协调平衡中的调节作用。所以,中国会计职能必须发挥宏观、微观资源配置的信号作用,同时也需要发挥会计监督、调节和评价作用,会计职能内容将更加丰富。

(5)国家治理主体决定会计主体结构和信息边界。中国政府与企业是国家治理的最重要主体,具有不同资源、治理权利、治理活动和目标,因此二者分别成为宏观主体和微观会计主体,具有不同的会计活动和信息边界。相对而言,西方会计依托发达的微观会计主体,形成会计主体一支独大的态势。但国家治理的整体性要求宏观会计信息和微观会计信息具有一致性。

(6)国家治理的目标决定会计价值相关性内容。西方会计研究主线是价值相关性和契约有用性,这是西方会计职能的反映,也是西方市场治理主体对会计的要求。除此之外,中国会计必然涉及会计与宏观政策和经济运行的相关性,而且要为国家治理提质增效服务,会计的价值相关性要拓展到高质量发展会计相关评价。

由以上会计与国家治理的关系分析可知,会计界不能再忽视中西国家治理的差异对会计的影响,必须基于中国国家治理现代化需求,基于国家治理制度建设、治理能力提升和治理效能改善,重新定位会计本质、职能和边界,更加准确把握会计改革发展的方向。为了区别于信息系统观下的会计,下文称"国家治理视角下的会计"为"治理观下的会计"。

三、面向国家治理体系和治理能力现代化的会计定位

(一)会计本质的深化

会计基本理论大厦的建立,始于会计概念。从逻辑上看,会计的概念应该揭示会计的本质。会计信息系统论是将会计活动视作嵌入在一个组织内部的信息加工和披露活动。国家治理现代化下的会计本质要直接揭示会计在国家治理现代化中的地位。

1. 会计是维系着国家治理秩序的制度安排

治理观下的会计不仅仅是指会计活动,更是指会计系统。从顶层设计看,会计指的是制度安排,是治理主体的集体理性选择。中西方会计制度虽有形式上的差异,但其制度功能具有相似性。会计的制度安排则保障会计信息的质量,使利益相关者之间的信任具有法律保障。从会计与组织联结看,会计制度在各层次之间执行,并因此形成治理活动的有序化。会计信息建立了治理主体之间以及治理主体和治理对象之间沟通的信息纽带,保障了治理机制的有效运行。从公司治理、政府治理、社会治理到国家治理,各个治理主体依据其治理权,获得会计信息,评估治理

效果,参与治理过程,建构了公司治理、政府治理、社会治理和国家治理的秩序。

2. 会计是国家治理能力现代化的支撑

国家治理现代化体现各个层次治理的制度化、程序化和科学化,评价国家治理现代化水平的标准是制度产生的效能。其一,会计是提高公司治理能力的基础。会计是公司治理的制度安排,会计信息披露在降低代理成本和避免逆向选择中发挥重要作用。一是会计信息反映了公司治理效果,为公司利益相关者的决策提供了依据;二是会计信息是公司激励机制有效运行的基础;三是公司会计监督提高公司合规性,有利于提高公司治理的效率和能力。其二,会计是提高政府治理能力的基础。会计信息是税收征管依据;汇总的会计信息经过针对性分析与整理,是监控经济运行的依据,是国家进行宏观调控的依据,是国家财政经济政策调整的依据;会计通过对经济活动的反映过程,发挥国家监督作用。其三,中介机构和研究机构发布的证券分析和会计研究成果成为治理的智库信息,推动了公司治理水平、社会治理水平和政府治理水平的提高。

(二) 会计职能的拓展

立足于国家治理的总体角度,将会计活动描述为"政府、企业和事业单位的会计核算和监督活动"已经不能很好地反映会计本色。高培勇(2021)在讲财政在国家治理中的地位时,将国家治理比作一座金字塔,财政是金字塔的地基及四梁八柱。同样,站在新的历史方位和新的时代坐标上,将会计置于国家治理的总局中定位为国家治理体系中的制度安排、国家治理能力的支撑,仅从微观视角已经不能系统描述会计的功能,应从宏观视角对会计职能进行拓展。

第一,会计建构了国家治理秩序,维护社会经济有序运行。会计构建治理主体与治理客体之间合作、互动和信任机制,是国家治理体系运行的基础。在社会经济活动中,会计这套制度安排是联结主体和治理对象,维护国家治理秩序,保证治理活动正常运行的基础。首先,会计准则和会计信息披露制度安排建立了公司与投资者、债权人等治理活动链接机制,为实施治理对策、评价治理效果提供了信息基础。其次,会计准则和财务报告制度奠定了政府治理活动的决策基础。财政政策制定和调整、税收征管、金融监管及产业政策制定和调整等,都离不开可靠的财经信息。会计信息报告反映各类资金运动过程、各项政策实施效果,反馈各项治理活动效果,是治理活动正常运行的制度保障。

第二,降低社会交易成本,提高资源配置效率。党的十九大报告明确指出,"使市场在资源配置中起决定性作用,更好发挥政府作用"。不论是市场决定性作用还是更好发挥政府职能作用,都有赖于客观、公允的会计信息支持。会计能够反映会计主体拥有的或控制的财务资源,以及资源的所有权,反映资源运用的效率和效果,以及现金流入流出情况,是利益相关者配置资源的依据。会计信息对企业和市场主体决策有用性已经是国内外共识,而且会计学术界越来越多地探讨会计信息在行业资源配置和宏观经济资源配置中的作用。宏观经济信息指数(王竹泉,2018)以及会计信息质量对宏观资源配置有用性的学术研究发现(李青原,2020),将会计信息资源配置作用从企业内部推进到省级和行业间,体现了会计在国家治理能力提升中的作用。

高质量的会计信息是政府运用公共权力调配社会资源的基础。政府在产业政策制定、地区经济平衡、应对社会突发事件过程中,需要调配社会资源。会计信息对提高决策的科学性和精准度、降低社会交易成本具有非常重要的作用。国有资产监督管理委员会所属企业财务信息上报,为国家利用国有资本维护国家经济安全,发挥国有经济主导作用,在平衡地区经济差距,完成保就业、精准扶贫和对口支援等专项任务中起到重要支持作用。这体现了会计在国家治理能力提升中的重要作用。

在新一代信息技术支持下的企业数字化转型中,企业信息产生、汇总和传播的速度大大加快,数据资产化价值创造能力的溢出效应越来越高。这为政府利用数据提高资源配置效率,提高社会价值创造能力提供条件。可以说,数据资产化使会计支撑国家治理能力现代化成为现实。

第三,监控国家治理活动,评价国家治理的有效性。国家治理能力现代化需要对治理主体及其治理过程和效果进行监控和评价。会计监督是会计的基本职能。1999年,在我国《会计法》第二次修订中,单位内部会计监督、社会审计监督和政府监督构成"三位一体"会计监督体系。这种定位使得会计监督目标狭隘(武辉和王竹泉,2019)。2020年1月,十九届中央纪委四次全会强调,将财会监督与审计监督、统计监督等一并作为党和国家监督体系的重要组成部分。会计监督成为国家监督体系的重要组成部分。国家治理不仅要监督政府公共权力依法合规运行,而且要评价政府治理绩效,审查社会公众利益、环境资源的保护情况,监控经济发展质量,矫正社会和经济发展不平衡问题。这要发挥会计的监督作用、评价作用和调控作用。

会计学术研究发现证明了会计在国家治理中具有监控作用和治理效能的评价作用。例如,许晓芳等(2020)、王竹泉(2019)等关于财务风险和去杠杆的研究证明,在监控企业杠杆和国家宏观杠杆、评价经济风险和企业风险、评估去杠杆进程和政策效果中,会计发挥着重要作用。会计信息在预测股市崩盘风险方面发挥了对资本市场风险的预测和监控作用。会计是对企业资产结构的反映,在评估实体经济脱实向虚的程度,监控其资金结构和流向,防范资金脱实向虚等方面都发挥了重要的支持作用。

（三）会计信息系统观下和治理观下会计定位的系统比较

会计认识视角的转换使会计的本质和职能发生了根本变化，这种变化将进一步改变我们对会计基本问题的认识。表 12-1 将会计信息系统观下的会计和治理观下的会计进行对比分析，力图清晰表述治理观下会计定位的新貌。

表 12-1 不同视角下会计定位比较

比较	会计信息系统观下的会计	治理观下的会计
视角聚焦	会计活动	会计与组织、社会之间联结及其功能
会计目标	满足公司治理和资本市场的信息需求	以会计活动和会计信息满足国家治理的秩序建构、能力提升和效能改善的需求
会计本质	会计是组织内部的信息系统	会计是国家治理制度安排，是国家治理能力现代化的支撑
会计主体与报告边界	主体是组织，报告边界是组织契约	报告边界包括组织契约和组织契约的外部性，主体包括微观会计主体和宏观会计主体
价值导向	产权资本经济收益最大化	产权资本经济利益和社会利益的协调，效率和公平的统一
会计职能	会计信息具有反映职能和预测职能	建构国家治理秩序；降低契约成本，引导资本配置；监控国家治理活动；降低社会交易成本，提升社会资源配置决策效果；评价国家治理的效果
会计信息核心内容	反映企业的产权关系，揭示会计主体的经济效益与风险，反映股东利益最大化的实现过程	反映企业的财务资本产权关系、政府资本资源的产权关系，揭示微观、中观和宏观的经济效益、社会效益和风险
会计活动过程	微观会计信息供给	会计信息生产和披露；微观会计控制和宏观会计监控；治理效果分析和评价
会计有效性评价	会计价值相关性与契约有用性	会计与国家治理效能的相关性

治理观下的会计要服务于公司治理、社会治理和国家治理，谋求经济利益和社会利益的统一，兼顾效率和公平。但是，由于中西方国家治理逻辑不同，政府和市场在国家治理中的地位和关系不同，国家治理的价值取向和实现过程、路径和效率有明显差异。西方国家具有大市场、小政府的特点，政府的作用受到限制，不仅会

计的宏观作用需求不大,而且政府并未成为强势会计主体。社会治理主体力量分散,治理力量协同性比较差,会计信息对社会利益和风险的披露需求并未得到满足,西方国家治理下的会计更多地表现出信息系统观的特点。

中国是中国共产党领导下的国家治理,从新中国成立初期的大政府、小市场演化到当下追求有效市场和有为政府双重目标的协调,政府和市场不仅是互补关系,而且政府对市场要起到引导作用。所以,中国国家治理下会计应该与西方明显不同,忽视这种差异与西方会计趋同,将导致会计与国家治理的逻辑不匹配,会影响将制度优越性转换为国家治理的能力效能,在信息技术迅猛发展环境下也导致会计行业式微。

四、面向国家治理体系和治理能力现代化的会计演化

（一）会计信息系统观下会计演化的逻辑框架

众所周知,会计信息系统观下的西方会计已经构建了一个首尾相接、逻辑自洽的会计概念体系,即财务会计概念框架。财务会计概念框架是以会计目标为起点,提出了会计信息供给活动应遵循的基本原则。我们把西方会计理论、会计准则、会计实务和会计信息应用放到一个整体框架中(图12-1),可以得到一个有效市场假设为演化前提的会计发展框架,它是以资本市场信息需求为起点,环环相接、自我检验、自我演化的会计循环,即会计演化的逻辑框架。

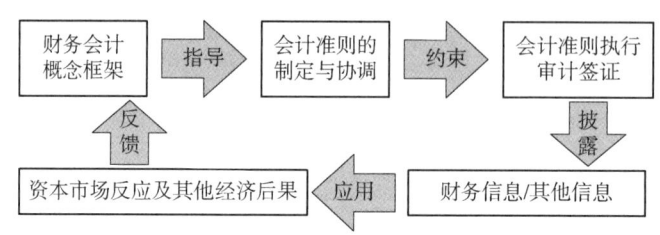

图 12-1　会计信息系统观下会计演化的逻辑框架

会计发展的逻辑框架描绘了理论、准则、实务和应用评价之间的逻辑联系,将各环节的环境、行为主体和理论研究主题放进去,就是会计学术研究的总体框架。会计演化的逻辑框架具有理论、制度、实务和学术研究一体化的特征。会计信息系统观下会计发展框架体现了西方国家治理的特点,表现在以下方面:

（1）会计演绎发展的前提是市场有效性,这与西方国家治理机制一致。1968年鲍尔(Ball)和布朗(Brown)实证检验发现了会计收益数据的市场反应,为会计信

息系统合理存在提供了经验证据。因为市场是有效的,市场交易能够反映信息,会计信息系统才具有目标,才推演出以目标为导向的财务会计概念框架。西方会计准则发展历史表明,资本市场需求决定会计模式选择,决定财务会计概念框架和会计准则修订的方向。

(2) 会计的最终目标是实现产权资本的经济收益最大化,这与西方国家治理对经济效率追求一致。无论是决策有用观还是受托责任观,会计信息的主要使用者是与企业有直接或潜在利益关系的资本资源提供者,政府和监管者被排除在信息使用者之外,会计的最终目标是实现产权资本的经济收益最大化。

会计报告的核心内容也反映了会计的这一特点。资产负债表是法人产权关系报表,保护的是股东的剩余权益。利润表揭示企业收益和股东收益实现过程,现金流量表从现金变动视角补充法人产权变化过程、收益实现过程和风险,而第四大会计报表股东权益表则报告了股东利益最大化的实现过程和结果。

(3) 会计准则是利益相关者之间的公共契约,这与西方国家去中心化多元合作治理特征是一致的。西方国家去中心化和个体本位的国家治理彰显了市场主体的地位。在会计准则制定发展史中,会计信息的利益相关者依靠行业组织,成立会计准则制定机构,并通过会计准则制定的公允程序参与会计准则制定的博弈。美国外币折算准则 SFS8 遭遇管理层反对,在发布 6 年后被 SFS52 所代替;股票期权会计准则 SFAS123 曲折的生效过程也是例证。政府是会计信息的利益相关者,既没有主导会计准则制定,也并非强势利益集团,只能通过参与会计准则制定维护政府税收利益。1962—1963 年美国关于投资抵免税处理的会计准则 APB2 未能被彻底遵从,美国政府和企业在会计契约中的关系和地位也是美国国家治理主体结构的反映。[①]

(4) 会计活动内容与西方国家治理中会计功能定位基本是一致的。西方会计理论没有讨论会计职能,但是会计作为公司治理和国家资本市场治理的制度安排,其反映职能和预测功能有利于解决公司代理问题和避免市场逆向选择问题。事实上,会计准则和会计信息披露也确实建构了西方资本市场秩序,减少了契约成本,发挥了引导资本配置的作用。

(5) 会计有效性评价标准是价值相关性和契约有用性,这与西方国家治理主体的经济利益需求一致。契约有用性和价值相关性是评判会计概念框架、会计准

---

① 史蒂芬·A.泽夫的《会计准则制定:理论与实践》(中国财政经济出版社 2005 年版)一书,以及由威廉姆·R.司可脱著、陈汉文等译的《财务会计理论》一书(机械工业出版社 2000 年版)都提供会计准则制定的案例。

则和会计信息披露有效性的主要依据。每一次会计改革都需要从价值相关性和契约有用性角度进行检验。这也是该主题研究历久弥新的原因。

(二) 治理观下西方会计演化趋势

将会计信息系统观下会计视作外生条件的国家治理纳入会计发展框架,站在国家治理的高度,会计已经超出公司会计的范畴,显现出全新的理论逻辑,中西会计发展的逻辑差异更为明显。

基于国家治理模式和会计之间逻辑关系的理论分析,会计信息系统观根植于西方国家治理的土壤,会计信息系统观下的会计发展逻辑基本上表现了西方国家治理下会计的发展逻辑。但是,国家治理毕竟不同于公司治理,国家治理要兼顾私人利益和公共利益,只不过在不同国家治理模式下二者优先顺序和权重并不同。20世纪70年代以来,企业发展与环境保护、技术进步与就业等私人利益和社会利益的矛盾冲突问题日益突出。在尊重资本利益追求的前提下,西方国家治理呼吁企业承担更多社会责任,维护经济可持续发展。但是,西方去中心化的多元治理信奉市场机制作用,倚重市场主体的公司治理和社会治理,而不是倚重政府治理。如此,在市场有效性假设下,不同的治理主体聚焦于企业行为和会计信息披露,从不同层次采取不同治理行为影响会计的发展。

西方可持续发展报告或者 ESG 报告为会计演化提供了一个很好的例证。20世纪70年代以来,企业行为的外部性对环境、社会和劳动者就业产生深刻影响,在尊重产权利益的前提下追求社会经济的可持续发展成为社会共识。诸多企业、社会组织,也包括政府部门开始制定可持续发展准则,发布可持续发展指数,推动企业编报可持续发展报告。毕马威(KPMG)发布的 2020 年可持续发展调查报告显示,52 个被选取国家的百强企业中,80%公布了可持续发展报告。ESG 报告或可持续发展报告日益受到重视,离不开各国证券监管部门、证券交易所、专业投资机构和上市公司的鼎力支持,也离不开 GRI、SASB、WEF、TCFD 和 CDSB 等区域性和国际性组织的不懈努力(Wen,2021)。从 20 世纪 70 年代孕育到目前成为共识,从各类主体自行制定可持续发展报告框架到相互协调,并对政府政策和企业会计实践产生广泛的影响,历经约 50 年。中国政府"双碳"目标制定、明确路线图及企业、市场快速反应,只能证明国家治理的差异必然导致治理效能差异,这种差异也必然影响会计演化的速度和方向。

从会计演化方向看,会计的社会目标日益得到重视,公司报告从资本产权利益导向的报告将过渡到资本权益和社会利益并重的方向。这一转变将使会计更好地贯彻国家治理的理念,更好地服务于国家治理,实现国家治理目标。

(三) 中国治理现代化下会计的演化

中国当前主要以政府为中心的多元共治的国家治理模式为会计理论创新提供了动力源泉,中国会计演进的动力和方向与西方有所不同。按照图12-1的逻辑要素,绘制会计发展的逻辑框架如图12-2所示。

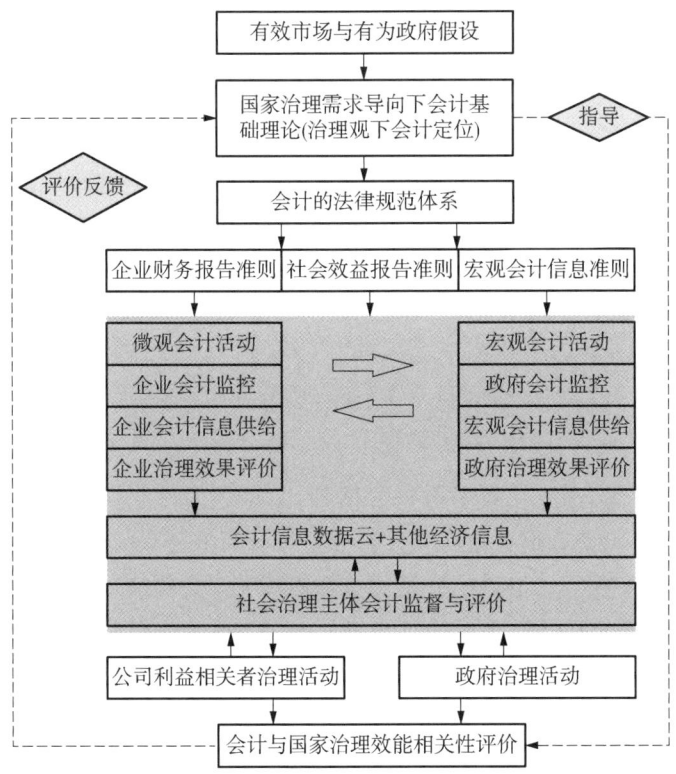

图 12-2 中国治理观下会计发展的逻辑框架

图12-2中要素有导向模块(也是动力模块,市场有效和政府有为假设是会计系统演化的逻辑起点)、会计理论模块、会计规制模块(包括会计法规和准则)、会计实务模块(会计活动和信息云)、会计信息应用和效果评价模块(包括公司治理和政府治理应用与效果评价、会计国家治理效能相关性评价),逻辑上应该环环相扣,形成一个演化发展的循环。

(1) 以有效市场和有为政府作为会计发展的双驱动力。国家治理模式的不同在于对政府和市场关系的处理。西方会计主要是服务于组织治理和市场治理需求,基本不考虑政府治理需求,因此,企业通用财务报告的目标是提供给现有和潜在投资者、贷款方和其他债权人。国际会计准则委员会和美国会计准则委员会联合发布概念公告第8号,将政府排除在财务报告使用者范围。2018年国际财务会计报告概念框架修订时,尽管有人呼吁财务报告应着重关注负责维持金融稳定的监管机构和财政政策决策者的需求,但是,国际会计准则理事会最终并未采纳这一目标。其深层原因在于现有会计理论体系逻辑起点是市场有效理论,西方国家不认可政府干预作用。尽管近年ESG报告被广泛接纳,但并非通过政府力量,而是侧重通过社会治理影响公司治理,引导公司报告披露的改革。

中国国家治理是以党的领导为中心,依靠政府和企业中党组织的作用,将党的宗旨贯彻到政府和企业层面,实现经济社会和自然的和谐发展。高质量会计信息是市场机制有效运行的基础,也是政府制定高质量财政金融等政策的依据。因此,会计必须满足有效市场和有为政府协调发力的目标要求,政府治理对会计功能需求将是推动会计发展的强劲动力,中国会计将在有效市场和有为政府双轮需求驱动下快速发展。

(2) 健全和完善国家治理下的会计规则体系。会计制度是将国家治理理念、治理目标转化为会计实践的重要环节,是发挥会计功能的重要保障,是国家治理和会计治理制度完善的需要。在治理观下会计基本理论的指导下,要提高企业会计信息披露准则质量,建立社会效益报告准则,完善数据行业规范体系,制定宏观会计信息准则。要以企业财务报告和社会效益报告为依托,从下到上,为微观财务信息拓展及中观、宏观会计信息的采集质量和使用安全提供制度保障。

(3) 以云技术为依托,支持微观信息云披露,拓展中观和宏观会计信息研究,建立国家治理会计信息源库,并发布贯穿宏观、微观的核心会计指数,强化信息引导作用。2015年10月党的十八届五中全会提出了创新、协调、绿色、开放、共享的新发展理念,2017年10月党的十九大报告提出了推动高质量发展目标,赋予国家治理新内涵。在新发展理念下,企业要进行新旧动能转换,政府要引导、支持和践行新发展理念。在高质量发展目标下,企业除了对资源提供者的经济责任,还肩负社会责任;政府除了政治责任,还肩负经济责任。所以,会计信息不仅要报告经济效益,也应涉及社会责任、社会效益的报告与评价。同时,随着市场中介的信息解读、媒体报道和研究机构报告的出现,市场信息将海量涌现。这虽然解决了国家治理的信息需求,但也容易导致公司治理和政府治理抓不住重点。所以,要有权威咨询机构发布各层次资本收益、社会效益和风险的核心会计指数,从而方便信息使用者决策,发挥社会治理作用,提高会计研究服务于社会的效率。

(4) 围绕国家治理需求,拓展会计活动空间,强化会计国家治理功能。当聚焦于微观会计活动时,确认、计量、记录和披露等会计活动具有反映和监督的职能。

进一步放宽观察会计视野,从会计与公司组织、市场秩序之间的关系看,会计参与建构公司治理和资本市场的秩序,乃至社会经济运行秩序,会计信息有助于解决公司代理问题与市场逆向选择问题,加强内部控制,降低契约成本,引导资源配置。当把企业财务信息汇总成行业、地区和全国的会计信息时,会计信息可以反映经济发展的不平衡和社会矛盾,对政府市场监管、经济调控、区域经济协调等发挥支持作用。会计在宏观领域的监控作用、评价作用和决策支持作用,有利于协调微观主体经济利益和宏观经济社会利益之间的矛盾,实现国家治理的目标。

为此,会计行业需要转换商业服务模式,拓展业务链。一是借助现代信息技术,将微观财务会计信息上传到会计数据云,形成中观和宏观数据采集库源。二是发展数据产业,为会计信息使用者提供基础信息服务和定制化信息服务。三是推动会计数据资产化,提升会计数据的服务价值,这是会计发挥治理效能、推动会计行业走向辉煌的路径选择。

(5) 拓展会计有效性的评价内容和检验标准,增加会计与高质量发展的相关性、与社会契约有效性之间的关系评价。会计定位的变化,会计相关性和有效性评价内容和标准随之改变。在已有的会计价值性和契约有效性评价基础上,对接国家治理效能的评价,增加会计与宏观、微观治理效果之间的相关性,会计与降低社会交易成本之间的关系,以及会计与应对社会突发危机效率的有效性应该纳入会计有效性的研究范围。

(四) 国家治理观下需要处理的基本关系

1. 治理会计与国家治理的关系

会计既是治理基础,也是治理对象,因此,会计与公司治理和政府治理关系不是单向关系,在图 12-2 中间部分,会计主体与治理主体之间存在双向互动关系。"天下未乱计先乱,天下欲治计乃治",充分诠释了治理会计与国家治理的关系。治理会计是保证公司治理和政府治理有效运行的条件,但公司治理和政府治理质量又制约会计治理效果。这似乎是一个无解的循环。从 2005 年开始,政府组织各省级地方财政厅(局)一同开展会计信息质量检查,发布会计信息质量检查公告,但是会计信息质量问题没有根本解决。从微观视角看,国内外会计舞弊研究统计表明,公司会计信息披露问题与公司治理密切相关,且没有根本性的解决方案。

刘慧凤(2012)提出,会计治理必须先于公司治理,应建立公司层次会计激励和监督机制及业务层次会计风险控制。刘慧凤(2006)提出,公司层次的会计治理监督体系应该针对公司治理结构特点,以内部控制为依托,以内外审计监督为支撑,建立多元主体协作的会计治理结构。但是,这种思路受限于信息渠道不通畅和法律依据不充分。在国家治理视角下,利用大数据和区块链技术,更新会计信息生成和交流技术,促进会计活动规范化、标准化,保证基础会计信息质量。在此基础上,制定科学的宏观数据评价标准(王竹泉等,2021),健全会计数据使用规制,保障数据资产质量,挖掘和加工专门的会计数据,提高会计数据资产价值,必将更好地发挥会计在国家治理中的作用。

2. 微观会计信息供给与宏观会计信息需求之间的矛盾

政府既是社会资本的投资者,也是社会管理者,必然成为会计信息重要使用者(王竹泉,2020)。如果将会计满足政府治理的需求作为会计目标,难免扩展会计的责任,增加会计报告内容,由此提高会计信息供给成本。如目前国有企业需要对国资委和证券市场提供两套报告,相对于民营企业增加了财务报告成本。另外,宏观、微观会计报告需求如果存在冲突,则增加了会计政策选择的困难。如何解决这个问题呢?

因为会计信息供给是有成本的,会计准则一直强调的是会计报告提供的通用会计信息,不可能满足所有信息使用者的需求。但会计改革一直坚持的是财务报告供给侧改革,现在需要转变策略,将供给侧改革和需求侧改革结合起来。一方面,继续按照公司治理和政府治理需求,改革财务报告披露;另一方面,减少会计信息提供者的信息加工义务,发展信息挖掘和加工的中介行业,促进财务数据产业化,让信息使用者更多承担信息挖掘和加工成本,以满足自己的需求。

3. 会计国际趋同与国家治理和全球治理之间的关系

在会计信息系统论下,作为技术标准的会计准则国际趋同是一个国家适应经济全球化的必然选择。中国企业会计准则已于 2007 年实现了与国际财务报告准则的趋同。根据 2016 年财政部印发的《会计改革与发展"十三五"规划纲要》,我国一直保持与国际会计准则持续趋同。中西方国家治理模式不同,按照中国国家治理逻辑发展会计理论和会计准则,是否会影响会计准则国际化?

产权资本逐利需求是财务会计报告全球趋同的根本原因。当前会计准则的国际趋同主要是微观财务报告准则。在不同国家治理模式下,各国会计制度化架构差异主要是形式上的差异。西方的财务会计概念框架和中国基本会计准则的作用是一样的,其内容结构几乎相同,财务报告全球趋同是大势所趋。

资本逐利过程尤其是追求短期利益的过程对环境、社会和资源产生深刻的影响,这是利益相关者和政府能够影响公司行为和公司治理的原因。公司治理实践表明,公司治理正在突破产权逻辑,利益相关者正在参与制定可持续发展准则,影响公司的投融资行为,纠正公司过度追求个体经济利益、损害社会利益的行为。在有条件限制下让资本追逐利益最大化是符合全球治理的目标的。因此,面对人类共同性社会、环境、人权等问题,未来财务报告趋同也将是在兼顾社会利益报告信息基础上的趋同,这种趋同符合实现全球治理的利益诉求。在这一过程中,中国作为大国的社会责任感和治理优势有助于使中国成为趋同力量的领导者。

宏观会计服务于政府治理,具有国家特色,没有必要追求国际化。发展中国宏观会计理论,拓展会计理论维度,推动会计创新,将在世界会计发展史上留下中国的足迹。

我们相信,中国国家治理的优势将转化为会计治理优势、会计创新的优势。我们期待,以会计治理理论统一的宏观和微观会计思想,制定会计发展规划,繁荣会计理论,推动会计的创新和发展!

主要参考文献

[1] 陈进华.治理体系现代化的国家逻辑[J].中国社会科学,2019(5):23-39.
[2] 高培勇."基础和支柱说":演化脉络与前行态势:兼论现代财税体制的理论源流[J].财贸经济,2021,42(4):5-19.
[3] 李维安,李元祯.中国公司治理改革迈向新阶段[J].董事会,2020(10):23-35.
[4] 李维安,徐建,等.从公司治理到国家治理[M].南京:江苏人民出版社,2018:14.
[5] 刘慧凤,盖地.公司会计治理与公司治理:同构、嵌入还是交叉?[J].会计研究,2006(6):15-21.
[6] 刘慧凤.公司会计治理:理论与机制研究[M].北京:经济科学出版社,2012:12.
[7] 王竹泉,谭云霞,宋晓缤."降杠杆""稳杠杆"和"加杠杆"的区域定位:传统杠杆率指标修正和基于"双重"杠杆率测度体系确立结构性杠杆率阈值[J].管理世界,2019,35(12):86-103.
[8] 王竹泉.宏观经济信息质量指数:提升国家治理水平和发展质量的战略举措[J].财务与会计,2018(21):75-78.
[9] 王竹泉,江玮滢,宋晓缤,等.高质量发展与中国宏观会计信息质量综合评价[J].会计研究,2021(4):39-48.
[10] 王竹泉.政府社会资本理论构建[M].北京:中国财经出版社,2020:102.
[11] 武辉,王竹泉.国家治理框架下善治导向的会计监督体系重构[J].会计研究,2019(4):3-10.
[12] 夏志强.国家治理现代化的逻辑转换[J].中国社会科学,2020(5):4-27,204.
[13] 许晓芳,周茜,陆正飞.过度负债企业去杠杆:程度、持续性及政策效应:来自中国上市公司的证据[J].经济研究,2020(8):89-104.
[14] 俞可平.国家治理的中国特色和普遍趋势[J].公共管理评论,2019(3):25-32.
[15] 俞可平.治理和善治引论[J].马克思主义与现实,1999(5):37-41.
[16] 杨雄胜.什么是会计:基于会计发展历史的理论反思[J].财会月刊,2021(11):3-21.
[17] 杨雄胜.中国会计理论研究应有历史使命感[J].会计研究,2012(2):18-22,96.

[18] 杨雄胜,缪艳娟,陈丽花,等.仰望会计星空 静思会计发展[J].会计研究,2020(1):67-76.
[19] 张波,李群群.现代政治文化与国家治理能力提升的共生逻辑[J].理论探讨,2020(4):19-24.
[20] 周华.公认会计原则与美国会计学术的发展轨迹及其启示[J].财会月刊,2019(23):71-76.
[21] 周华,戴德明,刘俊海,等.国际会计准则的困境与财务报表的改进:马克思虚拟资本理论的视角[J].中国社会科学,2017(3):4-25,204.
[22] 完善和发展中国特色社会主义制度推进国家治理体系和治理能力现代化[N].人民日报,2014-02-18(1).
[23] ZEFF S A.会计准则制定理论与实践:斯蒂芬·A.泽夫教授文集[M].财政部会计司,译.北京:中国财政经济出版社,2005:121-122.
[24] 习近平.切实把思想统一到党的十八届三中全会精神上来[N].人民日报,2014-01-01(1).
[25] 杨纪琬.关于会计理论发展的几个问题[J].财会通讯,1985(5):66-67.
[26] 黄世忠.ESG理念与公司报告重构[J].财会月刊,2021(17):3-10.
[27] 李青原,刘习顺.会计信息质量与资源配置:来自我国规模以上工业企业的经验证据[J].会计研究,2021(8):3-21.

(山东大学管理学院　刘慧凤;中国海洋大学管理学院　王竹泉)

第十三章

我国会计改革的理论与实践逻辑：历史的观点

一、引言

"改革"是描述事物发展状态和过程的一个学术范畴。理论上，人们通常把事物由一种稳态改变到另一种状态的跃变过程称为改革，以区别于事物的之前性质和外在形态。新中国成立以来，我国的会计事业先后经历过三次无论是目标与手段、过程与内容都截然不同的改革过程[①]。第一次是1957—1960年的以"放权、简化"为导向的改革；第二次是1965—1967年的以财政部"二十四条会计改革纲要"为内容、以加强社会主义经济核算为目标的会计改革；第三次则是开启于1980年而且至今尚在进行的以市场经济会计模式的建立与完善为主旨的会计改革。

与前两次会计改革相比，我国第三次会计改革的范围之广、力度之大、内容之多、过程之复杂，可谓前所未有，甚至可以说这是中国五千年会计文明发展史中最具有鉴别意义与历史标识作用的一段发展过程。本章意在从理论逻辑与实践逻辑的视角对这一改革过程进行事件化、结构化的梳理与总结，目的是建立一个从动机到手段、由过程到内容的相互一致且逻辑连贯的理论分析框架，以便我们更加系统地理解和认识当时的改革初心与改革过程，从而坚信改革的路线选择与未来方向。

目前，对于如何认识和评价第三次会计改革，我国理论界与实务界尚有不同观点，也有人怀念甚至主张回归到原有的统一会计制度上去，认为以会计准则体系为核心的第三次会计改革走偏了方向，是中国会计的"美国化"或者"西方化"。而近期的中美贸易争端及反全球化的思潮兴起，更是为这种言论提供了实例与证据。

我们分析，在我国第三次会计改革已取得重大成就的情况下，之所以尚有质疑

[①] 关于新中国以来的会计改革，目前较为常见的是"三次改革论"的历史划期和总结。这种观点得到我国主导会计与参与会计改革人士的普遍认可（杨纪琬，1986；张佑才，1999）。

之声,其根本原因就在于,我们迄今为止并没有发展出一个用于阐释中国 40 多年会计改革的理论逻辑体系。其结果是,一旦在改革中遇到挫折,出现反例,就显得茫然无措,怀疑改革的初衷与路线,甚至产生复辟与走回头的想法。比如,中美贸易争端发生之后,就有人认为中国的统一会计制度原本要先进于美国或西方国家的以产权为核心、以自由选择为特征的灵活会计制度(黄寿宸,1983)。其言下之意是,之前的会计改革就不应该跟着美国会计模式或西方会计模式走,如果当初我国不与国际财务报告准则接轨等效,那么也就没有现在因接轨所衍生出来的被动跟随与频繁修订的烦恼。

在我国,如何认识和评价 40 多年的会计改革及其成效,不仅仅是一个学术和理论问题,更是一个实践问题和政策问题。因为如果认为之前的会计改革出现了偏误,那么合乎道理的政策方向就应该是回归旧途,或者是另寻他路。反之,如果认为会计改革路线正确、成效显著,那么未来就应该坚持现行政策,而不是回归旧途或者另寻他路,除非中国经济出现重大调整。

对中国会计改革过程和改革成效的评价,理论逻辑和实践逻辑无疑是最重要的两个认识维度。这是因为,但凡进步意义的会计改革一定是理论上合理、实践中有效。也就是说,一个进步意义的会计改革在理论上应符合事理的逻辑性,在实践上应满足实践检验的有效性,而理论逻辑和实践逻辑应该在一个相同的改革过程中实现历史上的逻辑统一。

二、中国会计改革的理论逻辑

发端于 20 世纪 80 年代的中国会计改革,范围广泛,内容较多,既包括会计核算制度、会计管理体制及会计人员培养等要素,也涉及企业会计、事业单位会计及政府会计等多类主体。但是,在这其中企业会计改革是中心(杨纪琬,1987),而企业会计改革中会计核算制度改革又是主线(刘玉廷,2009)。因此,本章对中国会计改革的逻辑分析主要沿着会计核算制度改革(以下简称"会计改革")而展开,没有涉及诸如会计人才培养、会计电算化和总会计师设置等议题,况且这些内容也不具有明显的经济体制属性。

理论逻辑的功能是沿着理论脉络去解释中国为什么要进行会计改革,这是源于过往事实的现实投射及因果关系论、"手段—目的"论等不同视角所进行的主观构想和理论阐解。以因果关系论解析,中国 20 世纪 80 年代初实施的结构性的会计改革,主要源于原有会计制度或会计模式的落后以及进一步发展的现实需要。回顾历史我们可以发现,中国这次会计改革其实是内生于中国的经济体制改革,而与美国会计制度或国际会计准则的存在并无直接联系。换言之,中国的会计改革既不是由于美国的会计制度先进而迫使中国的会计制度向其靠拢,也不是我们要主动地去学习美国或国际通行的会计制度,而是因为中国的经济体制和经济制度发生了重大改变,相应地,也要求会计制度必须进行适应性改革(郭道扬,2008;张佑才,1993)。所以,改革的性质是内源性,而非输入性。这是解释我国会计制度改革的逻辑基础与出发点。

在20世纪70年代末,随着"文革"结束和政治上拨乱反正工作的逐步完成,我国经济体制改革和对外开放也随即展开,这就是我们现在所说的"改革开放"。这一过程实际上一直到我国正式加入世界贸易组织之后才基本上告一段落。因此,以加入世界贸易组织这一事件作为窗口,有助于理解中国会计制度改革的前因后果与思路逻辑。

在正式加入世界贸易组织之前,中国会计制度改革有两条逻辑主线:一条是与国际会计准则看齐接轨,即对外开放。这条逻辑链的基本思想与节点是"对外开放①→对外交流与会计信息沟通的需要②→原会计模式的结构性缺陷③→以国际会计惯例为主体的新会计模式建立④"。其中逻辑片段的①和②表明,由于对外开放而形成了新的需求动因;逻辑片段③和④则说明,满足新的需求唯有通过会计的结构性改革或会计模式的转换才能完成。理论上这种以国际会计惯例为标向的会计改革之所以成立,主要决定于会计工作的技术性和会计信息的通用性。其中,会计的技术性决定了它可以与政治体制和政治制度进行适当脱离。换言之,可以把会计制度从政治制度中剥离出来而单独存在和使用。这也就意味着我们可以在保持我国社会主义制度不变这一前提下去接受和采用与西方资本主义国家完全相同或相近的会计制度体系。在制度变迁上,技术性通常意味着制度的可复制性,而通用性则表明,会计作为国际通用的商业语言,是世界各国进行经济交往的基础工具。对中国来说,一个与国际会计准则相同或相近的会计制度是保证中国吸引外资、使中国企业进入国际市场并赢得国际竞争优势的基本条件。

另一条逻辑主线是会计服务于已经发生根本性改变的国内经济体制及国内经济发展的需要,即经济改革。这条逻辑链的基本思想和节点是"经济改革①→新的经济性态②→新的经济调控方式③→新的会计信息结构需求④→原有会计模式的缺陷⑤→会计改革⑥→与新经济性态与经济调控方式相适配的新会计模式建立⑦"。这条逻辑链的起点是经济改革,它说明由逻辑片段①、②和③所形成的新的会计信息结构及其管理需求是推动会计改革的另一动力。在解释会计改革的两条逻辑主线中,这一条是根本性的,具体可以从两个维度来加以详解。首先,随着经济改革及新的经济性态与管理方式的出现,我国20世纪50年代始建成型的统一会计制度已经不能适应经济改革和经济管理的需要。因为当时的会计报表主要是资金平衡表、成本计算表和利润表,会计的账簿记录和报表系统无法反映不同的投资主体及其权益构成。这在改革开放前国有企业一统天下的计划经济时代是没有问题的,因为大家都是国营企业,归属于一个投资主体,利益上不分彼此。但是,20世纪70年代末实行改革开放后,随着外资企业、中外合资企业、民营企业及股份制企业的产生及不断发展,原有的会计制度体系显然已经不合时宜,其会计要素、账表系统及信息结构与整个国家的经济结构、经济成分和利益主体明显脱节,无法满足宏观层面上分主体、分性质进行经济调控的管理需要。所以,我国在1983年印发了《中外合资经营企业会计制度(试行草案)》,1992年印发了《股份制试点企业会计制度》,而且从1986年之后就再未单独颁布过以"国营企业"或"国有企业"为专指对象的会计制度,而是将国有企业、合资企业、民营企业的会计制度归并一体,纳入一个统一的会计制度框架,这不仅是大势所趋,而且也是科学之举。其次,由计划经济向市场经济体制转变后,一些经济项目的性质和意义以及相关的资源配置、宏观调控手段也发生了实质性改变(杨时展,1998),继续采用原有的会计模式将导致会计信息失真及会计信息的不可比,其中比较典型的有价格的双轨制、投融资的多元化、利税分流、工资改革及折旧费用等。以折旧费用的会计处理为例,我国计划经济时代一直是以补偿基金的性质来计提、解释和处理折旧问题,但是在市场经济体制下折旧主要是一个利益分配问题而不是补偿性质的问题。再如,市场经济条件下的应收账款可能存在坏账,但是之前的会计制度向来对应收账款是不计提坏账准备的。

在构成中国会计改革的理论逻辑链条中上述两条逻辑链缺一不可,因为任何一条都无法形成对于中国会计改革的完善解释。其中第一条逻辑链虽然表明经济开放后中国的会计信息与国外的会计信息应该具有相同或相近的概念基础和信息内涵,以便于相互之间的交流、沟通和理解,却未必一定要通过结构性的会计改革来实现。因为我们可以采用信息编译的手段将中国会计制度下的信息转换成符合国际会计惯例的信息,尽管这样做的信息转换成本可能很高。同样,第二条逻辑链尽管表明中国需要建立与市场经济相适配的会计模式,却未必一定要与国际会计惯例接轨。因为理论上我们可以根据中国市场经济改革和经济发展的需要而完全独立自主地制定中国的会计模式,也不一定要借鉴、接轨于国际会计惯例。

不过需要指出的是,这两条逻辑链虽然起点不同,但是最终在"市场经济—会计模式"相互适配的主逻辑上实现了统一。这是因为满足国内经济改革和经济发展的新会计模式与符合国际会计惯例的新会计模式,都是以市场经济为基础的会计模式。也就是说,两者殊途同归,两条逻辑的最终追求都是要建立与市场经济相适应的会计制度。所以,从这层意义上讲,我国20世纪80年代的会计改革及所选择的与国际会计惯例相趋同的改革之路并非推崇美国模式或者"崇洋媚外"的产物,而是中国的经济结构和经济体制与发达市场经济国家的经济结构和经济体制逐渐趋同的必然结果。正所谓有什么样的经济结构和经济体制,就必然有什么样的会计制度与之相适应。这才是解释中国会计改革的根本性的理论逻辑。

三、中国会计改革的理论方案

从理论上讲,中国的会计改革应该事先有一个预判与方案。比如说,改革的方向与目标如何设定、改革的内容与项目如何选择、改革的进程与时间如何安排等,都应该事先有一个规划和设计。但实际上由于会计改革在内容与强度上一直被动地受制于宏观经济体制改革的广度与深度,而且经济体制改革又一直处于不断的探索与变化之中,因此,我国的会计改革很难提出一个具体的改革方案(杨纪琬,1986)。从文件和文献来看,我国虽然公布过"十二五""十三五"等多个五年的会计改革与发展纲要,却未见有明确的会计改革的理论方案与设计。

不过,没有明确的会计改革的理论方案并不代表我国的会计改革就处于盲动无措之中,相反,我国会计改革的目标方向、指导思想、改革步骤其实一直是明确而有序的。根据相关文献资料的梳理分析,我们大体上可以从如下方面勾勒出我国会计改革的规划框架及基本设想。

(一)会计改革的目标

会计改革的目标对会计改革进程、会计改革规划具有统领作用。关于会计改革的目标,我国有不同表述,总体上是建立健全适应社会主义市场经济体制和国际化发展要求的会计体系(王军,2008)。其中的核心是建立与市场经济发展要求相适应的企业会计核算模式。从改革方案设计上讲,该目标从两个方面厘定了我国会计改革的基本方向:其一,会计改革不是为了改革而改革,而是要服务于经济改革和经济发展的需要。这是会计改革之本。其二,会计改革要根据经济改革的进度、深度和经济转型的现实需要进行适应性的规划,这是选择会计改革内容、计划会计改革步骤的基本依据。

(二)主动性改革与反应性改革

会计改革是主动性进行,还是被动服从性进行?这既是一个理论问题,也是一个会计改革的规划问题。所谓主动性改革,是指会计根据自身发展的需要和对于经济改革与经济发展的预期,主动地对已经落后、不适应的会计制度进行改革。这种改革的自主性和独立性比较强,较少受宏观经济改革的进程掣肘和制约。该观点的基本思想是,既然我国经济体制改革的总体方向是建立和完善社会主义市场经济,而现在国际上本身就有现成的、与市场经济体制相适应的会计准则体系,因此,我们只需要根据会计与市场经济之间的匹配关系及其内在联系来确定会计改革的内容即可,不一定需要拘泥于经济体制改革的进程与节奏。

而被动服从性改革,又称为反应性改革,是指会计改革完全跟随经济体制改革和经济发展的节奏来进行,如此,整个会计改革的过程和改革节奏就会受制于经济体制的改革及经济实践的发展,显得较为被动。此时,会计改革纯是经济改革的直接或间接反应。这种思想指导下的会计改革,通常是首先调研、分析和研判经济改革和经济实践对于会计领域提出了哪些新挑战,梳理和列出会计阻碍经济发展的问题清单,然后根据这些问题清单进行会计改革,以消除会计领域内与经济改革和经济发展不适应、不匹配的一些核算制度和核算方法的影响。

上述两种改革思想和设计路线在我国会计改革之初曾经有过激烈论辩。因为这两种路线都有其存在的合理性。主动性改革虽然看起来较为超前和激进,但是如果能够事先预知,准确把握,也不失为一种主动作为而且有效的改革路线。相反,被动服从性改革尽管以经济改革和经济实践为坐标来确定会计改革的进程和节奏,显得较为务实稳妥,但是实务操作上却很难及时跟上经济改革和经济发展的步伐,容易造成会计改革滞后于经济改革和经济管理的现实需要。对于这两种竞争性的改革路线,我国最后选择的实际上是综合了两种思想之后的"同步论",即会计改革不超前也不落后,而是紧紧跟上经济体制改革的步伐(杨纪琬,1993)。

(三) 独立性改革与配套性改革

会计改革是独立进行,还是和其他改革协同进行?如果协同的话,谁主谁次,谁先谁后,也是关系到会计改革事先规划的重要问题。对此,学术界和实务部门并无争议,都主张会计改革应与财政、税务、金融、价格、工资、国资管理等领域的改革协调一致,而不能各唱各的调,这既是改革的总体性和系统性所要求的,也是保证会计改革能够有效实施的前提。否则,如果会计改革不能得到其他部门的认可与配合,其改革举措就很难落地实施。比如,在税收政策上,改革前我国的情况是国营企业的财务会计与税务会计完全一致,企业的税怎么算,税务部门就怎么收。因为国营企业是国家的,税务部门也是国家的,两者经济主体一致,所以在理论上就假设企业不会有偷漏税等自利性行为。但是,经济体制改革后,伴随中外合资企业、外资企业、民营企业、股份制企业等大量涌现,再加上国营企业也实行承包制、租赁制及税后利润存成等政策而有了自己的独立利益,因此原有的财务会计与税务会计完全统一的税收计征方式显然已经不再适用。这时候,要么是财务会计与税务会计相互独立,要么是由税务会计统一财务会计。最后,我国选择了财务会计与税务会计相互独立的做法,即财务会计基于自己的原则进行价值的计量和报告,税务会计基于自己的原则进行税收的计算与征缴。将财务会计的利润总额调整为税务会计的应税利润总额时,需对部分项目进行必要的纳税调整。这看起来虽然是国际惯例,但是能够在中国实行也是会计改革与税务改革相互协调的结果,其中会计部门的主动作为及有效工作是显而易见的。实际上我国会计改革一直是走在经济体制改革前列的(张佑才,1995;刘玉廷,2001)。

(四) 自主性改革与引进性改革

党的十一届三中全会开启计划经济向市场经济转轨的经济改革,对于中国来说是一项全新的事业,但是对世界来说并非新生事物;同样的,在会计领域,由计划经济体制下的会计模式向市场经济体制下的会计模式进行转变,对我国来说是一项重要改革和挑战,但是对世界来说,国际上也同样存在着与市场经济体制相配套的会计体系。这种现实背景意味着在我国进行会计改革之前国际上已经有一个可以参考、学习和引进的对象。而这个参照对象的存在,一方面可以为我国的会计改革提供一个蓝本,节省改革的试错成本;另一方面也容易使我们陷入直接引进与自主设计的两难选择和争论之中,而且这种争论在我国会计制度改革和会计准则建立过程中表现得尤为激烈,特别是围绕着会计的中国特色问题出现了严重的思想分歧(张佑才,1993)。

自主论者认为,中国有自己的国情、特色和文化习惯,不管国际会计惯例如何,我们搞自己的会计规范体系就行了。引进论者则主张,既然我国会计改革的目标是建立与市场经济相适应的会计模式,那么国际上有现成的国际财务报告准则可以采用,就没有必要另行一套。这两种不同的会计改革思想直接影响着我国会计改革规划的走向、进度和效率。在制度演化上,这也是两种典型的制度演化路径。如果单纯从理论上分析,我国会计改革的核心目标是建立与市场经济体制相适应的会计模式,而国际财务报告准则所依据的也正是市场经济体制,两者的经济基础相同,因此直接引用也未尝不可。但是问题在于,我国的市场经济是"转轨"的市场经济,而西方国家是"发达"的市场经济,两者之间在质量、内容与范围上都存在着明显的结构性差异。比如,同样是"市场+计划"的经济运行结构,我国是"计划"多一点、市场少一些,而国外却是正好相反,如此,就使得国际财务报告准则很难在中国直接拿来使用。也正是意识到这一点,所以我国在会计改革之初就拟定了以我为主、借鉴引用、逐步趋同的基本策略,即在会计改革进程中,一方面研究中国经济体制和经济结构的特点,使会计改革服务于经济体制改革和经济发展的现实需要;另一方面又有选择、有步骤地借鉴和采用国际财务报告准则的内容,使得中国的会计制度与国际会计惯例"求同存异",逐渐接轨,趋于一致(刘玉廷,1999)。

(五) 一步到位式改革与逐步渐进式改革

一步到位还是逐步渐进,是影响我国会计改革及其方案设计的一个重要问题。所谓一步到位,是指会计制度全部制定完成后统一发布,一次性地完成由旧核算体系向新核算体系的转轨。这样做的好处是,可以减少新旧制度之间的交替使用以及旧制度对新制度实施所带来的干扰,但是其缺点是改革的震动和不可预期性较大。逐步渐进则是指会计制度改革成熟一个就发布一个,减少集中发布带来的压力。从理论上讲,如果能够对我国经济体制改革的进程和经济实践所导致的会计问题做到准确预测的话,一步到位无疑是制度演化过程中最有效率的一种方式,但是,实际上这个假设在实践中很难成立。这是因为,一方面,我国经济体制的改革过程是渐进性的,会计改革如果采用一步到位方式,势必造成会计改革与经济体制改革之间的不同步;另一方面,由于认识与理性限制,我们也不可能在经济体制改革尚未完成或尚未开始之前就对其在会计中的问题反应能够做到百分之百的预知。所以,在权衡两种方式的利弊之后,我国最终采用了小步快跑、渐进改革的稳妥方式(冯淑萍,1998)。现在看来,这被证明是转轨经济国家中进行会计改革的一次成功经验。

四、 中国会计改革的实践逻辑

实践逻辑,既是实践检验的逻辑,也是历史的逻辑。这是基于实践活动所构成的时序过程的展现。完成的实践或已结束的实践已经固化成历史,因此,实践逻辑与历史逻辑总是统一的,实践的总结与检验也都是历史回顾性的。

从历史看,我国 40 余年的会计改革之路并非匀速进行的。每一年份在会计改革进程中的显示度和历史标示意义也差别巨大。在学术研究上,对过去历史实践的总结和理论化既可以按年序逐年进行,也可以按 5 年或 10 年分段进行。以下按 10 年划期、以会计改革的典型事例为内容分述中国会计改革的 40 余年的历程及历史演变。

(一) 20世纪80年代：国际惯例初步引进及局部应用

20世纪80年代会计改革的主题有两个：一是针对改革开放之后出现的中外合资企业和外商投资企业制定和发布了《外商投资企业会计制度》和《中外合资企业会计制度》两个规范文件，以满足当时吸引外资的经济发展需要。虽然这两个文件仍以"制度"冠称，但是其内容与之前的《国营工业企业会计制度》已经大为不同，因为它们是采用国际会计惯例的概念与规范制定的全新会计制度，在会计要素、会计方程式、会计核算原则、制造成本法、加速折旧、收入确认、在建工程、无形资产核算等主要方面已经与国际会计惯例基本接轨，在我国会计改革中具有承上启下的开创性贡献（杨纪琬，1993）。二是在理论与思想上为全面性的会计改革做准备。比如，在1987年和1989年中国会计学会年会上分别对会计原则与会计制度之间的关系、会计原则的性质、会计原则的结构、会计原则由政府还是民间机构制订等问题进行专题讨论。但是在总体上，20世纪80年代除了外商投资企业和中外合资企业采用了与国际惯例接轨的新的会计制度，其余大部分国营企业实行的仍然是《国营工业企业会计制度》，国际会计惯例的理念、思想和专业性技术规范也只是处于理论讨论的思想启蒙阶段，并没有大范围影响到中国的会计实务。

(二) 20世纪90年代：中国特色会计准则的颁布与试运行

20世纪90年代，我国会计改革的基本背景是中国经济改革的持续推进以及深交所1990年开市后我国股份制经济的快速发展。该时期的主要会计改革成就是"两则"、"两制"、《股份制试点企业会计制度》、《股份有限公司会计制度》以及会计准则的颁布与实施。这些会计制度规范颁布之后，我国基本终结了之前计划经济时代所建立起来并实行40多年的会计模式，确立了与市场经济相适应，并与国际会计惯例初步协调的新的会计模式，标志着新旧会计模式的转换基本完成（刘玉廷，2001）。其中以"两则""两制"为基本支架的会计制度规范与之前的以《国营工业企业会计制度》为主体的会计制度规范相比，至少有如下突破性的改进：一是实现了国有企业、民营企业、集体企业和外商投资在企业会计制度上的统一。二是确立并贯彻了资本保全的基本原则。三是以分配观的理念为基础，按照税务会计与财务会计相分离的原则改革了固定资产折旧制度。四是全面采用制造成本法。五是引入竞争和商业秘密不示人的市场经济理念，摒弃传统的披露成本报表的做法，全面采用符合国际惯例的会计报表体系。

(三) 21 世纪第一个十年:中国特色会计准则体系的建成

21 世纪第一个十年的会计改革具有承前启后的特征,其主要成就包括:一是对我国之前不同时段、不同背景下建立的会计制度体系进行系统性的总结与整理,从体系结构、内容边界到功能作用等对会计制度规范体系进行重新的整合设计与体系重构,制定和颁布《企业会计基本准则》和 38 项具体准则及应用指南,解决了自改革开放以来就一直困扰我国的关于会计准则与会计制度之间"替代论"与"并存论"的争议(杨纪琬,1995),最终确立由"会计准则+会计制度"所构成的我国二元化的会计规范体系[①];同时对会计准则体系的内部结构进行重新架构设计,建立起由"基本会计准则+具体会计准则+应用指南"所构成的具有中国特色的会计准则体系。二是启动中国会计准则的国际趋同与等效工作。这项工作看起来与国内市场经济发展并无直接关联,但它却是推动中国进一步开放、提升中国在国际会计界的话语权及帮助中国会计师行业参与国际会计市场竞争的重要举措。这也显示出中国作为一个大国的担当和作为。三是借鉴美国经验,建立健全企业内部控制规范体系,为会计信息质量和企业经济效益提升提供制度保障。

经过这一阶段的整合与调整,我国以《企业会计基本准则》、38 项具体会计准则及《企业会计制度》为主体的会计核算规范体系和以《企业内部控制基本规范》及三个应用指引为主体的会计信息保障体系基本建成,也意味着以企业会计为对象的系统性、整体性的架构会计制度新模式的改革已经结束。之后中国会计改革所进行的只是对上述规范体系的局部内容进行适应性的修订与完善。

(四) 21 世纪第二个十年:与国际财务报告准则持续趋同

经济发展和国际会计惯例的不断变化意味我国的会计改革与开放将是一个持续的过程(表 13-1),而不是一种稳定的静态。2006 年我国建成与国际会计惯例相一致的会计规范体系后,未来改革发展的取向必然是与国际财务报告准则持续性的趋同一致,而且这也是国际趋势。中国推动企业会计准则的持续性国际趋同,实际上可以理解为更高阶的改革开放,它有三个战略含义:一是表明中国以市场经济为导向的会计转轨已经完成,中国的会计制度与市场经济要求是一致的。二是表明中国会计改革和对外开放会继续进行。三是意味着中国企业会计准则体系与国际财务报告准则具有了某种挂钩机制,即中国会计准则将与国际财务报告准则建

---

① 具体要求是上市公司采用会计准则、非上市公司实行会计制度。

立起某种联动机制。中国会计准则的修订和改革将会及时地反映国际财务报告准则在中国经济环境下的适应性改革与变化。

表 13-1 我国企业会计改革典型事实的年序与汇总

时间	改革举措	改革内容与意义
1980 年	1.《国营工业企业会计制度——会计科目》;2.《国营企业会计制度——会计报表》;3. 成立中国会计学会	"文革"结束后,整顿会计秩序,修订和颁布针对国有企业的会计核算制度。建立全国性会计学术组织
1983 年	《外商投资企业会计制度(试行)》	采用国际会计惯例,对会计方程式、会计要素、会计核算原则、成本计算方法进行改革,满足外商投资企业发展需要
1985 年	《中外合资经营企业会计制度》	在《外商投资企业会计制度(试行)》基础上,进一步借鉴国际会计惯例,与国际接轨,促进中外合资企业发展
1992 年	《股份制试点企业会计制度》	对股东权益、股票投资与股利分配等事项的计量和报告进行规范;保证股份制企业发展
1992 年	1.《企业会计准则》;2.《企业财务通则》	采用国际会计惯例制定和启用以会计准则为主体的新会计模式
1992 年	1.13 项行业会计制度;2.10 项行业财务制度	配合会计准则实施,制定和修订分行业的会计制度
1997 年	《企业会计准则——关联方交易与披露》等具体会计准则	针对资本市场发展需求,制定规范会计信息披露的急需的具体会计准则
1998 年	修订《股份制试点企业会计制度》,颁布《股份有限公司会计制度》	满足企业改组上市和 A 股、B 股、H 股发行需要
2000 年	1.《企业财务会计报告条例》;2.《企业会计制度》	上市公司执行企业会计准则;除金融企业和小企业外的其他企业执行《企业会计制度》
2001 年	《内部会计控制规范——基本规范》及 6 个具体控制规范	借鉴美国 COSO 经验,建立保证会计信息质量和企业经营效率的配套制度体系
2006 年	1.《企业会计准则——基本准则》;2.38 项具体会计准则和应用指南	在"两则""两制"的基础上,通过结构优化和调整,形成完善的会计规范体系;新的会计规范体系建成定型
2007 年	中国内地与香港财务报告准则趋同等效	与香港会计财务报告准则等效,推动会计国际接轨和认同

(续表)

时间	改革举措	改革内容与意义
2008年	《企业内部控制基本规范》	对2001年的内部会计控制规范进行调整,按照国际最新概念表述形成中国版COSO标准
2010年	1.《企业内部控制应用指引》;2.《企业内部控制评价指引》;3.《企业内部控制审计指引》;4.《中国企业会计准则与国际财务报告准则持续趋同路线图》	建立与《企业内部控制基本规范》相配套的具体指引,增加可操作性;推动与国际财务报告准则的趋同等效
2011年	1.中国与欧盟会计准则等效趋同;2.《小企业会计准则》	推动与欧盟会计准则的等效,扩大国际认同;制定与《企业会计准则》相补充的《小企业会计准则》,形成完备的会计准则体系
2015年	财政部与国际财务报告准则基金会发表联合声明,重申与中国会计准则与IFRS持续趋同的目标	持续推动与国际财务报告准则的趋同等效
2015—2020年	相关企业会计准则的修订及解释公告	根据经济变化,完善会计准则体系

五、 对中国会计改革的评判与展望

(一) 对中国会计改革的评判

成效评价的基本思想是目标完成论,即根据目标完成进度来评判工作成效。然而,以此来评价中国40余年来的会计改革成效是困难且不适宜的,原因包括:第一,我国在会计改革之初并没有颁布和确定非常明确和量化的改革目标。第二,会计改革在整体上是与经济体制改革联动进行的,经常处于被动性的调整与变化之中。第三,会计改革在边界上不断拓展,有些工作和成效也远远超出了改革之时的设想。

因此,这里依据"现在—过去"的比较角度来评判会计改革所带来的进步与变化,其所体现的评判逻辑是"会计改革→会计改革导致的会计自身变化:自身效果①→会计改革对经济的推动:经济效果②→会计改革带来的其他变化:衍生效果③……"。其中,自身效果主要体现在会计模式自身变化与进步上,经济效果主要体现在经济指标变化上,而衍生效果主要体现在与会计改革具有相关性的其他领域的可观测变化上。

1. 会计规范体系有所优化

中国会计改革之后所形成的以基本准则和具体准则为主体的会计规范体系,相比于之前的以国营工业企业会计制度等为主体的会计规范体系有着明显进步:第一,会计规范体系的通用性提升,不仅适用于国有企业、民营企业、合资企业等不同性质的企业,也适用于工业企业、商品流通企业等不同行业的企业。第二,会计规范体系体现出职业判断精神,有利于发挥会计人员的能动性,使会计人员能够临机处理更复杂、多样化的经济事项。第三,会计规范体系的内部结构更加完善。以准则为主体的新会计规范体系从概念释义到要素界定、再到计量原则、信息列报等,形成了一个完善的结构体系,体现在语义规范、逻辑严谨上的科学性。

2. 会计改革为经济改革和经济发展提供了坚实的制度基础

自改革开放以来,我国40余年的经济发展历史表明,中国经济体制转轨改革整体上是成功的,经济发展是高速的。在具体指标上,我国GDP年均增长近9.4%;民营企业从无发展到2019年的2 726.28万户;吸引外资企业100万家;2018年我国企业海外并购达10 887宗,涉及金额6 780亿美元。这些经济发展成就都离不开会计改革所提供的系统性支持。因为会计改革所形成的新会计模式在如下方面为经济改革和经济发展提供了重要的制度基础:其一,各类投资者在企业中的权益得到确认、计量与保护。其二,企业作为独立的市场主体,其自负盈亏有了量化的标准。其三,为评价企业经营成果、考核和聘用企业管理人员提供了与市场经济相符合的指标体系。其四,为资本市场发展、国有企业改制及现代企业制度建立提供了有利条件。其五,为中国企业参与国际资本市场融资、开展国际并购及进行产品市场的国际竞争提供了会计制度保证。

3. 提升了中国会计界在国际会计界的影响力

我国会计界在国际会计界的影响力提升,应该属于会计改革所带来的衍生性效果。改革开放前,中国会计界在封闭的自循环状态下存在,与国际会计界基本隔绝,对于国际会计界的影响力较小。改革开放后,随着我国与国际会计界之间双向交流的不断增加,不仅中国的会计规范体系与国际会计惯例日益接近或等效,而且国际会计界对于中国会计的了解和中国会计界对于国际会计界的参与及影响力也同步大大增加。目前,中国作为成功转型的发展中国家获得了国际会计界的高度评价,已经是国际会计界的一支有生力量(李亚婷和李玉环,2019)。在国际财务报告准则基金会的各个层面,中国都派驻有代表,直接参与国际财务报告准则(IFRS)的制定和咨询工作。

4. 促进了中国会计学科快速发展

中国会计学科的发展也可以看作会计改革的副产品,因为会计改革的直接目的不是促进会计学科的发展,但是由于"理论—实践"之间的双向促进关系,会计学科也可能随着会计实践的改进而获得相应的发展。会计改革为会计学科发展提供了两种发展机制:一是会计改革为会计学术研究提供了新素材,进而为会计研究成果提供了用武之地;二是会计改革形成的新会计模式使得中国会计学术研究和国际会计同行有了相同的研究背景、研究议题和研究范式,如盈余管理、审计定价、会计准则的经济后果是中外会计界都感兴趣的问题,中国会计界在与国际同行的共同研究及参加国际学术交流活动中获得了更多研究契机和发展机遇,不少研究成果在国外顶尖学术刊物上公开发表,产生了广泛的学术影响。

(二) 中国会计改革的未来展望

中国会计发展的未来之路取决于中国经济结构的性质与市场经济的改革深度。未来只要中国的市场经济体制不变、对外开放的基本国策不变,那么现行的会计模式和发展路径就不会有大的调整。这是预测判断中国会计未来发展方向的基本逻辑和依据。我们分析,目前在国企混改持续推进、金融及基础领域不断开放及中国对国际事务的介入不断加深的背景下,上述判断所依据的"两个不变"的假设条件应该是成立的。据此,未来中国会计改革与发展的策略应该是,继承过去40余年会计改革所取得的成果,在此基础上对现行会计模式进行增量性的改革与完善,使之与中国的经济结构和管理需要更加匹配,同时与国际会计惯例更加趋于一致。反之,任何否认或推翻现行会计模式,试图与国际会计惯例脱钩或回归旧模式或另起炉灶的想法都是不现实的,也是违背制度演化与发展规律的。

主要参考文献

[1] 杨纪琬. 关于会计改革问题[J]. 财经问题研究,1986(3):8-16.
[2] 张佑才. 会计改革与发展的光辉历程[J]. 会计研究,1999(10):2-16.
[3] 黄寿宸. 关于会计改革的几个问题[J]. 财会通讯,1983(4):42-54.
[4] 刘玉廷. 中国会计改革三十年回顾与展望(上)[J]. 财务与会计,2009(1):1-118.
[5] 刘玉廷. 中国会计改革三十年回归与展望(下)[J]. 财务与会计,2009(2):2-117.
[6] 杨纪琬. 关于会计改革[J]. 广西财会,1987(3):2-16.
[7] 郭道扬. 论中国会计改革三十年[J]. 会计研究,2008(11):3-110.
[8] 张佑才. 当前形势和我们的使命[J]. 当代财经,1993(11):1-18.
[9] 杨时展. 两个根本转变的主要手段[J]. 财会通讯,1998(10):3-110.
[10] 王军. 我国会计改革的目标:让会计服务惠及亿万公众[J]. 商业会计,2008(12):6-17.
[11] 杨纪琬. 会计核算制度改革的回顾与展望[J]. 财务与会计,1993(6):3-18.

[12] 张佑才.新时期会计改革与发展的主要任务[J].财务与会计,1995(12):3-17.
[13] 刘玉廷.抓住机遇,巩固成果,全面推进我国的会计改革[J].会计研究,2001(12):3-18.
[14] 刘玉廷.当前深化会计改革中的几个问题[J].商业会计,1999(10):3-18.
[15] 冯淑萍.对会计改革与发展中若干问题的认识[J].工业会计,1998(5):2-18.
[16] 杨纪琬.会计改革的新动向[J].浙江财税与会计,1995(9):7-19.
[17] 李亚婷,李玉环.国际会计准则趋同历程回顾及对我国的启示:以欧盟、美国、日本和俄罗斯为例[J].会计研究,2019(11):28-134.
[18] 张涛,韩传模.新中国七十年会计大事记[J].财务与会计,2019(15):13-20.

(浙江财经大学　李连华　常法亮　侯亚楠)

第十四章

不同国家治理体系下会计发展的比较：起源、规则与教育

一、引言

会计是随其经营环境所形成、发展和变化的。不同的历史、价值观和政治制度塑造了不同的财务会计发展模式(Mueller等,1994)。在完全成熟的后工业国家中,强制性会计规则的制定有两种截然不同的制度:法典法下的强制性会计规则是在法律中制定的,普通法背景下强制性会计规则一般不在法律中规定(会计准则委员会,1981)。虽然法典国家倾向于在其国家法律中规定新的财务报告要求,但普通法国家往往对不能采取的行动作出裁决。会计作为以记录和提供经济信息为基础的具有社会意义的系统控制活动,是一个历史延续发展的过程,既要研究历史的继承性,又要研究历史的延续性;不同国家之间具有相似性,也有较大的差异性(俞俊利,2019)。尤其是英语国家和非英语国家的改革进程和所采用的做法存在着显著差异。以往的中西方会计史领域很多研究采用本国数据和史料(少量跨国比较),但这并不能有效控制国家间制度发展差异,如文化、历史、法制等。因此,要将制度理论在会计史研究中的应用扩展到不同国家和不同时期。这类研究大多从研究者各自掌握的史料整理出发,缺乏本国与别国的异同点比较和对重大理论问题的探讨。这一问题突出表现在会计起源、会计准则和会计教育等问题的研究中。

综上所述,本章研究了不同国家治理体系下近40年现代会计的历史发展和差异。社会主义国家和资本主义国家在治理方面存在差异,而资本主义国家法系又可进一步分为法典法和判例法。按照国家治理体系的差异,我们将世界各国分为五类进行讨论:一是文化未曾断流的文明古国中国,二是大陆法系国家和现代会计发源地的意大利,三英美法系(海洋法系)典型国家的英国,四是处于两种法系之间的亚洲国家日本,五是澳大利亚和南美的一些国家。第二部分介绍了国家体系与差异。第三部分主要论述了不同国家治理体系下的会计起源与发展,包括古代会

计与现代会计。第四部分比较了不同国家治理体系下的政府与会计制度变革,包括政府对会计制度变革的影响和国际会计准则在世界范围内的协同发展。第五部分研究不同国家治理体系下的会计职业与教育,涉及会计协会和会计高等教育发展等内容。综合来看,不论是英语国家与非英语国家,还是北方发达国家与南方发展中国家,都存在显著差异。

二、国家治理体系与差异

建立"治理"问题一致认同的定义,能使研究人员准确聚焦重要的现象。"治理"(governance)可以追溯到古希腊语中的"操舵",早期作为"统治"(government)的同义词而出现,直到20世纪80年代末被赋予新的含义后,才逐渐与统治区分开来,而后在多学科交叉研究中逐渐剥离。虽然统治和治理都强调权威的概念,但两者有着明显的不同,前者的权威特指政府,而后者并未强调权威的主体。梳理有关国家治理体系的文献,发现一个普遍的观点:不少学者将国家治理体系等同于国家制度体系。丁志刚(2014)认为,国家治理体系是保持经济社会发展、实现社会公平正义和谐的基本制度和法律保障,一个国家的治理离不开制度、法律与政策的支持,制度和法律是国家治理中是最为重要的一环。黄震(2012)梳理了世界各国学者对法系分类的研究,发现大陆法系和英美法系两者得到了普遍认可,其他法系的划分则众说纷纭。其中,大陆法的法律传统以成文法为核心,故又称为成文法法系;英美法系的法律传统核心是判例法,故称为判例法法系。纵观世界各国法律发展,这两大法系可以找到不少法系的历史渊源和传统,但涵盖不了世界古往今来的所有法律传统。中华法系既没有简单移植成文法或是完全模仿判例法,而是以"混合法"运作样式介于两者之间,并且影响到日本等周边国家。法治体系在相当程度上就是国家治理体系,是国家治理体系平稳有效运行的强有力支撑。

任何国家的治理体系都难以复刻,因为国家治理体系中存在国别属性。各国都有其特定的历史、社会、文化条件,各自的成长路径和治理体系的发展都具有明显的国别特征。刘建军(2014)在其研究中指出,历史文化和国际环境很大程度上塑造了国别属性。历史与文化为国家治理体系注入了政治的基因,铸就了国家治理体系的起点,即便日后国家治理体系会历经革命性改造,都难以磨灭其政治基因的烙印。岛国的特殊地理条件,使得英国国家治理体系与大陆国家国家治理体系存在差异。很多国家的治理体系是在应对复杂的国际环境中成长起来的。日本现有的国家治理体系明显受到欧美意志的影响,欧洲近代民族国家的治理体系与其所处的纷繁复杂的国际局势息息相关。习近平总书记概括说:"国家治理体系是在党领导下管理国家的制度体系,包括经济、政治、文化、社会、生态文明和党的建设等各领域体制机制、法律法规的安排,也就是一整套紧密相连、相互协调的国家制度。"习近平总书记讲的国家治理体系是基于中国特定的改革环境、改革要求和改革总目标而提出的,抓住了国家治理体系中制度这一关键要素(薛澜,2015)。中国的国家治理体系与西方治理理论存在相容性,但我国的"治理"更偏向于中国传统意义上"治国安邦"的概念。综上所述,法系的差别在一定程度上反映出国家治理体系的差异。因此,本章主要依据主流研究的法系分类,对世界范围内各国的国家治理体系进行分类和比较。

三、不同国家治理体系下的会计起源与发展

不同的国家治理体系在会计的起源上却有着共通之处。人类会计思想演进的三大历史起点或转折在不同的国度,但每次都发生在和人类社会生存与发展问题相关联的时期。郭道扬(2009)阐述了人类会计思想演进的三个历史阶段:第一阶段是史前时期人类会计思想的萌芽,解决了食品的记录与分配问题,使人类得以存续和发展;第二阶段是从古代社会到近代社会,产权会计思想的出现、发展和强化,使得社会秩序基于产权从低级向高级阶段逐渐转变;第三阶段是20世纪以来,生态和环境问题日益凸显,世界可持续发展受到严重挑战,这一时期的会计思想正向"人权为本"转变。会计起源存在客观差异,但其背后逻辑却又彼此相互联系。Berisha 和 Asllanaj(2017)发现在双重会计制度出现前5 000年,美索不达米亚(今伊拉克)出现了经济活动的会计记录(Botes,2009),被称为"抄写员"的会计受雇于宫殿、寺庙和私人公司。而古埃及的会计发展方式与美索不达米亚相似(Alexander,2002),只不过纸莎草被用来代替粘土板,这使得会计记录可以更详细,会计数据承载了更多信息。中国最早的会计出现于周朝(公元前1046年至前256年)被用作评估政府计划有效性的工具(Acaus,2000),把预算作为一种财务控制手段,下放权力的同时建立责任和问责制,每个政府部门年底都必须编写关于其业务部分的报告。一些政府官员也因此被任命为监督员,负责监督和评估财务报告的质量,如司空负责管理政府财产、财务管理和政府会计(Xu 和 Zhang,2013)。

伴随着资本的积累,生产和贸易的发展影响了经济活动登记制度的发展(Bogdani,2008)。在文艺复兴时期,如同艺术、科学、文学、建筑和哲学一样,会计学得到了发展。会计的发展是为了满足对财务信息日益增长的需求。现代会计的支柱是双重会计制度,双重体系是会计学被视作一门学科的主要原因,这种体系下的每一次经济交易都影响至少两个账户(Hatfield,1924)。尽管环境和商业环境一

直在变化,但历经5个世纪检验的系统已经被证明是有用和有效的。双重核算的理论承认时间被认为是1494年,当时神学家和威尼斯数学家卢卡·帕乔利(Luca Pacioli)出版了一本名为《算术、几何、比及比例概要》的书,但他不是发明双重会计的人,而只是详细阐述了一种被推荐并可作为他人准则的威尼斯方法(Lee等,2013)。Lee等(2013)指出,现代会计并不是凭空出现的,而是几个世纪以来思想、行动、惯例和习俗作用的产物。当今会计与职业的现状,形成于两个主要的起源:一是出现于14—15世纪的复式簿记,二是在19—20世纪发展起来的会计专业化。如果会计人员要阻止其专业化职业的消亡,他们需要致力于确定和控制一个权威的会计知识体系。

表14-1 不同国家治理体系下的会计起源与发展

文献	会计起源与发展	涉及国家
Botes(2009)	出现了经济活动的会计记录,当时的会计被称为"抄写员",受雇于宫殿、寺庙和私人公司	美索不达米亚(伊拉克)
Alexander(2002)	与美索不达米亚相似,但纸莎草被用来代替粘土板,这使得会计记录可以更详细	古埃及
Acaus(2000)、Xu和Zhang(2013)	会计被用作评估政府计划有效性的工具,出现于周朝(公元前1046年至前256年),司空负责管理政府财产、财务管理和政府会计	中国
Lee等(2013)	双重核算理论得到承认的时间是1494年,卢卡·帕乔利出版了一本名为《算术、几何、比及比例概要》的书	意大利

资料来源:笔者根据相关文献整理而成。

四、不同国家治理体系下的政府与会计规则变革

(一)政府与会计制度变革

部分英语国家深受英联邦的国家治理体系影响,在会计制度的变革上存在相似性,其内在逻辑是自洽的。Buhr(2012)采用比较国际会计史方法描述和讨论了包括澳大利亚和英国在内5个英语国家采用权责发生制的动机和发展。20世纪七八十年代,公共部门规模、税收水平、政府债务成本和生活水平等方面的问题愈发突出,新公共管理哲学(NPM)运动呼吁新公共部门改革,成功将权责发生制会计引入了公共部门。企业实体很久以前就改为权责发生制会计,而各国政府长期以来倾向于采用支出会计制。1995年澳大利亚率先采用权责发生制会计,通过采取单一的标准制定方法,即采用私营部门的标准来迅速做到这一点。但政府与企

业有着根本的不同,直接将私营部门的会计标准转移到公共部门面临着诸多挑战。许多国家和地区实际上经历了现金、修改现金、修改应计制、权责发生制过渡过程(Ellwood,2002)。采用权责发生制的最大区别是某些长期资产的资本化和摊销,收付实现制下所有资产在购置当年全部记作支出,不需要折旧和逐年分配资产成本。在英语国家政府采用权责发生制会计的同时,会计界正在努力建立国际公共部门会计准则委员会(IPSASB)。IPSASB 是 IFAC(国际会计师联合会)的标准制定委员会之一,于 1986 年成立,被称为公共部门委员会,2004 年更名为国际公共部门会计准则委员会。

但目前学界相关的研究基本上侧重英语国家,故聚焦于长期被忽视的非英语国家显得尤为重要,尤其是对地方政府会计和问责制的使用情况的分析研究(Sargiacomo 和 Gomes,2011)。尽管使用相同的权责发生制会计术语,但英语国家和非英语国家的改革进程和具体做法存在着显著差异。Yamamoto 和 Noguchi(2013)以新制度社会学(NIS)的分析框架为基础,考察了 20 世纪 90 年代以来日本地方政府会计制度改革,从以现金为基础向以权责发生制为基础的会计制度转变,指出日本地方政府的会计改革源于相关主体之间的社会政治互动,行动者主体包括日本地方政府管理的各部代表和国民政府下辖的内务省与财政部等。这项分析表明,国家创新系统特别是强制同构的概念,为地方政府广泛采用由最高审计机关建议的修正模式提供了有力的解释。此外,脱钩很好地解释了权责发生制的会计信息在管理地方政府财政方面的低效,但通过这种方式,他们获得了外部合法性,并证明了他们从国民政府获得的财政分配是合理的。尽管不同国家在改革进程和采用会计惯例方面存在差异,但国家信息系统为分析各国公共部门会计改革提供了一个共同的平台。

作为典型的社会主义国家,中国的国家治理体系明显不同于世界各国,尤其是欧美国家。Lu 等(2009)回顾了近代中国会计的变化,发现有两股力量推动着会计的发展:政府控制和外部影响,其中国家控制主导着会计的发展过程。从 1979 年开始,中国会计经历了一系列以政府为动力的改革。政府的影响主要体现在以下方面:政府是会计的主要监管者;会计行业受财政部的控制和监管;我国大多数企业是国有企业或控股企业,因此,国家是财务报表的主要编制者,政府是金融信息的主要使用者。在西方国家,有学者认为,会计监管过程已经被会计界所掌握(Deegan,2007),但这种监管俘获理论不适用于中国,中国会计的监管是以政府监督替代会计行业的监督,通过全面推行改革和政策实施来控制这一进程。中国最终将采用国际财务报告准则(IFRS),并将其会计实务与世界其他国家的会计实务慢慢协调起来,这也被视为国际会计准则理事会在趋同过程中的一个胜利

(Tweedie,2006)。鉴于财政部仍然是发布新会计准则的唯一权威机构,政府在会计领域的主导地位不会发生重大变化,国家在未来仍会对会计事务产生巨大的影响并保持控制。

从20世纪90年代开始,会计学界认识到"经济全球化"是影响全球性会计变革的最主要环境因素,由此形成"全球会计"的理念,也由此激发旨在建立全球性的通用会计准则的会计制度变革。郭道扬(2013)基于马克思对经济全球化本质的认识,结合利益相关者理论、经济后果理论和统一会计理论,分析国际会计准则理事会在推进全球性会计制度改革中遭遇的三大问题:一是缺乏进行实质性改革的前提条件,二是国际财务报告准则缺乏科学理论基础,三是国际会计准则的变革忽视了全球经济发展所存在的各地差距等问题。因此,要明确经济全球化的实际情况,处理好不同改革维度之间的关系。王积慧等(2019)梳理了改革开放以来中国企业会计制度的改革,具体分为四个阶段:改革开放到20世纪90年代初是会计改革起步阶段,20世纪90年代初到21世纪初是学习与借鉴国际准则阶段,21世纪的头6年是会计制度统一完善阶段,而时至今日则是国际趋同阶段。这一历史时期的会计改革为中国经济发展作出重要贡献,也推动了中国国际化水平和市场经济的发展。会计制度未来的改革仍将与国际财务报告准则的趋同,并主动服务于"一带一路"建设,同时也将适应互联网等新兴行业发展的需求。

表14-2 不同国家治理体系下的政府与会计制度变革

文献	政府与会计制度变革	涉及国家
Ellwood(2002)、Buhr(2012)	20世纪七八十年代,公共部门规模、税收水平、政府债务成本和生活水平等方面的问题愈发突出,新公共管理哲学(NPM)运动呼吁新公共部门改革,成功将权责发生制会计引入了公共部门	澳大利亚、英国等5个英语国家
Yamamoto和Noguchi(2013)	20世纪90年代日本地方政府开始改革会计制度,从以现金为基础向以权责发生制为基础的会计制度转变,指出日本地方政府的会计改革源于相关主体之间的社会政治互动	日本
Lu等(2009)、王积慧等(2019)	回顾了近代中国会计的变化,发现有两股力量推动着会计的发展:政府控制和外部影响,其中国家控制主导着会计的发展过程,具体分为四个阶段	中国
郭道扬(2013)	基于马克思对经济全球化本质的认识,结合利益相关者理论、经济后果理论和统一会计理论,分析国际会计准则理事会在推进全球性会计制度改革中遭遇的三大问题	其他国家和地区

资料来源:笔者根据相关文献整理而成。

(二) 会计准则差异与国际协同

各国因其不同的历史、价值观和政治制度,尤其是国家治理体系的差异,而拥有不同的财务会计发展模式。在国际会计准则委员会成立之前,世界范围内的会计准则在形式和内容上都存在着巨大差异。国际会计准则委员会(IASC)自1973年成立以来,一直在尽可能协调不同国家间会计准则的差异。回顾IASC的历史,Epstein和Mirza(1997)指出,会计准则制定过程经历了三个阶段:一是早期阶段(1973—1988年),表明对主要会计问题的重视,初步制定共同的会计准则;二是中期阶段(1989—1994年),缩小对类似交易和事件的可接受会计处理的范围,以提高可比性;三是当前阶段(1995—2000年),致力于完成一套核心的国际会计准则,目前正处于实现广泛合法性的边缘。日本作为机构间常设委员会的创始成员国,承诺尽最大努力采用国际会计准则。然而,日本是大陆模式(法典法国家),会计的法律取向倾向于高度保守,与英美法系国家模式下的国际会计准则大不相同(Mueller等,1994)。目前,日本的准则制定机构——企业会计审议委员会(BADC),正在通过修订现有会计准则,以使之与国际会计准则相协调。

盖地(2001)回顾了改革开放后20余年的中国会计改革与发展,认为我国当时在会计确认原则、计量方法和信息披露等方面已基本实现与国际会计准则的接轨,并且我国的会计准则具有鲜明的中国特色,与国际会计惯例的差异将长期存在,指出根据我国特定的历史和现实借鉴国际会计准则中可取的内容,而不能全盘照搬照抄。杨敏等(2011)结合2000—2010年国际会计形势的变化与发展,提出了我国会计准则国际趋同的策略。国际金融危机爆发以来,由西方垄断的世界会计格局被不断挑战,会计国际趋同的新格局正在逐渐形成。刘峰和林卉(2015)指出,国际会计准则理事会利用经济全球化的发展趋势,在全球推广统一的会计准则,一个重要的理由是采用高质量的会计准则可以提高会计信息质量,并带来积极的经济后果。而针对统一会计准则存在基础的理论分析表明,在外部制度环境的差异下追求全球统一的会计准则,对会计信息质量的影响有限。只有改变了相应的、与利益相关的制度安排,会计准则的改变才具有相应的经济意义。现有研究中常见的"采用国际会计准则—会计信息质量改进—取得积极的经济后果"这一理论传导关系,需要重新思考一个可行的切入视角。此外,考虑国际会计准则的推广,还应当关注"准则"视角下准则的统一性、强制性对利益分配产生的影响。

李亚婷和李玉环(2019)在近年风起云涌的国际会计准则趋同大潮背景下,回顾了欧盟、美国、日本及俄罗斯这四大经济体会计准则国际趋同的进程,就我国下一阶段会计准则趋同的具体目标和策略提出建议。后国际金融危机时代的全球经济一体化程度的日益加深,会计准则国际趋同的新格局正在逐渐形成。通过分析对比世界各国间会计准则国际趋同路径,可以发现,当前的会计准则已不再是某一个国家或地区的会计准则单方面向 IFRS 靠拢,而是国际会计准则理事会(IASB)与世界各国和各地区会计准则制定机构之间相互认可、借鉴和沟通的过程。综上所述,我国在会计准则国际化道路上还是应当采取"趋同"策略,这是适合我国当前国情的理性决策。我们应当立足本国实情,在国际财务报告准则持续趋同政策指引下,顺应会计国际大势,以更加积极开放的态度深度参与到 IFRS 的制定和修订过程中,完善我国企业会计准则体系,在进一步提高会计准则质量的基础上争取与更多的国家和地区实现会计准则等效,以期提升中国在国际会计事务中的话语权和影响力。

表 14-3　不同国家治理体系下的会计准则差异与协同

文献	会计准则差异与协同	涉及国家
Epstein 和 Mirza(1997)	会计准则制定过程经历了三个阶段:一是早期阶段(1973—1988 年),初步制定共同的会计准则;二是中期阶段(1989—1994 年),缩小对类似交易和事件的可接受会计处理的范围;三是当前阶段(1995—2000 年),致力于制定一套核心的国际会计准则	世界各国
盖地(2001)、杨敏等(2011)	中国所采用的是会计准则国际趋同的策略,在会计确认原则、计量方法和信息披露等方面已基本实现与国际会计准则的接轨,并具有鲜明的中国特色	中国
刘峰和林卉(2015)	在外部制度环境的差异下追求全球统一的会计准则,对会计信息质量的影响有限,国际会计准则的推广还应当关注"准则"视角下准则的统一性、强制性对利益分配产生的影响	世界各国
李亚婷和李玉环(2019)	通过分析欧盟、美国、日本和俄罗斯的会计准则国际趋同路径以及中国的会计准则趋同现状和前景可以发现,当前会计准则的国际趋同是 IASB 与世界各国和各地区会计准则制定机构之间相互认可、相互借鉴、相互沟通的过程	欧盟、美国、日本及俄罗斯

资料来源:笔者根据相关文献整理而成。

五、不同国家治理体系下的会计职业与教育

国家治理体系的差异不仅影响着会计制度的变革,更影响着世界各国会计教育的发展。Parker(2005)等论述了品牌在会计职业历史中的作用,并建议使用它

们作为工具,以帮助会计机构控制其成员组成和服务市场。品牌涉及的国家数目众多,因此研究在很大程度上是依靠档案材料进行的。品牌一直受到立法和诉讼等的保护,最成功的品牌名称是在英国和英联邦内部一直存在着"特许会计师"(CA),它起源于19世纪50年代的苏格兰,第二次世界大战后受到美国派生名称"注册公共会计师"(CPA)的挑战。专业会计机构的概念以及与这些机构相关的名称和品牌传到了英国的殖民地,但地方会计机构是在非殖民化时期形成的。"特许经营"适用于苏格兰会计团体的成员而不是团体本身,该品牌在英格兰和威尔士首次被纳入该机构的名称,新独立的英联邦成员国接受了这个词,离开英联邦国家的机构保留了这个词。中东、东南亚和东非等一些前英国殖民地已采用CPA指定。然而,国际会计师事务所已打造了自己的品牌,并强调自己的角色是商业顾问,而非会计师和审计师。

　　会计是一门横跨全球的学科,国际会计则用来描述全球层面的会计。Carnegie和Rodrigues(2007)概述了特定国家或地区会计历史协会的形成和发展:澳大利亚和新西兰会计与金融协会(Accounting and Finance Association of Australia and New Zealand,AFAANZ)的会计历史委员会成立于20世纪70年代初,其目标是国际性的;中国的会计史委员会是会计十大委员会之一,它经常开展包括全国会议在内的活动,对会计史研究作出贡献;意大利会计史学会(Società Italiana Per la Stbvia dell Ragionevia,SISR)于1987年成立,旨在促进、传播和发展商业学科领域,特别是会计领域的历史研究;日本会计历史协会(Accounting History Association of Japan,AHAJ)成立于1981年9月,其主要目标是通过接纳从事会计史教学或研究人员来促进研究;英格兰和威尔士会计史委员会1974年成立会计史协会,虽然该协会作为一个地方组织已解散,但今天的英国会计史协会仍受其影响。所有的协会和团体都致力于促进和支持会计史研究及成果发表,加强来自世界不同地区和不同文化背景的学者间的联系,丰富国际会计史研究。随着会计学科不断扩大其影响力和范围,研究全球范围内会计史料将继续提供对会计的深刻见解。

　　中国的会计发展深受社会制度结构、政治经济框架和社会公认基础的影响(吴和彤,2004)。在社会政治环境急剧变化的背景下,我国会计教育的广阔领域发生了许多变化,在很大程度上反映了社会的霸权平衡(Yee,2012),强调了它们在更广泛的社会和政治体系中的嵌入性。而将会计教育历史与社会政治背景的历史联系在一起,对于理解会计教育的过去和现在以及未来至关重要。Zhang等(2014)梳理了不同制度变迁背景下中国会计教育变革,主要包括三个时期:一是恢复与重建时期(1978—1992年),这是中国制度压力平衡的一个关键转变,文化认知和规范支柱的作用显著增强,而政府在监管支柱中的影响力及其对文化认知和规范领域的间接影响依然强劲。二是开放大门时期(1993—2001年),政府对大学会计教育变革的调节影响有所减弱,文化认知和规范支柱中出现了更多的独立活动,机构影响在组织领域变得更加平衡,因为大学和会计教育项目开始寻求国际发展的指导。三是国际化时期(2002年至今),中国的会计教育更加国际化,受到西方大学和机构的影响,在规范和文化认知支柱方面更加开放,财政部和教育部也继续发挥领导作用。总体来说,中国的大学会计教育可能表现出与西方类似的普遍趋势,既受各种社会因素的影响,同时又与盛行的霸权秩序的需要密切相关(Boyce,2004)。会计教育变革过去主要是由国家推动的,但在当代改革中,会计教育改革已朝着市场需求的方向发展。

会计史文献阐述了帝国关系对西方会计观念和实践向发展中国家转移的作用。一个新兴主题是20世纪帝国权力从英国转移到美国,以及这种转变对全球会计的影响。Mihret和Bobe(2014)研究了非正式多重帝国关系下西方会计教育和专业培训模式向埃塞俄比亚转移的影响。埃塞俄比亚的教育和专业培训与英国和美国的持续互动,促进埃塞俄比亚从美国引进会计教育的同时,继续引进英国会计实务和专业培训,没有充分立足于本国的实际情况,这使得埃塞俄比亚的会计教育、实践和专业培训三个部分缺乏连贯性。截至2011年,埃塞俄比亚的会计实践、教育和专业培训缺乏一个总体的共同参照系。通过分析会计教育和专业培训如何转移到发展中国家,可以更好地理解为什么一些发展中国家未能适当地使会计适应其当地需要(Bakre,2010)。埃塞俄比亚的案例提供了宝贵的证据,说明多个帝国的联系是一些国家教育和实践不一致的解释因素。

张多蕾等(2019)回顾改革开放以来我国会计教育改革历程,将我国会计教育改革梳理总结为四个阶段:一是会计教育全面恢复期(1978—1985年),二是会计教育改革探索期(1986—1991年),三是会计教育飞跃发展期(1992—1999年),四是会计教育国际化阶段(2000年至今)。它为我国会计人才的培养和经济的发展作出了卓越的贡献。在这40余年间,我国的会计教育在办学体制、办学层次、办学形式、教学手段等方面经历了从单一化到多元化的转变过程。会计教育的体制和办学多种形式并存,形成了多层次的会计教育体系,教育教学的手段也不断推陈出新。我国始终秉承"文化自信",践行"教育自信",实现了本土化与国际化的结合,成功构建具有中国特色的会计教育体系。反观会计教育改革,可以发现,会计教育为国家经济发展也作出了积极的贡献。当前,我国正处于经济转型的关键时期,新常态背景下互联网等新技术快速发展,对经济和会计环境产生重大影响,会计职业正在发生颠覆性的变革。会计职业面临着急剧变化,必然给会计教育带来重大挑战,进一步深化会计教育改革势在必行。"御政之首,鼎新革故。"苑泽明等(2018)回顾国内外会计高等教育改革,结合互联网新技术时代的特点,分析我国现阶段会计职业需求与会计人才供需错配的问题及原因,从会计高等教育人才培养目标、师资队伍、教学模式、考核机制四个方面提出了互联网新技术时代下会计高等教育供给侧改革的路径,对服务我国经济社会发展具有广泛而深远的意义。

表 14-4 不同国家治理体系下的会计职业与教育

文献	会计职业与教育	涉及国家
Parker(2005)	论述了品牌在会计职业历史中的作用,并建议使用它们作为工具,以帮助会计机构控制其成员组成和服务市场,然而国际会计师事务所已打造了自己的品牌,并强调自己的角色是商业顾问	英联邦国家、澳大利亚等
Carnegie 和 Rodrigues(2007)	概述了特定国家或地区会计历史协会的形成和发展,它们都致力于促进和支持会计史研究及发表,加强来自世界不同地区和不同文化背景的学者间的联系,丰富国际会计史界研究	澳大利亚、中国、意大利、日本和英国等
Zhang 等(2014)、张多蕾等(2019)	不同制度变迁背景下,中国会计教育变革主要包括恢复与重建、开放大门(改革探索)和国际化三个阶段,主要是由国家推动的,但已朝着市场需求的方向发展时代,本土化与国际化相结合,构建出具有中国特色的会计教育体系	中国
Mihret 和 Bobe(2014)	非正式多重帝国关系下,埃塞俄比亚的教育和专业培训与英国和美国的持续互动,但没有充分立足于本国的实际情况,这使得埃塞俄比亚的会计教育、实践和专业培训三个部分缺乏连贯性	埃塞俄比亚
苑泽明等(2018)	回顾国内外会计高等教育改革研究与发展,结合互联网新技术时代会计职能转型升级的特点,分析中国现阶段会计职业需求与会计人才供需错配的问题及原因,提出了互联网新技术时代下会计高等教育供给侧改革的路径	中国

资料来源:笔者根据相关文献整理而成。

六、结论与启示

本章研究了不同国家治理体系下近 40 年现代会计的历史发展和差异。从会计起源与发展来看,人类会计思想演进包括三个历史阶段,现代会计的两个起源是出现于文艺复兴时期的复式簿记和在 19—20 世纪发展起来的会计专业化。从政府对会计制度的影响来看,在世界范围内,政府控制和外部影响始终是推动会计发展的两股力量。从国际会计准则的协同来看,国际趋同已不再是某一个国家或地区的会计准则单方面向 IFRS 靠拢,而是 IASB 与世界各国和各地区会计准则制定机构之间相互认可、借鉴和沟通的过程。从会计职业与教育来看,西方会计教育和专业培训模式对世界各国影响深远。

综上所述,不论是英语国家与非英语国家,还是北方发达国家与南方发展中国家,都存在显著差异。未来,对大型跨国公司档案的研究,有助于更深入地理解会计全球化,这些资料能揭示不同国家的会计职业发展问题。研究历史可以带来新的见解,挑战我们对发展中国家会计职能和业务的认知,提供更好的理解背景,以提供当代解决方案。重要的会计学者需要与世界银行和货币基金组织等全球金融和发展机构接触,以调查不同的全球化趋势是如何表现的,以及它们如何涉及会计,并为发展中国家制定有效且有针对性的解决方案。会计研究人员需要超越传统的知识扩散手段来产生影响。此外,中国、印度、俄罗斯和南非等强大的全球参与者从非北方国家崛起,这可能会改变北方发达国家的主导地位,尤其是中国在非洲的商业和文化存在不断增长,在"一带一路"沿线大量参与基础设施和教育项目。然而,现有文献对这方面会计领域的活动或影响研究甚少,中国会计制度及其实践如何影响其他发展中国家?是否能适应东道国的文化与会计制度?这些都有待进一步研究。

主要参考文献

[1] 盖地. 大同小异:中国企业会计标准与国际会计准则[J]. 会计研究,2001(7):34-41.

[2] 郭道扬. 会计制度全球性变革研究[J]. 中国社会科学,2013(6):72-90,205-206.

[3] 郭道扬. 人类会计思想演进的历史起点[J]. 会计研究,2009(8):3-13,95.

[4] 李亚婷,李玉环. 国际会计准则趋同历程回顾及对我国的启示:以欧盟、美国、日本和俄罗斯为例[J]. 会计研究,2019(11):28-33.

[5] 刘峰,林卉. 国际会计准则:"会计"还是"准则"[J]. 厦门大学学报(哲学社会科学版),2015(6):10-20.

[6] 王积慧,张翼飞,郭永清. 改革开放 40 年我国企业会计改革的演变与贡献[J]. 财经科学,2019(2):106-118.

[7] 杨敏,陆建桥,徐华新. 当前国际会计趋同形势和我国企业会计准则国际趋同的策略选择[J]. 会计研究,2011(10):9-15,96.

[8] 俞俊利. 会计史研究:基于国际文献的分析[J]. 会计与经济研究,2019,33(6):109-126.

[9] 苑泽明,李田,孙钰鹏. 互联网新技术时代会计高等教育的改革路径:基于供需错配的分析

视角[J].会计研究,2018(8):80-86.

[10] 张多蕾,刘永泽,池国华,等.中国会计教育改革40年:成就、挑战与对策[J].会计研究,2019(2):18-25.

[11] BERISHA V, ASLLANAJ R. Literature review on historical development of accounting [J]. Acta Universitatis Danubius Oeconomica, 2017, 13(6): 156-173.

[12] BUHR N. Accrual accounting by Anglo-American governments: motivations, developments, and some tensions over the last 30 years[J]. Accounting History, 2012, 17(3-4): 287-309.

[13] CARNEGIE G D, RODRIGUES L L. Exploring the dimensions of the international accounting history community[J]. Accounting History, 2007, 12(4): 441-464.

[14] KIKUYA M. International harmonization of Japanese accounting standards[J]. Accounting Business & Financial History, 2001, 11(3): 349-368.

[15] LEE T A. Reflections on the origins of modern accounting[J]. Accounting History, 2013, 18(2): 141-161.

[16] MIHRET D G, BOBE B J. Multiple informal imperial connections and the transfer of accountancy to Ethiopia (1905 to 2011)[J]. Accounting History, 2014, 19(3): 309-331.

[17] PARKER R H. Naming and branding: accountants and accountancy bodies in the British Empire and Commonwealth, 1853-2003[J]. Accounting History, 2005, 10(1): 7-46.

[18] LU W, JI X D, AIKEN M. Governmental influences in the development of Chinese accounting during the modern era[J]. Accounting, Business & Financial History, 2009, 19(3): 305-326.

[19] YAMAMOTO K, NOGUCHI M. Different scenarios for accounting reform in non-Anglophone contexts: the case of Japanese local governments since the 1990s [J]. Accounting History, 2013, 18(4): 529-549.

[20] ZHANG G, BOYCE G, AHMED K. Institutional changes in university accounting education in post-revolutionary China: From political orientation to internationalization[J]. Critical Perspectives on Accounting, 2014, 25(8): 819-843.

[21] 丁志刚.如何理解国家治理与国家治理体系[J].学术界,2014(2):65-72,307.

[22] 黄震,中华法系与世界主要法律体系:从法系到法律样式的学术史考察[J].法学杂志,2012,33(9):43-49.

[23] 刘建军.和而不同:现代国家治理体系的三重属性[J].复旦学报(社会科学版),2014,56(3):150-160.

[24] 薛澜.顶层设计与泥泞前行:中国国家治理现代化之路[J].公共管理学报,2014,11(4):1-6,139.

(上海交通大学　俞俊利;上海外国语大学　朱容成)

第十五章

会计准则趋同与人类命运共同体建设：历史与启示

一、引论：作为人类命运共同体通用"语言"的会计准则

自有文明以来，人的社会属性决定了每个个体同时也是某一个共同体的成员。一部人类历史，是较小共同体不断构建、融合成较大共同体的过程，也是共同体之间交换、博弈甚至一共同体征服、同化另一共同体的过程。如今，人类世界已被全球化深深改变，以往经年累月的时空限制已被化约为触手可及的"地球村"。习近平在就任总书记后首次会见外国人士时就表示，国际社会日益成为一个你中有我、我中有你的"命运共同体"，面对世界经济的复杂形势和全球性问题，任何国家都不可能独善其身。自2016年以来，逆全球化思潮甚嚣尘上，曾经的"四海一家"观念，正在被单边主义、贸易保护、孤立政策所掩盖，然而历史发展虽有反复，潮流却不可阻挡。全球化已经成为当今世界的主流，代表着客观规律与前进方向。2013年习近平总书记提出的"一带一路"倡议，体现了中国负责任大国的担当，更反映了全球化的新阶段，通过求同存异、化解争端，共同打造政治互信、经济融合、文化包容的利益共同体、命运共同体和责任共同体。

已故左翼政治学家本尼迪克特·安德森（Benedict Anderson）在其名著《想象的共同体》中指出，共同体的建立与维系有赖于共同的"想象"，而共同想象除去共有的历史记忆（如中华民族共有的中国历史），需要通用语言不断塑造、深化，最终形成对共同体的认同。安德森认为，近代民族主义正是由于印刷术的普及，使原本阳春白雪的文本逐渐下里巴人，技术革新提高了传播效率，构建了对于民族的"想象"和认同。以此为发轫，在构建远比民族国家范畴与内涵广大的人类命运共同体时，建基于文化多样性之上，若以某一自然语言为通用语言，势必会导致文化霸权（正如当今的英语霸权），因此，人类共同遵奉的规则更适合成为全球化背景下的通用"语言"。

需要注意的是,相较于基于宗教权威的传统通用语言,现代社会共同体的通用"语言"并不是真正的语言,而是在国际交流中被采纳的规则性文件,使用某种自然语言表述,可被翻译为任何其他自然语言,但其语义基本一致。因此,作为人类命运共同体通用语言的规则,需要具备以下属性:能被广泛理解和接受;用不同自然语言表达不致出现太大歧义;体现共同体本身的话语权。会计准则作为经济活动的基本原则,兼具议事规则特征,有潜力与其他得到全世界人民认可的规则一同成为建设人类命运共同体的通用语言。

几千年的人类历史中,通过贸易网络、结算货币形成了多个关系不对等的共同体。对此,美国汉学家彭慕兰与合作者托皮克在《贸易打造的世界》一书中进行了深入分析,详细追溯了西方帝国主义与资本主义如何依靠上述手段巧取豪夺,剥削亚非拉人民,建立起庞大的殖民帝国。抚今追昔,在全球化进程中,由中国所倡导的人类命运共同体建设,虽然也会使用会计准则等规则作为大共同体的通用语言,但与帝国主义列强的本心大相径庭。中国贯彻"己所不欲,勿施于人"的恕道,在会计准则趋同过程中一方面坚守国家利益,获取更多话语权;另一方面尊重各国人民的意愿,共同磋商而不是强加于人。同时,中国还秉承"己欲立而立人,己欲达而达人"的仁道,主导会计准则趋同,帮助第三世界构建有利于其发展的贸易网络,使其在全球化进程中得到实实在在的好处。因此,会计准则趋同不仅是降低国际交易成本、打通制度壁垒的技术性手段,更是建设人类命运共同体的通用"语言",有必要以更高的站位看待之。

二、 溯源:从会稽到东亚

《史记·夏本纪》曰:"或言禹会诸侯江南,计功而崩,因葬焉,命曰会稽。会稽者,会计也。"这一记载的真实性存疑,除去没有考古发现佐证,太史公使用的"或言"二字也代表了他的观点——无从查考,聊备一格。其他有此记载的文献据信成书年代晚于《史记》,有理由认为该作者参考了《史记》。可以相信的是,曾经有一位部族领袖,对从属于他的其他部酋进行了"会稽"。太史公所说的"会",与先秦时代上计制度有关,即诸侯向天子、地方向中央呈报账簿,中央对此进行会算;而"稽"则是勾稽、核对,属于较原始的审计工作。简言之,会稽便是古代的会计与审计,会稽山、会稽郡也因此得名。

上述引文背后隐含了另一含义,即查阅、稽核账簿是权力的象征,诸侯、地方向天子、中央呈送账簿以示服从。较能体现先秦时代官制的《周礼》一书对此有明文记载,在地方呈报中央的各种报告之中,较为重要且常态化的是月度报告"月要"和年度报告"岁会"。"月要"和"岁会"是现在月报和年报的雏形,可以理解为古代的财务报表,是为要会制度,中央则由司会对其"会计"。在《周礼》制度之中,司会是最核心的财政部门,也是天官之中"士大夫"(似可理解为今日之"干部编制")人数最多的部门,共有三十人。司会"掌邦之六典、八法、八则之贰……凡在书契、版图者之贰,以逆群吏之治而听其会计",以此对要会进行过程管理和后续管理。除此之外,司会还负责钩考,即以时间单位(日、月、岁)层层勾稽,确保要会的准确性,并以考核结果作为对官员绩效评价的依据。也就是说,司会还具有一定的审计职能。

周朝分封诸国,与郡县制相比,属于较松散的共同体。随着周天子权威逐渐下降(礼崩乐坏),诸侯相王、分庭抗礼。之所以能保持"宅兹中国"的认同感,一方面源自楚材晋卿习诵《诗经》的文化认同,另一方面则是礼乐、宗法的制度惯性。在这一方面,上计制度及其中的一系列规则(如要会编制、报送之规则,可视为较原始的会计准则)与有力焉。

今之视昔,我们更能感受到账簿的力量。在封建制向郡县制的转变过程中,中央对地方的控制力度逐渐强化。郡县官员由中央任命,受中央委托,代理中央统治地方,与将封地视为私产的诸侯有着根本区别。中央黜陟地方官员,需要有监督手段,除去监察、巡视、纠劾,还可能通过密探(如齐威王封即墨而烹阿)。但这些手段,有的未能常态化,有的即使常态化,也存在周期性,如"三年大比",且缺乏一定的考核标准。唯有要会上计,并对报上来的账册进行稽核,以此为据,对官员进行绩效评价,可通过纵向(与往年)、横向(与其他地区)比较,形成较客观的标准。因此,在封建向郡县的转变过程中,御史监察与要会稽核互为表里,合力强化中央对地方的控制,促进松散共同体向紧密共同体的转化。如果说孟子的"王天下"为大一统建构了理论基础,以要会上计为核心的郡县制度则为大一统在制度上承诺了可行性。而通过要会制度体现中央权威的第一步,就是规范账册编制方式,要求各级地方官员按照给定格式、既定规则造册登记,这也是要会上计制度的核心,于是形成了最早的会计准则。从这个角度着眼当下,或许有助于理解会计准则当中有关合并报表和统一子公司会计政策的相关规定。

由秦至汉,从秦灭六国到独尊儒术,大一统体制最终确立。作为古代东亚地区的唯一大国,中国长期保持制度优越性与文化优越性,成为东亚诸国崇拜和学习的对象,逐渐形成了在人类历史上独树一帜的东亚朝贡体系。孙中山先生认为,较之帝国主义的挟武力胁迫屈服、建立殖民地,宗藩关系不诉诸武力即可使对方诚服更显文明。任何事业均无法一蹴而就,朝贡体系的建立经历了漫长的过程。朝贡体系的雏形,是酝酿于商、成形于周、发展于秦汉的畿服制度。据《周礼》记载,由远及近,分为王畿及侯、甸、男、采、卫、要六服。随着秦征南海、汉通西域,中原王朝的实际控制范围越来越大，影响力逐步扩散，形成了一系列藩属国，朝贡体系自此产生，汉语也成为东亚诸国的通用语言。即使中原板荡，陷入分裂（如三国、十六国、五代十国），也不会废止宗藩关系，如曹魏、北魏与东亚诸国的交流。

在三国、十六国、五代十国时期，中原政权与地方政权之间的往来，也值得探讨。地方政权表述对中原政权的从属，一是奉正朔，使用中原地区的年号，只在形式上表明臣服。二是纳版籍，也就是将户籍、钱粮收支造册与版图一同呈递，表示完全归顺，如北魏太武帝拓跋焘指责北凉沮渠牧犍"民籍地图，不登公府"，以及明东莞伯何真表列郡县户口及兵马钱粮，归降明朝。上述事例进一步证明了账簿作为权力的象征，代表中央政府对地方的管辖。

而在朝贡体系建立的过程中，往往伴随着财会行为。张骞通西域后，由于在已知世界不存在足以抗衡的强权，逐渐形成了以中国为核心的朝贡体系。外国承认中原王朝的共主地位，并"奉正朔"表明从属地位（如朝鲜"尊周大义"坚持使用明年号），而中原王朝对其进行册封，为其在国内统治提供合法性，以此建立宗藩关系。宗藩关系建立之后，藩属国需要定期向宗主国"朝贡"，宗主国也会对藩属国进行"颁赐"，形式为朝贡，但实质上具有国际贸易属性。由于中原王朝一直秉承怀柔远人、"厚往而薄来"的原则，向中国朝贡，无论是政治还是经济，均有利可图。而朝贡与颁赐，除了外交部门，也涉及财政机构，比如藩属国的贡奉会收纳入太府或内府（各朝代名称不同，但性质近似），而颁赐则需要通过度支，使用四柱清册法进行记录后，凭中原王朝所颁"勘合"通关。由于中国的强势地位，朝贡或勘合贸易均使用中国铸币作为结算货币，而从中国取得的货物又成为藩属国内部品位、地位的象征。久之，藩属国接受了中原王朝铸币作为国际货币，还采用了石、贯、两等中国计量单位，甚至为了便利对华贸易，使用四柱结算法编制账簿。冲绳（原琉球王国）等地均发现了用汉语书写、采用我国传统会计方法的账簿，这是财会活动以及会计方法、准则维系共同体认同的有力证明。对国力的敬畏、文化的钦慕是朝贡体系形成的重要原因，而在朝贡体系形成之后，由于贸易的产生，诸国渐次习用中国簿记方法（可视为古代的"趋同"）。由于方法、准则的相似性，共同体内部的联系更加紧密。

综上所述，一方面，账簿背后蕴含着权力关系，按照中央规定编制统一体例的账簿并定期呈报，是效忠中央的最好表现，中原王朝每归化一地，也要"编户齐民"，核算钱粮，造册登记，通过统一制度将其纳入共同体；另一方面，通过朝贡颁赐与勘合贸易，将东亚诸国纳入较国家更大的经济共同体（与朝贡体系下的政治共同体和儒学影响下的文化共同体并列），潜移默化，逐步实现结算货币、计量单位、簿记方法的趋同，而趋同又使共同体联系更为紧密。换言之，趋同本身既是共同体建设的必然产物,又有利于进一步维系共同体认同。上述过程循环往复,塑造了古代东亚大共同体。在西方帝国主义侵略之前,即使改朝换代甚至"神州陆沉",这一大共同体也没有瓦解。

三、转折:从佛罗伦萨到威斯特伐利亚

本尼迪克特·安德森(Benedict Anderson)认为,在近代民族主义诞生之前,存在三个较大的共同体:东亚朝贡体系、欧洲天主教共同体以及阿拉伯伊斯兰教共同体。三个共同体分别使用汉语、拉丁语、阿拉伯语作为通用语言,以儒家文化、基督教和伊斯兰教作为塑造认同的主要价值观,虽然共同体内部时有纷争,但文教、制度仍保持较高的一致性,存在比较紧密的联系。

在西欧天主教共同体内部,一直存在着教权与俗权的博弈。教皇不甘心仅仅充当精神领袖,妄图成为事实上的"共主",插手领地事务,招致大小封建主不满。从卡诺莎之辱到阿维农之囚的西欧历史,既是教会与领主的斗争史,也是教会权威不断崩坏的过程,双方多次兵戎相见。由于欧洲封建制度相对松散,缺乏编户齐民所形成的强大组织能力和动员能力,领主所能动用的兵力和财源极其有限,需要拉拢经济代理人为其筹措军饷,甚至以战利品、领土为抵押物,向经济代理人借款。这些经济代理人之中,最具有代表性、影响力最大的便是佛罗伦萨、威尼斯等地的银行家们。如美第奇家族连续数代充当教皇的御用银行家,帮教皇打理财产,还为其他国王提供服务,最终自行成为封建王公,统治托斯卡纳。传统的单式记账法无法厘清名目繁多、种类驳杂的借贷业务,再加上意大利海上贸易发达,新的经营方式层出不穷,权益关系日趋复杂,需要更加严密、精细的簿记方法。最终于1494年由意大利学者卢卡·帕乔利出版了《算术、几何、比及比例概要》,其中有一章专门介绍了"威尼斯记账法",该章现被称为《簿记论》。《簿记论》的问世,标志着现代会计理论的诞生,帕乔利也被称为"现代会计之父"。与其说帕乔利发明了现代会计,不如说帕乔利是借贷记账法的总结者。《簿记论》的出版代表着复式记账法的成熟,而其酝酿、发展期则有近百年的时间,伴随着教会权威的陵替与天主教共同体的瓦解。

1448年前后,德国商人古登堡(又译作"谷腾堡")改良了活字印刷术,取代了传统的手抄书,推动了知识的传播。古登堡作为一名虔诚的天主教徒,印刷了著名的《古登堡圣经》,教会敏锐地感觉到印刷术是传播"福音"的好工具,于是大量印刷"圣书"(当然赎罪券印得更多),向民众发放。殊不知,印刷术的改良带来了知识的普及,读过《圣经》原文的人多了,每个人的理解又不尽相同,教会对《圣经》解释权

的垄断受到了极大的冲击,再加上各国语言版本(教会使用拉丁语)的《圣经》逐渐扩散,教会的话语权优势不断消散,权威自然也难以维系。1517年,德国神父马丁·路德掀起宗教改革,进一步瓦解了摇摇欲坠的天主教共同体,1546年,第一次较大规模的宗教战争爆发。在短短三十年内,使用各国语言而非拉丁语的读物大量传播,本尼迪克特·安德森所言的"印刷资本主义"塑造了民族主义的"想象"与认同。宗教战争不断撕裂旧共同体,拉丁语也逐渐丧失了通用语言的地位,但各国封建主尔虞我诈的利益关系、错综复杂的血缘关系,又需要新的能让大家接受的沟通方式——金币与账簿。

帕乔利总结的复式记账法,天生具有成为新通用"语言"所需的属性。一是相对简便易学、知识门槛较低。二是通用性强,任何国家的语言都可以用来记账。复式记账法有一套完整的勾稽体系,明确了个人财产权,每一次借款与还款都会入账,明确借方、贷方,一目了然,并且通过设置损益账户反映经营成果。因此,复式记账法受到商人、封建主乃至教士的青睐,很快得到传播,与银行家的金币一起,流通到西欧的每一个角落。即使语言不通,确定的借贷方向、编制方法和阿拉伯数字,还是能让人大致读懂账本,进行对账。于是,复式记账法成为拉丁语地位下降后新的通用"语言",维持西欧诸国松散的联系。

在这一过程中,尼德兰作为重要的货物集散地,阿姆斯特丹、布鲁日、安特卫普成为贸易、商业和国际信贷中心,有超过1000个银行和商号的分支机构,还成立了商品交易所和证券交易所,较早普及了复式记账法。随着宗教战争规模日益扩大,封建主需要的军费逐渐高企,融资成本越来越高,而尼德兰却凭借金融中心地位和良好的政府信用,以较低的利率贷款,最终赢得了战争的胜利,获得独立地位。时至今日,阿姆斯特丹大学的会计专业仍然享有盛名,毕马威会计师事务所总部也设在阿姆斯特丹,影响至今。随着大半个欧洲卷入、规模最大的宗教战争(30年战争)结束,各国封建主签订了《威斯特伐利亚和约》,正式宣告旧共同体瓦解,新的条约体系取代了中世纪教权—俗权的二元体系。欧洲的复式记账法、股份制公司也随着"海上马车夫"的全球贸易(还有掠夺)传播到其他大洲。

综上所述,由于西欧不同于中国,缺少定于一尊的强大政治体及其权威,在教会的权威崩溃之后,以宗教权威为依托的拉丁语丧失了通用语言地位。正是政治上的松散,导致了财产归属和权益关系的混乱,需要科目更详细、收支更清晰的新记账方法,而不像东亚在近千年时间里只需要一种书写语言、一种账簿规格即可完成国际贸易。可以说,复式记账法伴随着西欧旧共同体的崩溃而产生与发展,并且间接帮助掌握更先进经济方式、融资渠道的新教诸侯打赢了宗教战争,最终瓦解了天主教共同体。在上述过程中,暗含(未明确提出)会计基本假设的复式记账成为新的通用"语言",为更广泛的地域和阶层所接受。但因为帝国主义的野心,西欧各国在争霸—议和的循环中难以自拔,最终酿成了两次世界大战,之所以未彻底分崩离析,端赖地缘、文化的接近,以及无法阻断的贸易往来。战后酝酿的欧洲共同体(1958)以及后来的欧盟(1993),都是建立新共同体的尝试。毫不意外,在欧盟框架之中,发行了统一的货币(欧元),逐步形成了欧盟会计准则,鼓励成员国在该准则的框架内实现会计准则趋同,并对欧盟各成员的会计行为有一定的约束力。除此之外,欧盟的常设机构包括欧盟审计院,负责审计欧盟及其各机构的账目,审查欧盟收支状况,并管理欧盟财政。这就再次证明了会计准则趋同是共同体形成过程中的必然趋势,而趋同化的会计准则有利于维系共同体认同。

四、对峙:从圣彼得堡到华沙

"十月革命一声炮响",终结了克伦斯基和他的资产阶级政府在俄罗斯的统治,建立了苏维埃政权。经历了初期的困难,苏维埃社会主义共和国联盟于1922年12月30日成立。作为社会主义国家,苏联采用计划经济体制,因此形成了一套特殊的会计准则,即苏联会计准则。苏联会计准则最主要的特点是"三段平衡"和三类账户。所谓"三段平衡",是指以"资金来源=资金占用"为会计基本等式,辅以"流动资金=流动资产、固定资金=固定资产、专项资金=专项资产"三个等式,用以试算报表是否平衡。而三类账户则包括综合性账户、分类账户(次综合性账户)、分析性账户,即一级账户、二级账户、三级账户。苏联会计准则与西方国家的会计准则具有一定相似性,也有自身特点。比如在苏联会计准则中,土地及自然资产尽管归工厂使用,但并不计入企业资产,因为在社会主义国家,生产资料归全民所有,而不为某个企业专属。

苏联会计准则的发展,与苏联国力、国势的盛衰始终相关。在苏联逐步站稳脚跟并向外扩张的阶段,部分受到苏联势力影响的地区也使用苏联会计准则,如原蒙古人民共和国等。

世界反法西斯战争胜利后,在苏联的帮助下,东欧各国建立了社会主义制度,两大阵营迅速形成对峙,冷战随之展开。1949年4月,美国等12国在华盛顿签订了《北大西洋公约》,同年8月24日生效。为应对北约的战略威慑,1955年5月,苏联等8国在华沙缔约,成立华沙条约组织。在华约内部,由于政治制度、经济体制的相似性,各成员国效仿苏联,采用以苏联会计准则为范本、根据本国特殊性稍作修改的会计准则,形成世界五大会计模式中的苏联会计模式,完成共同体内部会计准则的趋同。中华人民共和国成立后,为与社会主义阵营保持统一,也采用了苏联模式的会计准则。在东西方对峙的冷战格局之中,苏联会计准则不仅是苏东各国经济体制的最佳体现,也起到了与西方会计准则分庭抗礼,维系对以苏联主导的计划经济体制理解、实施、认同的重要作用。

由于西方资本主义的不断渗透,加上苏联和东欧社会主义国家经济出现困难,部分领导人腐化蜕变、脱离群众,最终走向了东欧剧变、苏联解体,原苏联加盟共和国和东欧国家放弃了社会主义制度,自然也抛弃了苏联会计模式。为此,我国进行了经济体制改革,确立了社会主义市场经济。1992年,财政部制定了"两则",即《企业会计准则》和《企业会计通则》,以具有中国特色社会主义的会计准则取代了苏联会计准则。

综上所述,在社会主义阵营建立的过程中,由于经济体制的特点,形成了特色鲜明的苏联会计准则。伴随着《华沙条约》的签订、社会主义阵营的形成,在大共同体内部完成了会计准则趋同,而且也的确起到了维系共同体认同的作用。只是皮之不存、毛将焉附,政治制度、经济体制不存在了,会计准则无论科学与否,也将随之消亡。因此,如何在国际会计准则趋同过程中掌握更多话语权,体现社会主义制度优越性,也是当前会计准则趋同进程中有必要考虑的内容。

五、启示:和而不同

以古鉴今,历史上的会计准则趋同过程对于当下人类命运共同体建设背景下的会计准则趋同而言,既有经验,也有教训。

(一)在会计准则趋同进程中掌握更多话语权

从历史中可以看出,会计准则趋同是共同体建设的必然。也由于会计准则具有通用"语言"属性,其能够起到降低共同体内部交易成本、维系共同体认同的作用。因此,在当下人类命运共同体建设的背景下,会计准则趋同已经是必然的议题。会计准则既代表国家意志,又体现经济体制,作为当前世界上最能体现社会主义优越性的会计准则,有必要在国际会计准则趋同过程中保留特色,实现有条件的趋同。此外,从历史事实不难看出,会计准则趋同也是多国话语权博弈的过程,不能轻易放弃自主权。

(二)兼顾各国国情和发展阶段的特点,尊重各国人民意愿

上文所述的三大共同体建设与会计准则趋同过程,东亚朝贡体系中的会计准则趋同,与古代中国的强势地位和文化向心力密不可分,自然形成了遵循中国古代

会计方法、制度的贸易习性；苏联会计准则在华沙条约内部的传递，也与苏联的单方面强权密不可分；只有欧盟会计准则趋同建立在各国沟通的基础之上，然而在欧盟成员国内部，话语权不尽相等，法国、德国和脱欧之前的英国明显具有更大的影响力。诚然，复式记账法是伴随着欧洲旧共同体的瓦解而形成的，但是随着西班牙、荷兰、英国海外殖民帝国的形成，复式记账法和西式会计准则也被帝国主义的坚船利炮带到了世界的各个角落，亚非拉人民被动接受了这些所谓的新方法。客观上讲，复式记账法和西式会计准则的确起到了帮助殖民地经济发展的作用，但其本质仍然是掠夺的工具。而且会计准则的设计，本身与对价值的认定密不可分，会体现分配倾向。因此，在人类命运共同体建设背景下的会计准则趋同进程中，有必要"和而不同"，兼顾各国国情和发展阶段，尊重各国尤其是第三世界国家人民意愿。

（三）建立国际会计准则协调机制

未来的国际会计准则协同过程，可能会呈现区域内趋同和区域间趋同两种模式。所谓区域内趋同，是指类似于欧盟，联系已经比较紧密的共同体，出于进一步降低交易成本的目的，基本上消除各国会计准则间的差别。在"一带一路"倡议背景下，中国和东盟国家及中亚五国的经贸交流越来越紧密，自然会出现会计准则趋同的需要。而区域间趋同则是指诸如欧盟和东盟之内的共同体之间的会计准则趋同，在国际贸易转移大规模出现的当今世界同样有需求。无论是哪种形式的会计准则趋同，都需要多国协商，进行协调，因此，有必要建立常态化的国际会计准则协调机制，以应对趋同过程中出现的种种问题。

（四）结合技术进步，实现动态调整

现阶段，技术变化日新月异。新技术的涌现和普及为人类的经济活动带来了非常大的改变，而会计准则也需要顺应时势，进行相应调整。比如虚拟资产定价等新问题最终会导致相应会计准则的变更（如无形资产定义是否应该扩大），而数字加密货币的出现，更产生了新的实务问题。因此，在国际会计准则趋同过程中，要考虑技术进步对会计实务的影响，建立动态调整机制。

六、结论与展望

本章回顾了历史上大共同体的形成、发展以及会计方法、制度的相关性，证明了在共同体形成的过程中，必然伴随着会计准则趋同。因此，在人类命运共同体建

设进程中,势必伴随着会计准则趋同,而历史上相似进程的经验、教训又可以为当下的会计准则趋同提供参考。

在未来的研究中,有必要总结近 20 年来国际会计准则趋同过程的特点,以此为基础,分析未来国际会计准则趋同的具体方向和趋势。

主要参考文献

[1] 本尼迪克特·安德森.想象的共同体[M].上海:上海人民出版社,2011.
[2] 彭慕兰,史蒂文·托皮克.贸易打造的世界:1400 年至今的社会、文化与世界经济[M].上海:上海人民出版社,2018.
[3] 司马迁.史记[M].北京:中华书局,1982.
[4] 韩艺娜.《周礼》要会制度研究[D].长春:吉林大学,2018.
[5] 徐正英.周礼[M].常佩雨,译注.北京:中华书局,2016.
[6] 川岛真.宗藩关系的事实与记忆[N].中国社会科学报,2014-06-27(5).
[7] 魏收.魏书[M].北京:中华书局,1974.
[8] 张廷玉.明史[M].北京:中华书局,1974.
[9] 樊利平.帕乔利《簿记论》创新及启示[J].会计之友,2020(6):150-156.
[10] 行北.苏联会计制度浅析[J].财务与会计,1990(10):53-55.
[11] 杨修.民国时期西部少数民族地区会计演变与比较研究[J].财会月刊,2019(18):170-176.

(广西财经学院会计与审计学院　杨修)